"十三五"普通高等教育本科部委级规划教材

会计学基础

KUAIJIXUE JICHU

徐焕章◎主编

宋玉　姜海鸣　张丽丽　王小红　孙晓琳◎副主编

中国纺织出版社

内 容 提 要

"会计学基础"课程是经济管理类专业的基础课程，也是会计学、财务管理等专业学生学习中级财务会计、成本会计、管理会计、财务管理以及审计学等课程的先导课程，其主要教学目标是使学生掌握会计的基本理论、方法和技能，为后续的学习和实践打下基础。因此，本书在内容编排与结构体系上注重引导与启发。每一章都是通过一个现实案例导入学习内容，循序渐进、由浅入深，在介绍会计基本理论、基本方法的同时，培养学生的会计思维。涉及会计实务处理的内容，则依据最新的会计制度及政策法规编写。主要内容有：导论、会计的基本概念、会计核算基本方法、复式记账法的运用、会计凭证的填制与审核、会计账簿的设置与登记、财产清查、财务报表、账务处理程序以及会计工作组织。每一章后附有练习题、思考题以及案例分析，有助于读者对基本知识的巩固与理解。

本书主要供会计学、财务管理等经管类专业本科（高职高专）使用，也可供参加会计从业资格考试的人员学习使用。

图书在版编目（CIP）数据

会计学基础 / 徐焕章主编. —北京：中国纺织出版社，2017.9

"十三五"普通高等教育本科部委级规划教材

ISBN 978-7-5180-3061-3

Ⅰ. ①会… Ⅱ. ①徐… Ⅲ. ①会计学—教材 Ⅳ. ① F230

中国版本图书馆 CIP 数据核字（2016）第 259457 号

策划编辑：陈 芳　　　责任印制：储志伟

中国纺织出版社出版发行

地址：北京市朝阳区百子湾东里 A407 号楼　邮政编码：100124

销售电话：010—67004422　传真：010—87155801

http://www.c-textilep.com

E-mail: faxing@c-textilep.com

中国纺织出版社天猫旗舰店

官方微博: http://weibo.com/2119887771

三河市延风印装有限公司印刷　各地新华书店经销

2017 年 9 月第 1 版第 1 次印刷

开本：787×1092　1/16　印张：21.5

字数：358 千字　定价：45.00 元

凡购本书，如有缺页、倒页、脱页，由本社图书营销中心调换

前 言
Preface

我国近年来出版的"会计学"教材有很多本,还有必要再编写一本吗?如果只是一味地重复已有教材,结果只能是低水平的重建。要培养出创新型人才,教学过程中就应注重"学思结合",注重培养学生的思考能力、想象能力和创造能力,使学生在学习中学会思考,在思考中加深学习,形成良好的学习和思维习惯。编写组正是本着上述理念,将多年教学经验和成果融为一炉,力图使本教材从内容到形式上都有所创新,以区别于既有的会计学教材,让学生学会既动手又动脑。

在内容设计上,既注重培养学生的实践能力,又注重引入会计理论研究中的现实问题。以会计循环为主线,以工业企业经济活动过程为基础,系统阐述了会计的含义、会计要素、会计核算的基本前提和一般原则、会计核算方法、会计等式等基本理论,详细介绍了会计科目和会计账户的设置、复式记账和财产清查等基本方法,解释了从设置会计凭证、建立会计账簿以及编制财务会计报告的依据、程序、方法及规范,明确了账务处理程序以及会计工作组织的相关内容。此外,充分体现会计准则国际趋同的要求,引入国内外相关研究的新成果,使学生在掌握基本原理与方法的基础上了解会计研究的前沿问题,启发学生思维。

在结构编排上,坚持教育与社会实践相结合,每一章章前有明确的学习目标、给出引导案例,章后附本章小结、思考题、练习题、案例分析题。通过案例激发学生的学习热情,突出重点、难点,以方便学生把握学习要点。通过思考题与练习题帮助学生进一步理解和消化所学内容,并进行深入思考,学思结合,更好地掌握会计学基础的精髓。在第四~八章会计循环中,配有大量的图、表,使学生能够清晰、准确地掌握会计凭证、会计账簿、财务会计报告的形式与作用。

本教材由西安工程大学"会计学"教学团队组织编写,大连工业大学参编。西安工程大学徐焕章担任主编，宋玉、姜海鸣（大连工业大学）、张丽丽、王小红、孙晓琳（大连工业大学）任副主编。主编负责拟定全书的编写大纲，并对全书的初稿进行修改、润色和总纂。刘凌凤、王晓雨、周明三位研究生做了大量基础查阅工作，他们的工作非常重要。各章及其思考题、练习题、案例分析的执笔人如下：

徐焕章：第一章；

宋玉、姜海鸣：第二、三、四章；

张丽丽、孙晓琳：第五、六、七、八章；

王小红：第九、十章。

本教材在编写过程中，参考了国内外学者的著作和研究成果，在此表示衷心的感谢。感谢中国纺织出版社所给予的大力支持，没有他们的帮助，本教材的完成将是十分困难的。感谢西安工程大学教务处在本教材编写过程中的组织与协调。

由于时间和能力所限，书中难免有疏漏和不妥之处，恳请各位读者批评指正，以便再版时修正完善。

编者

2016 年 12 月 18 日

目 录
Contents

第一章　导论

- ★ 了解企业组织形式的种类与企业的经济活动。
- ★ 掌握会计的目标与职能。
- ★ 明确会计信息的质量要求。
- ★ 熟悉会计核算的基本程序和方法。
- ★ 了解会计学科和会计职业。

【引导案例】

在某大学任教的张毅教授暑假期间遇到四位活跃于股市的大学同学，这四位同学中第一位是代理股票买卖的证券公司的经纪人；第二位是受国家投资公司委托任某公司董事；第三位是个人投资者；最后一位是某报经济栏目的记者。他们在聚会时，一起谈论关于股票投资的话题，当谈论到如何在股市中操作时，四位同学都发表了自己的意见。他们的答案分别是：

1. 经纪人：随大流；

2. 董事：跟着感觉走；

3. 个人投资者：关键是获取各种信息，至于财务信息是否重要很难说；

4. 记者：至关重要的是掌握公司财务信息。

四种见解中，你支持哪种见解？为什么？

第一节 企业的组织形式与经济活动

一、企业的组织形式

企业的组织形式分为三类：独资企业、合伙企业和公司制企业。从管理控制、企业的延续性、个人的责任及税收等各个角度看，每一种组织结构都有其优缺点。从数量上看，独资企业占了绝大多数；从资产规模、技术力量、销售额以及企业对整个社会经济的影响上看，公司制企业占主导地位。

（一）独资企业

独资企业，西方也称单人业主制，是指由一个自然人投资，全部资产为投资人所拥有的企业即个体私营企业，是一种最简单的企业形式。独资企业的收益与风险完全由业主个人享有和承担，其成败完全由其自身决定，不必向任何人汇报，可以任意分配利润。个人独资企业不具有法人资格，也无独立承担民事责任的能力。但个人独资企业是独立的民事主体，可以自己的名义从事民事活动。从纳税角度看，独资企业的所有经营利润将并入业主个人收入，交纳个人所得税，而不需要交纳企业所得税，即独资企业不是独立的纳税实体。它的缺点在于：首先，企业所有的债务和法律责任都将由业主个人来承担，一旦有财务方面的问题，所有者的全部财产（如房子、汽车、家具及其他）无论是否投入到企业中都将全部清算，用于偿还债务，这样增加了业主的风险。其次，由于个人拥有的资源有限，所以运营能力受到一定限制，规模难以扩大。最后，业主的自身条件限制独资企业的生存和发展，比如，业主一旦死亡，独资企业将不复存在，将使所有的合同失去效力，贷款者也将有潜在的风险。

（二）合伙企业

合伙企业是一种由两个或两个以上业主共同拥有公司财产的组织。常见的合伙企业有会计师事务所、律师事务所、医疗诊所等。合伙人对整个合伙企业所欠的债务负有无限的责任。合伙企业可以有两种形式，即普通合伙企业和有限合伙企业。在普通合伙企业中，各业主的地位相同，拥有同等的经营决策权，并共同承担企业的经营风险。在有限合伙企业中至少有一位无限合伙人（普通合伙人）及其他一些有限合伙人。有限合伙人的责任通常不超过他们对企业投资额的范围，且他们失去了某些对企业的管理权。那些普通合伙人对企业的债务、法律等方面义务负有无限责任，而他们在常务管理中也占有重要的地位。法律规定合伙人转让其所有权时需要其他合伙人的同意，有时甚至需要修改合伙协议。

（三）公司制企业

公司制企业是在财产所有权与其经营权分离的前提下，由投资者出资，按照出资额对公司承担有限责任。在法律上公司是独立的纳税实体，与所有者分离，依照章程运行，并被允许作为一个独立实体行使权利。公司制企业具有如下主要特征：首先，公司具有法人资格，拥有独立的财产并自主经营、自负盈亏，享有法律赋予的权利与履行法律规定的义务。其次，公司的投资者对企业承担入股金额的有限责任，不像独资企业和一般合伙人那样承担连带无限清偿责任。最后，公司严格依照法律规定设立。公司的登记注册、股权转让、资本变更、分立与合作等必须遵循相关法律规定。公司制企业主要包括有限责任公司和股份有限公司。有限责任公司，是指股东以出资额为限对公司承担责任，公司以其全部资产对公司债务承担责任的股份公司。股份有限公司，是指其全部资本分为等额股份，股东以其所持有股份为限对公司承担责任，公司以其全部资产对公司债务承担责任的股份公司。

二、主要经济业务

企业是一种具有不同规模的经济组织，这个组织的存在主要是通过对各种资源的组合和处理向其他单位或个人提供所需要的产品或服务，并以此实现盈利。本节将以制造企业为例，简单介绍企业的主要经济业务。制造企业又称工业企业，是以产品的加工制造和销售为主要生产经营活动的盈利性经济组织，其生产经营活动是以产品为中心进行的。其完整的生产经营过程分为资金筹集阶段、生产准备阶段、产品生产阶段、产品销售阶段和成果形成与分配阶段，是一个"投入—变换—产出"的过程，即投入一定的资源，经过一系列或多种形式的变换，使其增值，最后以某种形式提供给社会可用的产成品。

制造企业要进行正常生产经营活动，就必须拥有一定数量的经营资金，满足生产经营的物质需求。企业资金的来源渠道主要有两个方面：一方面是投资人的投资及其增值，形成企业的永久性资本，该部分资金来源称为所有者权益；另一方面是向债权人借入的资金，该部分资金来源称为负债。

生产经营资金在生产经营过程中是在不断运动的，在运动过程中资金的占用形态不同，一般可分为货币资金、储备资金、生产资金、成品资金等。随着生产经营过程的不断进行，资金形态也在不断地转化，这就形成了生产经营资金的循环和周转。

筹集资金后，企业开始从事生产经营。企业筹集的资金将首先进入生产准备阶段。在生产准备阶段中，企业用货币资金购买原材料、机器设备、厂房等物资以保证生产上的需要，并随着生产的进行，不断消耗材料用于产品的生产。这一阶段中，货币资金分别转化为固定资金和储备资金。

产品生产阶段是制造企业产品的制造阶段，是制造企业生产经营的核心环节。在产品生产阶段中，劳动者借助于劳动资料对劳动对象进行加工，制造出各种为社会所需要的产品。在产品的制造过程中所发生的各种材料费用、人工费用及其他为组织和管理产品的生产所发生的各种费用共同构成了所生产产品的生产成本，分配到各种产品中去，并结转产品生产成本。随着生产费用的支出，其资金形态由原来的固定资金形态和储备资金形态转化为生产资金形态。产品制造完成以后，形成产成品并验收入库，资金形态则由原来的生产资金形态转化为成品资金形态。

产品销售阶段是制造企业实现产品价值的过程。在产品的销售过程中，企业一方面将自己加工制造的产品销售给购买者；另一方面要办理结算，收取货款，使产品的价值得以实现。企业通过对产品的销售收回货款，货款中包含产品在整个生产经营过程中所发生的生产费用和利润，这时资金又从成品资金形态转化为货币资金形态。这样就完成了一次资金循环并回到资金运动的起点。另外，在此期间企业还要发生广告费、展览费等销售费用，缴纳税金，结转销售产品的生产成本，以此计算企业财务成果。

最后，为了及时地总结企业在一定时期的财务成果，还需将各种收入与费用相配比，计算出企业是盈利还是亏损。企业在生产经营中获得的收入抵偿了相应的各项成本、费用之后的余额，形成企业的利润。企业实现的利润，一部分要以所得税的形式上交国家，另一部分即税后利润（也称净利润）则要按照规定的程序进行合理的分配。税后利润应按照有关规定进行分配，即一部分由企业提取形成公积金，一部分以股利或利润的形式分配给投资者；对于发生的亏损应按有关规定进行弥补，如用以前年度利润或盈余公积补亏。这些也是制造企业生产经营过程中的重要会计事项。如果收入不足以弥补成本、费用，企业发生亏损，则要先按规定的程序弥补亏损。

第二节　会计的目标与功能定位

一、会计目标

会计的目标概括来讲就是设置会计的目的与要求。具体来讲就是指对会计自身所提供经济信息的内容、种类、时间、方式及质量等方面的要求。

从目前国际会计领域对会计目标的研究来看，会计的具体目标主要有两种解释：

第一，"决策有用论观"。企业开展会计工作的主要目标是满足会计信息使用者的信息需求，有助于会计信息使用者做出经济决策。这一观点的提出是针对日益发达的资本市场的需要，所有权与经营权分离且资源的分配是通过资本市场进行的情况下，委托方与受托方的关系不是直接而是通过资本市场建立起来的。因此，会计报告的意义在于对会计信息使用者的决策予以支持。

第二，"受托责任观"。这主要是源于公司制企业在经营资源的所有权和经营权分离的情况下，企业经营者（受托方）接受企业所有者（委托方）交付的经济资源，从事生产经营活动，负有受托责任，并有义务定期如实向委托方报告受托责任履行过程与结果。同时，企业的所有者、债权人也需要及时地了解企业经营管理层的业绩情况和受托责任履行情况，并决定是否调整信贷政策或更换管理层等。因此，会计的目标主要是向投资者解释受托者业绩，并用来解除受托责任，即通过财务报表将委托方所需要的会计信息提供给企业所有者，一方面用来解释经营业绩，另一方面用来说明是否可以解除过去经营期间的受托责任。

我国新颁布的《企业会计准则——基本准则》第四条指出，"财务会计报告的目标是向财务会计报告使用者提供与企业财务状况、经营成果和现金流量等有关的会计信息，反映企业管理层受托责任履行情况，有助于财务会计报告使用者做出经济决策。财务会计报告使用者包括投资者、债权人、政府及其有关部门和社会公众等。"

2013年1月1日起开始实行的《事业单位会计准则》总则第四条指出，"事业单位会计核算的目标是向会计信息使用者提供与事业单位财务状况、事业成果、预算执行等有关的会计信息，反映事业单位受托责任的履行情况，有助于会计信息使用者进行社会管理、做出经济决策。事业单位会计信息使用者包括政府及其有关部门、举办（上级）单位、债权人、事业单位自身和其他利益相关者。"

根据国内外会计学者的研究，会计目标至少应当回答谁是会计信息的使用者这一问题。一般来说，会计信息使用者包括企业外部信息使用者和企业内部信息使用者两大方面。

（一）企业外部信息使用者

外部使用者泛指公司外部的人士和组织，根据其与企业的利益关系可划分为与公司有直接利害关系的外部使用者，以及间接利害关系的外部使用者。前者如公司的投资者及债权人等；后者如税务部门、监管部门、供货方、客户等。

（1）投资者。投资者是公司资产的实际所有者，他们最希望知道反映经营活动的财务会计信息。

（2）债权人。债权人需要根据财务信息以确定是否提供信贷，以及信贷的规模和方式。

（3）税务部门。税务部门根据会计信息确定企业的应纳税额。

（4）证券监管部门。证券监管部门关心公司公开的会计信息是否真实、可理解，以保证证券市场的健康、稳定运行。

（5）上级主管部门。上级主管部门想要了解公司的成本水平、产品结构和经营范围是否合理，能否进一步优化。

（6）供货方。供货方渴望了解企业对原材料的需求程度以及支付能力。

（7）客户。企业的客户需要知道公司能否继续正常运转，产品的价格合理性以及产品未来的研发走势。

（二）企业内部信息使用者

会计报告的内部使用者包括企业内部各阶层的管理人员，如公司董事会成员、公司经理、各方面的管理人员等，公司管理人员需根据会计信息做出决策。决策主要有以下几方面：

（1）筹资决策。管理者需要根据财务信息判断公司所需资金量、筹资方式、途径和成本。

（2）投资决策。投资决策者会根据财务信息选取最佳的投资方案。

（3）生产决策。生产管理人员要依据财务信息确定生产产品的种类、产量，并组织生产并控制成本。

（4）营销决策。营销策略的确定需要财务信息给予有力支持，这样企业才能获得最大收益。

（5）人事决策。员工工资、奖金、津贴的规模，激励制度的设计都要参考公司的财务信息。

各个岗位上的管理人员所要处理的问题不同，需要的会计信息也不尽相同。因而，会计人员提供的会计报告需要满足各类信息使用者，即所谓通用财务报告。

二、会计功能定位

会计的功能定位即会计具有什么职能，会计职能是指会计在经济管理中的职责和功能，也就是会计工作能够干什么。会计的职能很多，但会计的基本职能包括进行会计核算和实施会计监督两个方面。扩展职能包括参与决策职能、预测职能、计划职能、考核经营业绩职能。

（一）会计的核算职能

会计核算职能是指会计以货币为主要计量单位，对特定主体的经济活动进行确认、记录、计算、报告。会计的核算职能也称为会计的反映职能。会计核算是会计工作的一项基本职能，是全部会计工作的基础，从价值量上反映各经济主体的经济活动状况，提供连续、系统、完整的信息。从内容来看，核算主要包括会计记账、算账和报账三个阶段。记账是把一个核算单位在一定时期内所发生的会计事项运用一定的程序和方法在账簿上记载。算账是指在记账的基础上，计算会计主体在整个生产经营过程中有关财务状况和经营成果的工作。报账是继记账和算账工作之后，通过编制会计报表等方式将会计主体的财务状况和经营成果报告给会计信息使用者，以便会计信息使用者进行分析、预测和决策。

（二）会计的监督职能

会计的监督职能就是按一定目的和要求，监督单位及管理者的日常经济活动。我国《会计法》对会计监督的内容做了如下规定：会计机构、会计人员对违反国家规定的收支应当制止和纠正，制止和纠正无效的，应当向单位行政领导人提出书面报告，请求处理。会计机构、会计人员对于违反国家规定的收支，有权向单位的监督机构或上级主管单位报告，也可以直接向审计机关、财政机关或税务机关报告。

会计监督的职能不仅在已经发生或已经完成的业务中体现，按照时间划分，可以分为事前监督、事中监督和事后监督。事前监督指参与经济预测、计划的编制；事中监督指审查日常业务，督促计划的执行；事后监督指检查财产的完整，考核计划的完成情况。

会计的监督职能不仅在于对经济活动的合规性和合法性进行监督，还在于对经济活动的效益性进行监督。监督职能主要依据价值指标来实现。为便于监督，有时会事先制定一些可供检查、分析用的价值指标，用来监督和控制有关经济活动，以避免出现大的偏差，实现全面、及时、有效地控制各个单位的经济活动的目的。

（三）会计参与决策的职能

会计具有利用有用信息、参与重大决策、追求更优业绩的职能。根据会计信息和其他有关信息，运用一定的技术方法对企业的价值运动各个方面的发展趋势或状况进行估计和测算，配合单位领导和有关部门，参与拟订经济计划、业务计划和经营决策，提出最优方案。

会计的决策职能从两个方面体现：一是参与，即会计人员要参加公司的重大经营管理决策，如重大的对内外投资、资金筹划、资产处置等。二是在其职责范围之内直接做出决策。对于财务部门而言，日常也有许多决策问题，如会计政策的选择、会计估计的确定、会计方法的选择等，这些决策往往由财务会计人员直接做出。决策是管理的核心，会计作为一项重要的管理工作，其决策职能越来越重要。

（四）会计的预测职能

会计主要是对已经发生的交易和事项进行反映和监督，但在企业经营环境日益复杂多变的今天，已很难满足人们对会计信息的需求。会计机构和会计人员利用拥有的会计信息优势，预测单位经济活动，并根据预测情况，协同有关部门组织资金运用，加强成本管理，做好预算管理工作。

（五）会计的计划职能

计划是对决策的落实，也可以说是对未来财务状况的一种反映。会计计划职能也从两个方面体现：一是参与制订公司的重大生产经营计划，如投资计划、新产品开发计划等。二是直接制订本部门的工作计划，如财务计划、现金预算、经费预算、成本计划等。

（六）会计的考核经营业绩职能

对企业、部门和职工的经营业绩进行考核。落实经济责任，提供信息，奖优罚劣。考核时需依据事先制订的计划，根据指标完成结果进行考核。

第三节　会计信息

一、会计信息

会计信息，或者称为财务信息，它是由财务数据和一些归类的表格、编制制度所组合成的信息。会计信息可以是数据，可以是原始凭证、记账凭证，也可以是财务报表及相关的财务报告。它是通过财务报表、财务报告及其附注来表现公司经济业务或运营的成果。

企业提供的会计信息是一种满足社会公众需求的产品，任何一种产品都必须满足特定的质量要求并遵循某种特定惯例。根据我国《企业会计准则——基本准则》的规定，会计信息应当满足"可靠性、相关性、可理解性、可比性、实质重于形式、重要性、谨慎性和及时性"八项质量要求。

二、会计信息质量要求

会计信息质量关系到投资者决策、完善资本市场，以及市场经济秩序等重大问题。我国基本准则中规定的八项会计信息质量要求中，可靠性、相关性、可理解性和可比性是会计信息的首要质量要求，是企业财务报告中所提供会计信息应具备的基本质量特征；实质重于形式、重要性、谨慎性和及时性是会计信息质量的次级质量要求，是对首要质量特征要求的补充和完善。会计信息质量的高低是评价会计工作成败的标准。会计信息质量要求是会计核算工作的基本规范，也是会计核算工作的基本要求。

图 1-1　会计信息质量要求

（一）可靠性质量要求

《企业会计准则——基本准则》第十二条规定："企业应当以实际发生的交易或者事项为依据进行会计确认、计量和报告，如实反映符合确认和计量要求的各项会计要素及其他相关信息，保证会计信息真实可靠，内容完整。"当会计信息没有重要差错或偏向，并能如实反映其应当反映的情况而能供使用者做依据时，会计信息就具备了可靠性质量要求。

可靠性是对会计信息质量的基本要求。会计首先作为一个信息系统，其提供的信息是信息使用者进行决策的依据。如果会计数据不能真实地反映企业经济活动的实际情况，势必无法满足会计信息使用者了解企业情况、进行决策的需要，甚至可能导致错误的决策。可靠性质量要求规定在会计确认、计量和报告等环节必须符合会计可靠性要求，必须以实际发生的经济业务和相关的合法凭证为依据。

（二）相关性质量要求

《企业会计准则——基本准则》第十三条规定："企业提供的会计信息应当与财务会计报告使用者的经济决策需要相关，有助于财务会计报告使用者对企业过去、现在或者未来的情况作出评价或者预测。"会计信息要满足有关利益各方了解企业财务状况和经营成果的需要，要与其经济决策相关。会计信息的相关性，是由会计的目的决定的。会计的目的就是向各有关方面提供有用信息，为加强经济管理，提高经济效益服务，因此，会计信息若与人们的管理和决策无关，会计信息也就失去了意义。相关性有预测价值和反馈价值两个基本质量标志，有助于使用者评价企业过去的决策，证实或修正过去的有关预测，因而具有反馈价值；会计信息使用者能够根据财务报告所提供的会计信息预测企业未来的财务状况、经营成果和现金流量，所以具有预测价值。

（三）可理解性质量要求

《企业会计准则——基本准则》第十四条规定："企业提供的会计信息应当清晰明了，便于财务会计报告使用者理解和使用。"可理解性亦称明晰性、清晰性、可辨认性。会计记录和会计报告必须清晰、规范，使信息使用者能够准确、完整地理解、把握和利用会计信息。使得投资者、债权人等财务报告使用者通过阅读、分析、使用财务报告信息，能够了解企业的过去和现状，以及企业净资产或企业价值的变化过程预测未来发展趋势，从而做出科学决策。坚持该项原则，有利于会计信息的使用者准确、完整地把握会计信息所要说明的内容，也有利于审计人员进行查账和验证工作。

（四）可比性质量要求

《企业会计准则——基本准则》第十五条规定："企业提供的会计信息应当具有可比性。"可比性包括横向可比和纵向可比两层含义。

横向可比性，是指不同企业发生的相同或者相似的交易或者事项，应当采用规定的会计政策，确保会计信息口径一致、相互可比。纵向可比性，也称一贯性，是指同一企业不同时期发生的相同或者相似的交易或者事项，应当采用一致的会计政策，不得随意变更。确需变更的，应当在附注中说明。

横向可比性要求必须以纵向可比性要求为前提，以可靠性要求为基础。只有当一个会计主体的前后各个会计期间的会计信息一致，方能够使不同会计主体之间的比较有意义；只有各个会计主体的会计信息是真实可靠的，进行比较才有必要。

（五）实质重于形式质量要求

《企业会计准则——基本准则》第十六条规定："企业应当按照交易或者事项的经济实质进行会计确认、计量和报告，不应仅以交易或者事项的法律形式为依据。"

会计信息如果想如实地反映经济业务或会计事项，那就必须根据它们的经济实质而不是仅仅根据它们的法律形式进行核算和反映。在实务中，交易或事项的外在的法律形式并不能完全真实地反映其经济实质，有时交易或事项的实质可能与其外在的法律形式所反映的内容不尽相同。例如，企业以融资租赁方式取得一项固定资产，是本质上转移了与一项资产所有权有关的几乎全部风险和报酬的一种租赁。就融资租赁而言，租赁协议的法律形式是承租人可能没有获得租赁资产的法定所有权，而其实质和财务本质是承租人以承担支付大致等于租赁资产的公允价值和有关融资费用的责任，换取在租赁资产大部分经济年限内获得使用租赁资产的经济利益。从经济实质看，融资租赁取得的固定资产，企业能够控制该项固定资产创造的未来经济利益，所以，在会计确认、计量和报告中应当将融资租入固定资产作为本企业的资产。遵循实质重于形式的原则，有利于真实地反映企业所拥有的资产、所承担的负债的真实价值，能够为信息使用者提供可靠的会计信息，以避免其利用会计信息做出错误的决策，这对于保护信息使用者的利益有着重要的作用。

（六）重要性质量要求

《企业会计准则——基本准则》第十七条规定："企业提供的会计信息应当反映与企业财务状况、经营成果和现金流量等有关的所有重要交易或者事项。"

重要性质量要求规定企业在会计确认、计量和报告经济业务和会计事项时，应当区别其重要程度，采用不同的处理方式。对企业资产、负债、损益等具有较大影响，而且能够影响会计信息使用者据以做出合理判断的重要经济业务和会计事项，必须根据会计准则规定的会计方法和程序进行处理，在财务会计报告中予以充分、准确地披露和揭示；对于次要的经济业务和会计事项，在不影响会计信息可靠性和决策有用性的前提条件下，可以简化处理，合并经济业务或会计事项进行披露和揭示。如果会计信息不分主次，面面俱到，反而有损于信息的使用，甚至影响决策。

（七）谨慎性质量要求

《企业会计准则——基本准则》第十八条规定："企业对交易或者事项进行会计确认、计量和报告应当保持应有的谨慎，不应高估资产或者收益、低估负债或者费用。"谨慎性亦称审慎性、稳健性。当某一会计事项有多种不同方法可供选择时，为保障企业财力不受侵害、不给会计信息使用者提供使其盲目乐观的信息，在会计上应尽可能选择一种不导致虚增盈利的做法为原则。由于在经济生活中存在着不确定因素和风险因素，表现在会计上，对会计事项的确认、计量需要运用一定的判断或估计，按谨慎性原则，凡是可以预见的损失和费用都应予以确认和计量，而对没有把握的收入则不能予以确认和计量，即不得多计资产或收益，少计负债或费用。谨慎性的应用不允许企业设置秘密准备，如果企业故意低估资产或者收入，故意高估负债或者费用，将不符合会计信息的可靠性和相关性要求，损害会计信息质量，扭曲企业实际的财务状况和经营成果，从而对使用者的决策产生误导，这是不符合会计准则要求的。

（八）及时性质量要求

《企业会计准则——基本准则》第十九条规定："企业对于已经发生的交易或者

事项，应当及时进行会计确认、计量和报告，不得提前或者延后。"及时性贯穿会计确认、计量和报告过程。首先，及时收集会计信息，当企业经济业务或会计事项发生后，会计机构和会计人员要及时收集各种原始凭证。其次，及时对所收集到的会计信息进行加工和处理，当会计机构和会计人员收集到原始凭证后，要按国家的规定和会计准则的规范，及时编制记账凭证，登记账簿和编制财务会计报告。最后，及时将会计信息传递给会计信息使用者以便供其决策之用，会计信息要在会计信息使用者做出决策之前，提供给会计信息使用者。否则，将无助于经济决策，也就不符合及时性会计信息质量要求。

上述八项质量要求是一个整体，不能片面地强调任何一个质量要求，而忽略其他质量要求。会计人员需要应用会计职业判断能力，在诸多质量要求之间寻求某种平衡与和谐，去真实而公允地表述财务会计报告。

第四节　会计核算的基本程序和会计方法

一、会计核算的基本程序

会计核算的基本程序是指对发生的经济业务进行会计数据处理与信息加工的程序。它包括会计确认、计量、记录和报告等程序。会计确认、计量、记录和报告作为一种基本程序或方法都有其具体内容，并需要采用一系列专门方法。

（一）会计确认

会计确认就是依据一定的标准，确认某经济业务事项，能否记入会计信息系统，并列入会计报告的过程。即是否记录、何时记录、当作哪一项会计要素来记录；应否记入财务报表、何时记入、当作哪一项会计要素来报告。会计要素项目确认和时间确认是会计确认的核心。

要素项目确认包括两个方面：

（1）此项经济业务或会计事项是否属于会计核算内容。

（2）此项经济业务或会计事项应归属哪一个要素项目。

此两项确认的基本标准是：第一，必须符合会计要素的定义；第二，此项经济业务或会计事项可以用货币进行计量。时间确认的基本标准是按哪种会计核算基础来确认，即权责发生制还是收付实现制来确认交易或事项。

（二）会计计量

会计计量是指在会计核算过程中，对各项财产物资都须以某种尺度为标准确定它的量。会计计量包括计量单位和计量属性。货币计量通常以元、百元、千元、万元等为计量单位。计量属性是指计量对象可供计量的某种特性或标准，如资产计量有历史成本、重置成本、现行成本等属性。

（三）会计记录

会计记录是指各项经济业务经过确认、计量后，采用一定的文字、金额和方法在账户中加以记录的过程，包括以原始凭证为依据编制记账凭证，再以记账凭证为依据登记账簿。会计记录包括序时记录和分类记录。在记录的生成方式上，又有手工记录和电子计算机记录。

（四）会计报告

会计报告是指以账簿记录为依据，采用表格和文字形式，将会计数据提供给信息使用者的手段。

二、会计方法

会计方法是履行会计职能，完成会计任务，实现会计目的方式、方法，是会计管理的手段。广义的会计方法通常包括会计核算方法、会计分析方法、会计检查方法、会计预测方法、会计决策方法及会计控制方法等多种方法。

会计核算方法，是对会计要素进行确认、计量、记录和报告所应用的方法，或者说是对会计对象进行连续、系统、全面、综合的反映的方法。它一般包括设置账户、复式记账、填制凭证、登记账簿、成本计算、财产清查和编制报表等专门方法。

会计分析方法，是在会计核算的基础上，结合调查研究，对企业资金运动及其成果进行考核、评价和分析的方法。会计分析方法主要有比较分析法、因素分析法、差额分析法、比率分析法。

会计检查方法，是利用会计核算资料，对企业经济活动的合法性和合理性，以及会计信息是否完整和正确等方面进行检查的方法。一般包括核对法、审阅法、分析法等。

会计预测方法，是利用会计信息和其他有关信息，对未来的资金运动进行科学预测所运用的方法。预测方法有两种：一种是定性预测法，如专家意见法，又叫德尔菲法；另一种是定量预测法，主要是利用数学模型来预测，如因果预测法、趋势预测法等。

会计决策方法，是指会计为达到特定的目标，选择最优方案所运用的方法。会计决策分为短期决策和长期决策。短期决策经常运用的方法有本—量—利法、差量法、贡献毛利法等；长期决策法有投资回收期法、净现值法、内含报酬率法等。

会计控制方法，是指通过会计工作，使企业的经济活动和资金运动按既定的轨道运行所采用的方法。按控制的方式不同，可分为事前控制法、事中控制法和事后控制法；按控制的标准不同，又可分为制度控制法、定额控制法、预算控制法、责任控制法、程序控制法等。

会计核算方法是基础，其他方法是利用会计核算资料而进行的，因而，会计分析方法是会计核算方法的继续和发展，会计检查方法是指通过会计核算方法和会计分析所提供的资料与有关标准的比较，来考核、检查企业生产经营过程或单位的经济业务是否合理、合法及其与标准有多大偏差的方法。各种方法紧密相连，相互依存、相辅相成，形成一个完整的方法体系。

狭义的会计方法是指会计核算方法，这是最基本、最主要的会计方法，也是本书着重介绍的内容。其主要内容如下所示：

（一）设置会计科目和账户

设置会计科目和账户就是对会计对象的具体内容进行归纳分类的一种专门方法。会计对象的具体内容繁多复杂，为了便于记录，就要首先根据会计对象特点和经济管理上的需求，选择一定的标准进行归纳分类为若干项目，并确定每一项目的记账方向及记账内容。每个会计账户只能反映一定的经济内容，使所设置的账户既有分工，又有联系地反映整个会计对象的内容，提供管理者所需要的各种信息。

（二）复式记账

复式记账是指对每一项经济业务，应在两个或两个以上相互联系的账户中进行记录的一种专门的记账方法。通过账户的对应关系，不仅可以了解经济业务的内容，还可以检查有关经济业务的记录是否正确。由于这种记录方式至少要涉及两个账户才能保证记录的全面性，因此称为复式记账。根据复式记账采用的记账符号不同分为借贷记账法、增减记账法、收付记账法等，目前国际上通行的是借贷记账法。

与复式记账对应的是单式记账，即只在一个账户上进行单方面记录的一种记账方法。由于单式记账不能全面反映经济业务事项，所以不是一种科学的记账方法。

（三）填制和审核会计凭证

填制和审核会计凭证是指对发生的每一项交易或事项是否合理合法，经过对证明其发生和完成的原始凭证进行审核确认后，按照复式记账的要求填制出记账凭证，以便于确定应记入何种会计账簿的一种方法。它是会计核算工作和会计记录行为的首要环节。会计凭证是记录经济业务、明确经济责任的书面证明，是登记账簿的重要依据，只有经过审核，保证符合有关法律、法规、制度规定而又正确无误的情况下，才能登记账簿。填制和审核会计凭证不仅为经济管理提供了真实、可靠的数据资料，也是实行会计监督的一个重要方面。

（四）设置与登记会计账簿

设置与登记会计账簿，就是依据会计科目开设会计账簿，并依据会计凭证在有关会计账簿中做出进一步分类登记和汇总的一种方法，也称为记账。它是会计核算和会计记录行为的中心环节。会计账簿是由一定格式和相互联系的账页所组成，用来分类、序时、全面记录和反映某一会计主体发生的交易或事项的会计簿籍。登记会计账簿要以会计凭证为依据，将一定时期所发生的交易、事项连续、系统、准确、分门别类地登记到账簿中，并定期进行结账和对账，以便为编制会计报表提供完整、正确的会计资料。

（五）成本计算

成本计算是指归集和分配一定计算对象上的对其应负担的成本费用，并计算出每一成本计算对象总成本和单位成本的一种方法。通过成本计算可以确定产品的总成本和单位成本，从而为进一步计算企业盈亏提供条件，还可以监督检查成本是否节约或超支，因而成本计算不仅是会计核算的重要方法，而且还是会计监督的重要手段。

（六）财产清查

财产清查是为了确定某单位在一定日期财产的实存数，通过实物盘点、核对账目核查实存数与账存数是否一致，保证会计资料真实完整的一种专门方法。在日常会计核算过程中，为了保证会计信息真实正确，同时为了查明各项财产物资和货币资金的保管和合理使用，必须定期与不定期地对各项财产物资、货币资金和往来款项进行清查、盘点和核对。若在清查过程中发现实有数与账面结存数额不一致，应及时查明，通过一定审批手续进行处理并调整账簿记录。

（七）编制财务会计报告

编制财务会计报告是指依据真实准确的会计账簿资料，采用专门的编制方法，将其集中综合地反映在财务会计报告中所采用的一种方法。它是会计核算和会计行为的最后环节，也是会计核算的工作总结。财务报告所提供的一系列核算指标，是考核和分析财务计划和预算执行情况及编制下期财务计划和预算的重要依据。

七种方法前后衔接、互相支持，共同构成了会计核算方法的有机整体。

图 1-2　会计核算方法的逻辑关系

第五节　会计学科与会计职业

一、会计学科

会计学是研究会计发展规律的科学，是人们长期从事会计实践活动所总结的知识体系。会计学属于经济管理科学，以社会经济科学为主导，以生产经营管理为基础，它既不同于一般的经济学，又不同于一般的技术学。其研究对象涉及会计的性质、目标、对象、职能、原则、程序和方法以及会计工作的组织。

会计学是建立在经济学、管理学和数学基础上的经济管理应用科学，是对会计实践经验的总结和概括，是研究如何建立和运用各种会计方法和技术解释、指导会计实践活动的知识体系，由会计理论和会计方法组成。因为会计主要是以货币形式反映经济活动的数量关系，它无论是反映过去、控制现在和规划未来，都是以数据为基础。

（一）会计在中国的演进历程

会计具有悠久的历史。据《周礼》记载，在我国古代的西周，"会计"一词就已出现，并设专门核算周王朝财赋收支的官职——司会，采用"以参互考日成，以月要考月成，以岁会考岁成"的办法，定期对宫廷的收入、支出实行"月计"、"岁会"。这是我国历史上使用"会计"一词的伊始。汉朝开始，出现"簿"、"簿书"

的账册，用来记录会计事项。唐朝时，"账簿"二字已经连用，并在此时传入日本。宋代出现"四柱结算"的方法，把财政收支分为旧管、新收、开除和实在四部分，其含义分别相当于现代会计中的期初结存、本期收入、本期支出和期末结存，通过"旧管＋新收－开除＝实在"的平衡公式进行结账，计算财产的增减情况并交代经管财物的责任。这一方法，到元代传入民间。明末清初，商业与手工业趋向繁荣，旧管、新收、开除和实在表现新的内容，分别相当于今天的权益、收益、费用、资产。与此相适应，出现了以四柱为基础的"龙门账"，用以计算盈亏。"龙门账"将全部经济事项，按性质、渠道科学地划分为进（收入）、缴（支出）、存（资产）、该（负债）四大类，运用"进－缴＝存－该"平衡公式计算盈亏，分别编制"进缴表"和"存该表"。此两表计算得出的盈亏数应当相等，这种双轨计算盈亏，并检查账目平衡关系的会计方法，称为"合龙门"。在清代，商品货币经济进一步发展，资本主义经济关系逐渐萌芽。

新中国成立后，国家在财政部设置了主管全国会计事务的机构——会计制度司，为了有计划地进行大规模社会主义经济建设，强化对会计工作的组织和领导，先后制定出多种统一的会计制度。1985年《中华人民共和国会计法》（以下简称《会计法》）的颁布，使我国会计工作从此进入了法治阶段。全国人大常委会于1993年和1999年两次修订《会计法》。为了适应我国社会主义市场经济的需要，1992年颁布了《企业会计准则》，并于1993年7月1日起施行。这是引导我国会计工作与国际流行的会计实务接轨的一项重大措施，奠定了中国会计国际化的基石。2000年《企业财务会计报告条例》、《企业会计制度》先后出台。2006年6月财政部发布了新中国成立以来不分行业的、新一代的《企业会计准则》，统一地规范所有中国内地境内的企业包括上市公司、金融公司等单位的会计核算和管理控制活动。

（二）会计在国外的发展历程

会计在国外，其产生发展历史也很悠久。早在远古的印度公社中，已经有了农业记账员，负责登记农业账目，登记和记录与此有关的一切事项。在奴隶社会和封建社会时期，当时的会计主要是政府部门用来记录、计算和考核钱物出纳等财政收支。而在古埃及、巴比伦等国家，有文字记载的会计活动还要更早。

在欧洲13～15世纪，由于商品货币经济已比较发达，借贷复式簿记最早出现于意大利佛罗伦萨、热那亚、威尼斯等城市。1494年，意大利数学家卢卡·帕乔利（Luca Pacilio）所著《算术、几何及比例概要》一书，对复式记账法做了系统的说明，为复式簿记在全世界的广为流传奠定了基础。其中专门用一个章节阐述了复式记账的基本原理，被公认为近代会计的开端。

意大利借贷复式簿记出现后，很快传入荷兰、德国、法国、英国等欧洲发达国家，并在传播过程中逐渐改进和完善。17世纪末到19世纪末，各主要资本主义国家先后经过产业革命后，股份公司这种新的经济组织形式的出现，企业管理权和所有权发生了分离，产生了查核经理人员履行情况的需要。信贷业务的发展，又促进审阅企业偿债能力成为不可缺少的一环。于是，1721年在英国开始出现了以查账为职业的特许注册会计师。再加之这一时期英国税法、商法、公司法等法律法规的完善和陆续颁布，大大促进了英国会计的发展，成本计算、会计报表分析和审计等新的内容也相继出台。1853年，英国在苏格兰又成立了世界上第一个注册会计师专业团体——"爱丁堡会计师协会"，并于1854年被授了皇家特许证。20世纪以后，经历两次世界大战，美国成为世界头号经济强国。美国会计取代英国会计成为世界会计的领头羊。1929—1933年世界经济大危机后，美国迅速颁布《证券法》和《证券交易法》，从而确立了会计与审计在资本证券市场中的法律地位。20世纪50年代以后，由于信息论、控制论、系统论、行为科学、现代数学等学科引入会计，丰富了会计学的内容，管理会计随之出现。由于电子计算机引入会计领域，会计核算逐步实现了自动化、电子化。近年来，会计学正在向交叉学科的方向发展。

（三）现代会计学

一般认为，现代会计学是由财务会计学和管理会计学组成的学科体系。会计学发展至今，已分化为许多相互联系的分支学科，下面进行简要阐述：

1. 会计学按其研究内容的分类

会计学主要由基础会计学、财务会计学、成本会计学、管理会计学、财务管理学、审计学和会计电算化等重要分支学科组成。

各分支学科所研究的是会计学所包含的内容的不同侧面。基础会计学侧重于会计基本理论、基础知识和基本技能的研究，以解决学习会计学的入门问题；财务会计学主要研究企业如何按照公认会计规范的要求，按照会计核算的一般原则和会计处理程序，根据已发生的企业经营资金运动，对经济业务进行确认、计量、记录和编制会计报告，对外传递会计信息以供信息使用者使用；成本会计学以企业成本为对象，研究成本的计算、成本预测、成本决策、成本计划、成本控制及成本评价的理论与方法；管理会计学研究如何对未来预期发生的经营资金运动进行规划、预测并控制其执行，提供生产经营管理决策的信息；财务管理学主要阐述企业筹措、管理和有效利用资金的理论和方法；审计学阐述对企业单位经济活动的合法性、合理性和效益性进行监督和检查的理论和方法；会计电算化则主要阐述运用计算机来搜集、分类、处理和反馈信息的程序和方法。

图 1-3 会计学按其研究内容的分类图

2. 会计学按其应用行业的分类

会计学按其应用行业的分类可分为工业企业会计、商品流通企业会计、金融企业会计、施工企业会计等学科。由于社会分工的需要，各行业在生产工艺组织上存在不同特点，使之对会计也提出了不同的要求，从而不同行业的会计具有各自的特点。近年来不同行业的会计之间差异也越来越小，它们的主要差别将局限在成本核算与费用核算等方面。

3. 会计学其他分类

会计学其他分类会计还可分为：研究会计方法和会计工作组织原则及形式的"会计制度设计"；研究外国会计理论和方法以便有所借鉴的"外国会计、国际会计学"；用比较方法研究并阐明不同会计之间相同、相异、相似之处的"比较会计"；专门研究探讨会计本质、对象、概念等一系列理论问题的"会计理论"；研究会计发生和发展历史的"会计史"等。

二、会计职业

会计职业包含多种会计专业职务。会计专业职务是指根据工作的需要，在规定的限额和批准的编制内设置的工作岗位。会计专业职务名称为：会计员、助理会计师、会计师、高级会计师。其中，高级会计师为高级职务，会计师为中级职务，助理会计师、会计员为初级职务。

（一）会计职业的要求

（1）会计员。成为一名会计员的基本条件：初步掌握财务会计知识和技能；熟悉并能执行有关会计法规和财务会计制度；能担任一个岗位的财务会计工作；大学专科或中等专业学校毕业，在财务工作岗位上见习满一年；取得会计从业资格。

（2）助理会计师。成为一名助理会计师的基本条件：掌握一般的财务会计基础理论和专业知识；熟悉并能正确执行有关的财经方针、政策和财务会计法规、制度；能担负一个方面或某个重要岗位的财务工作；取得硕士学历，或取得第二学士学位或研究生班结业证书，具备履行助理会计师职责的能力；大学本科毕业，在财务会计工作岗位上见习满一年；大学专科毕业且担任会计员职务两年以上，或中等专业学校毕业并担任会计员职务四年以上；取得会计从业初级资格。

（3）会计师。成为一名会计师的基本条件：较系统地掌握财务会计基础理论和专业知识；掌握并能正确贯彻执行有关的财经方针、政策和财务会计法规、制度；具有一定的财务工作经验，能担负一个单位或管理一个地区、一个部门、一个系统某个方面的财务会计工作；取得博士学位，并具有履行会计师职责的能力；取得硕士学位并担任助理会计师职务两年左右；取得第二学士学位或研究生班结业证书，并担任助理会计师职务两到三年；大学本科或大学专科毕业并担任助理会计师职务四年以上；掌握一门外语；取得会计从业中级资格。

（4）高级会计师。成为一名高级会计师的基本条件：较系统地掌握经济、财务会计理论和专业知识；具有较高的政策水平和丰富的财务会计工作经验，能担负一个地区、一个部门或一个系统的财务会计管理工作；取得博士学位，并担任会计师职务两到三年；取得硕士学位、第二学士学位或研究生班结业证书，或大学本科毕业并担任会计师职务五年以上；较熟练地掌握一门外语；取得会计从业高级资格。

对各级专业职务的学历和从事财务会计工作年限的要求，一般都应具备；但对确有真才实学、成绩显著、贡献突出、符合任职条件的，在确定其相应专业职务时，可不受规定的学历和工作年限限制。

（二）会计职业的基本职责

（1）会计员。负责具体审核和办理财务收支，编制记账凭证，登记会计账簿，编制会计报表和办理其他会计事务。

（2）助理会计师。负责草拟一般的财务会计制度、规定、办法、解释，解答财务会计法规、制度中的一般规定，分析并检查某一方面或者某些项目的财务收支和预算的执行情况。

（3）会计师。负责草拟比较重要的财务会计制度、规定、办法；解释，解答财务法规、制度中的重要问题；分析并检查财务收支和预算的执行情况；培养初级会计人才。

（4）高级会计师。负责草拟和解释、解答在一个地区、一个部门、一个系统或在全国施行的财务会计法规、制度、办法；组织和指导一个地区或一个部门、一个系统的经济核算和财务会计工作；解释和解答有关财会政策及业务技术问题；培训中级以上会计人员。

本章小结

国际会计领域对会计目标的研究主要有两种观点：第一，基于会计是一个信息系统而将目标定位于向使用者提供决策有用信息的观点，称为会计目标的"决策有用观"；第二，基于委托代理关系而把会计目标定位于受托者向委托者解释、说明其受托责任履行情况的观点，称为会计目标的"受托责任观"。目前，我国确立的会计目标兼顾了上述两种观点。

会计职能是指会计在经济管理活动中所具有的功能。随着会计的发展，会计职能也在不断变化，现代会计职能包括会计核算和会计监督两项最基本的职能，以及其他扩展职能。会计信息质量要求是衡量会计信息质量的基本标准和处理会计业务应当遵循的共同原则。

会计核算方法是指会计对企业已经发生的经济业务进行连续、系统和全面的核算和监督所采用的方法。会计核算方法由七种方法所构成，包括设置会计科目与账户、复式记账、填制和审核会计凭证、设置与登记会计账簿、成本计算、财产清查、编制财务会计报告。会计发展的整个过程，可将会计发展划分为古代会计、近代会计和现代会计三个阶段。随着科学技术和经济的发展，会计理论的研究也将是无穷无尽，不断发展的。

思考题

（1）企业具有哪些组织形式？

（2）会计的目标与职能是什么？

（3）会计信息的质量要求是什么？

（4）会计核算的基本程序和方法是怎样的？

（5）简述会计学科和会计职业。

练习题

一、单项选择题

（1）会计以（　　）为反映和监督的对象。

    A. 经济活动   B. 现金流动

    C. 生产要素   D. 管理者行为

（2）下列（　　）不属于一般企业会计信息的服务对象。

    A. 政府机关   B. 债权人   C. 医院   D. 企业职工

（3）将融资租入的固定资产作为自有资产核算，依据的会计信息质量要求是（　　）。

    A. 谨慎性   B. 实质重于形式   C. 重要性   D. 相关性

（4）为了保证企业不同时期的会计信息可比，对企业会计核算的要求是（　　）。

    A. 会计处理应当保持应有的谨慎

    B. 采用规定的会计政策，确保会计信息口径一致

    C. 不同时期发生的相同或相似的交易或事项，应当采用一致的会计政策

    D. 不同时期发生的相同或相似的交易或事项，应当采用一致的会计估计

（5）谨慎性要求企业对交易或事项进行会计处理时应当保持应有的谨慎，不高估资产或者收益，不低估负债和费用。下列各项中，能够应用谨慎性情况的是（　　）。

    A. 购进固定资产的入账价值   B. 购进材料的入账价值

    C. 固定资产折旧的计算   D. 银行借款的入账价值

二、多项选择题

（1）会计的具体目标是向会计信息使用者提供与企业财务状况、经营成果和现金流量等有关的会计信息，反映企业管理层受托责任的履行情况，有助于会计信息使用者做出经济决策。其主要内容有（　　）。

    A. 向会计信息使用者提供决策有用的信息

    B. 反映企业管理层受托责任的履行情况

    C. 进行会计监督以保证经济活动的合法

    D. 进行会计核算以对外提供报表

（2）会计核算的基本程序包括（　　）。

    A. 会计预测   B. 会计确认   C. 会计计量   D. 会计记录

（3）会计核算方法包括（　　）。

　　A. 设置会计科目和账户　　　　　　B. 复式记账

　　C. 填制和审核会计凭证　　　　　　D. 登记账簿

（4）会计信息质量要求包括（　　）。

　　A. 可靠性、相关性　　　　　　　　B. 可理解性、可比性

　　C. 实质重于形式、重要性　　　　　D. 谨慎性、及时性

（5）现代会计的职能可以概括为（　　）。

　　A. 进行会计核算　　　　　　　　　B. 实施会计监督

　　C. 参与预测　　　　　　　　　　　D. 参与决策

案例分析

　　甲先生创办了一家个人独资企业，在公司运营1年后，工商、税务部门的工作人员指出甲先生的个人独资企业没有遵守会计准则的要求建立公司的内部会计制度，记账不规范，并且该公司的会计人员不具备会计从业资格。甲先生认为，公司是自己的，所有权和经营权没有分离，所有的经营风险由自己承担，并且以全部资产作为偿还债务的保障，为什么一定要按照会计准则去做？为什么会计人员必须具有从业资格？请根据你的会计知识分析甲先生的观点对否。

第二章 会计的基本概念

★ 认识什么是会计。

★ 了解与掌握我国企业会计信息及其质量要求的基本内容。

★ 掌握会计活动的对象和会计要素的内容及其相互关系。

★ 了解财务会计核算的基本前提与会计核算的基础。

【引导案例】

甲、乙、丙、丁是四个好伙伴，有一次在一起聚会聊天，聊起了什么是会计这一话题，四人各执一词，谁也说服不了谁：

甲：什么是会计？这还不简单，会计就是指一个人，比如我们公司的刘会计，是我们公司的会计人员，这里会计不是人是什么？

乙：不对，会计不是指人，会计是指一项工作，比如我们常常这样问一个人，你在公司做什么？他说，我在公司当会计，这里会计当然是指会计工作了。

丙：会计不是指一项工作，也不是指一个人，而是指一个部门，一个机构，即会计机构。你们看，每个公司都有一个会计部或者会计处什么的，这里会计就是指会计部门，显然是一个机构。

丁：你们都错了，会计既不是一个人，也不是一项工作，更不是指一个机构，而是指一门学科，我弟弟就是在湖南大学学会计的，他当然是去学一门学科或科学。

结果，他们谁也说服不了谁。同学们，如果让你来谈谈什么是会计的问题，你会怎么说呢？

第一节　会计的含义

一、会计的概念

会计是以货币为主要计量单位，以提高经济效益为主要目标，运用专门方法对企业、机关、事业单位和其他组织的经济活动进行全面、综合、连续、系统的核算和监督，提供会计信息，并随着社会经济的日益发展，逐步开展预测、决策、控制和分析的一种经济管理活动，可以说，会计是经济管理活动的重要组成部分。

会计是以会计凭证为依据，以货币为主要计量单位，运用一系列专门的技术方法，全面、连续、系统、综合地反映和监督企事业单位的经济活动，并向相关会计信息使用者提供符合会计法律、法规和规章制度要求的会计信息的一项管理工作。

二、会计的特点

（一）会计以货币为主要计量单位

会计在对单位的经济活动进行核算和监督中，主要是运用统一的货币单位来记录、计算、分析和考核。货币是衡量和计算一切财产物资的价值尺度。通过统一的货币单位来计量，可以把单位凡是能用货币计量的会计核算对象折算成统一的货币单位，求得综合性指标，总括地反映经济活动过程及其成果。会计的这一特点，决定了会计核算的对象只限于那些能够用货币计量的经济活动。对于有关企业产品质量、企业在市场中的竞争能力等情况的变化，虽然也是企业的经济活动，但是因为不能用货币单位来计量，也就不成为企业会计核算的对象。

（二）会计以凭证为记账依据

在经济活动中，每发生一笔经济业务，都必须取得合法的书面凭证，这些凭证记录了经济活动的过程，是具有法律效力的书面证明。只有取得或填制真实合法的凭证，才能作为记账的依据，并据以明确经济责任。

（三）会计对经济活动的管理具有连续性、系统性、全面性和综合性

所谓连续性，是指在经济活动中所发生的经济业务，要按业务发生的时间顺序不间断地进行记录；所谓系统性，是指对会计对象要按科学的方法进行分类、汇总，进行系统的加工整理，以便提供会计管理必需的系统化的数据资料；所谓全面性，是指把属于会计对象的全部经济业务全面加以记录；所谓综合性，是指要通过货币计量尺度把会计记录加以汇总，以反映会计对象的各项总括的价值指标。

三、会计的职能

会计的职能，是指会计在经济管理中所具有的最基本的功能。核算和监督是会计的两项基本职能。

会计作为经济管理的重要组成部分，其作用的发挥是通过会计的职能来实现的。会计的职能是指会计在经济管理过程中所具有的功能。生产力发展水平和经营管理水平的高低，对会计的职能具有决定性影响。例如，在生产力水平较低下的时代，会计的主要功能在于简单的计量、记录，以反映为主；而在生产力水平较发达、管理水平较高的今天，记账、算账、报账已不能满足经济管理的需要，发挥会计的经济监督作用便成为会计的一项重要功能。随着会计的不断发展，会计职能的内涵也不断得到充实，并开拓了新的领域，但其基本职能为会计核算和会计监督两个方面。

（一）会计的核算职能

会计的核算职能又称会计的反映职能，是指运用货币形式，通过对经济活动进行确认、计量、记录、报告，将经济活动的内容转换成会计信息的功能。管理经济，首先要掌握经济活动情况，要对经济活动内容，即会计的对象进行记账、算账和报账。记账就是把一个企事业单位发生的所有经济业务运用一定的记账方法在账簿上记载。算账就是在记账的基础上，计算企业在生产经营过程中的资产、负债、所有者权益、收入、成本和经营成果，以及行政单位预算资金的收入、支出和结余情况。报账就是在记账和算账的基础上，把企业的财务状况和经营成果或行政事业单位的资金收支状况通过编制会计报表的方式向内部和外部有关部门通报。会计核算是会计最基本的职能，记账、算账和报账是整个会计工作的基础。

（二）会计的监督职能

会计的监督职能又称会计的控制职能，是指对各单位发生的经济活动的合理

性、合法性和有效性实行审查，控制和规范单位经济活动的运行，使其达到预定目标的功能。《会计法》规定了会计监督的内容主要包括六个方面：一是对原始凭证的真实性、合法性、准确性和完整性的审核和监督；二是对会计账簿的监督，主要对单位账外设账行为进行监督；三是对实物、款项的监督，主要对单位财产清查制度的执行情况进行监督；四是对财务报告的监督，主要对会计报表编制依据的合法性、合规性，报告数字的真实性进行监督；五是对财务收支的监督，主要对财务收支审批手续是否完备，单位的财务收支是否符合国家统一的财政、财务、会计等各项制度要求进行监督；六是对各种计划的监督，包括对预算计划、财务计划、经济计划、业务计划等各种计划的制订和执行情况进行监督。

企业单位除了做好内部会计监督外，还要主动接受国家监督和社会监督。国家政府部门和社会中介组织对单位会计工作的监督，是会计监督的重要组成部分。各单位必须依照法律和国家有关规定接受财政、审计、税务机关等的监督，如实提供会计凭证、会计账簿、会计报表以及其他会计资料和有关情况，不得拒绝提供或隐匿、谎报；按照法律规定应当委托注册会计师进行审计的单位，应积极配合注册会计师的工作，如实提供有关会计资料以及有关情况，不得示意注册会计师出具不当的审计报告。

（三）会计核算与监督职能的关系

会计的核算职能和监督职能之间是相辅相成的。会计核算是执行会计监督的前提，离开了会计核算，会计监督就失去了基础；会计监督是会计核算的保证，只有通过会计监督，才能保证会计核算资料的真实可靠。

会计核算是会计的首要职能，是会计监督的基础。没有核算所提供的各种信息，监督就失去了依据。会计监督是会计核算的保证，只有核算而无严格的会计监督，就难以保证核算所提供信息的真实性、可靠性，会计核算也就失去了存在的意义。可见，会计是通过核算为管理提供会计信息，又通过监督直接履行管理职能，两者必须结合起来发挥作用，才能正确及时、真实完整地反映经济活动。

需要指出的是，会计的职能反映会计的本质。因此，从这个意义上讲，会计具有核算和监督两项基本职能，也是会计的基本特征之一。

四、会计的分类

（一）会计的分类方法

会计按其报告的对象不同，分为财务会计和管理会计两大类。

按行业可将其分为工业企业会计、商品流通会计、金融证券会计、保险企业会计、施工企业会计、房地产业会计、邮电通信会计、农业企业会计、旅游餐饮会计、医疗卫生会计、交通运输会计、文化教育会计、物业管理会计、行政事业会计、上市公司会计等。

按工作内容可将其分为总账会计、往来会计、成本会计、材料会计等。

按工作范围可将其分为公共会计、私用会计、政府会计。

（二）财务会计

财务会计主要侧重于向企业外部关系人（包括投资者、债权人、政府部门以及其他社会公众）提供有关企业财务状况、经营成果和现金流量情况等信息，所处理的主要是企业与其外部各方面的利益关系。其特点是比较真实和可以验证。

财务会计对外提供的信息反映了企业与投资者、债权人等有关方面的利益关系，受到这些信息使用者的普遍关注，他们往往要以财务会计提供的会计信息为主要依据，做出有关经济决策。因财务报告是经营者领导下的会计部门提供的，即信息的提供者与使用者是分离的，为了得到使用者的信赖，就需要对信息的加工、形成和传递的全过程进行严格的规范。会计原则、会计准则、会计制度等财务会计的规范形式便应运而生。

（三）管理会计

管理会计主要侧重于向企业内部管理者提供进行经营规划、经营管理、预测决策所需的相关信息，所处理的是企业内部各方面的利益关系。管理会计侧重于未来信息，为内部管理部门提供数据。

在当今世界，已经没有人会否定财务职能对于企业的重要性，然而真正能够获得企业管理层和业务单元认可的财务部门却并不多见。传统的财务职能从来没有像今天这样，在全球范围内都面临着重大的危机和严峻的挑战。

在转型时期，企业的内外部环境正在推动企业寻找更为有效的财务模式，企业财务组织需要成为衔接公司战略、运营与绩效的桥梁纽带，开展公司整体资源配置、并进行准确衡量、全程控制和监督，以确保企业价值链的可持续发展，提升企业的综合竞争力。而这些要求正是管理会计服务的宗旨和致力追求的目标，管理会计是实施财务转型升级的重要工具。

财务转型最核心的是财务人员的转型。在当前，财务管理人员创造价值的战场已经转移，战略决策支持和运营过程管理与控制才是最产生价值的领域。对于面临转型或正在转型企业来说，应积极培养符合以上要求的高素质人员，管理会计人才队伍建设显得尤为迫切。

建立卓越绩效的管理会计团队，需要开阔、深通的业务能力和强大的沟通和协调能力，在价值创造和业务协作过程中不断发挥财务影响力，不断加强专业技能的深度和综合管理能力的广度，唯有如此，财务组织才能深入参与企业战略与运营等多个层面的工作。

从传统的会计核算角色进入到管理会计创造价值角色，企业面临大量人才培养的需求。我国目前大学的财务教育仍处在重视会计的合规和交易处理上，财务管理的理论知识无法与企业实际工作相结合；而在企业中，大量的财务人员面临着管理会计知识落伍，缺乏管理思维，只是低头拉车不抬头看路，影响了财务管理集体作用的发挥。

第二节　会计对象与会计要素

一、会计对象

（一）会计对象的概念

任何工作都有其特定的工作对象，会计工作也不例外。一般来说，会计对象是指会计工作所要核算和监督的内容；具体来说，会计对象是指企事业单位在日常经营活动或业务活动中所表现出的资金运动，即资金运动构成了会计核算和会计监督的内容。

会计需要以货币为主要计量单位，对特定主体的经济活动进行核算和监督。也就是说，凡是特定主体能够以货币表现的经济活动，都是会计的对象。以货币表现的经济活动，就是资金运动。因此，会计对象即会计核算和监督的内容就是资金运动。研究会计对象的目的，是要明确会计在经济管理中的活动范围，从而确定会计的任务，建立和发展会计的方法体系。

资金是指一个单位所拥有的各项财产物资的货币表现。资金运动是资金的形态变化和位置移动。资金运动包括各特定主体的资金投入、资金运用（即资金的循环与周转）和资金退出等过程，而具体到企业、事业、行政单位又有较大差异。即使同样是企业，工业、农业、商品流通业、交通运输业、建筑业及金融业等企业也均有各自资金运动的特点。

（二）会计对象的内容

1.工业企业会计对象的内容

工业企业是从事工业产品生产和销售的盈利性经济组织。工业企业的会计对象就是工业企业在生产经营过程中发生的、能够用货币表现的各项经济活动，即工业企业的资金运动。

为了从事产品的生产与销售活动，工业企业必须拥有一定数量的资金，用于建造厂房、购买机器设备、购买原材料、支付职工工资、支付经营管理中必要的开支等，生产出的产品经过销售后，收回的货款还要补偿生产中的垫付资金、偿还债务、上缴税金等。由此可见，工业企业的资金运动包括资金的投入、资金的循环与周转以及资金的退出三个过程。

资金的投入包括企业所有者投入的资金和债权人投入的资金两部分，前者属于企业所有者权益，后者属于企业债权人权益——企业负债。投入企业的资金一部分构成流动资产，另一部分构成非流动资产。

资金的循环与周转分为供应、生产、销售三个阶段。在供应过程中，企业要购买原材料等劳动对象，发生材料买价、运输费、装卸费等材料采购成本，与供应单位发生货款结算关系等。在生产过程中，劳动者借助于劳动手段将劳动对象加工成特定的产品，发生材料消耗的材料费、固定资产磨损的折旧费、生产工人劳动耗费的人工费等，构成产品使用价值与价值的统一体，同时，还将发生企业与工人之间的薪酬结算关系、与有关单位之间的劳务结算关系等。在销售过程，将生产的产品销售出去，发生有关销售费用、收回货款、缴纳税金等业务活动，并同购货单位发生货款结算关系、同税务机关发生税款结算关系等。企业获得的销售收入，扣除各项费用后成为利润，还要提取盈余公积并向所有者分配利润。

资金退出包括企业偿还各项债务、上缴各项税金、向所有者支付股利等，这部分资金离开本企业，退出本企业的资金循环与周转。

上述资金运动的三个阶段，是一个相互联系、相互制约的统一体。没有资金的投入，就不会有资金的循环与周转；没有资金的循环与周转，就不会有债务的偿还、税金的上缴、利润的分配等资金的退出，同时也就不会有新一轮的资金投入和企业进一步的发展。

2.商品流通企业会计对象的内容

与工业企业相比，商品流通企业的经营活动缺少产品生产环节。商品流通企业的经营过程主要分为商品购进和商品销售两个环节。在前一个环节中，主要是采购商品，此时货币资金转换为商品资金；在后一个环节中，主要是销售商品，此时资金又由商品资金转换为货币资金。在商业企业经营过程中，也要消耗一定的人力、物力和财力，他们表现为商品流通费用。在销售过程中，也会获得销售收入和实现经营成果。因此，商品流通的资金是沿着"货币资金—商品资金—货币资金"的方式运动。

3.行政事业单位会计对象的内容

行政事业单位也是社会再生产过程的基本单位，包括国家行政机关、司法机关、科教文化、医疗卫生等单位。行政事业单位虽然不从事产品的生产和交换，但为了完成国家所赋予的各项任务，同样需要具备一定数量的资金。行政事业单位的资金有国家财政拨款投入的预算收入，有单位自筹的预算外收入。同样，支出也可以分为预算内支出和预算外支出。因此，行政事业单位的经济活动一方面是通过预算内（外）收入取得的货币资金；另一方面要发生预算内（外）支出，以货币资金支付各种行政费用和业务费用。行政事业单位经济活动中发生的预算内（外）经费收支活动，就是行政事业单位的会计对象。

综上所述，不论是工业企业、商业流通企业，还是行政、事业单位都是社会再生产过程中的基层单位，会计反映和监督的对象都是资金及其运动过程，正因为如此，我们可以把会计对象概括为社会再生产过程中的资金运动。

二、会计要素

（一）会计要素的概念

会计要素是对会计对象所做的基本分类，是会计核算对象的具体化，是用于反映会计主体财务状况和经营成果的基本单位。

会计要素是指会计报表的基本构成要素。中国《企业会计准则》将会计要素分为资产、负债、所有者权益（股东权益）、收入、费用（成本）和利润六个会计要素。会计要素是会计对象的具体化，是会计基本理论研究的基石，更是会计准则建设的核心。会计要素定义是否科学合理，直接影响着会计实践质量的高低。1993年我们在借鉴国际会计准则和美国会计准则的基础上，结合当时中国的实际情况，在《企业会计准则》中提出了六大会计要素的定义，这对中国基本准则的构建乃至会计实务的指导起了积极的作用。但随着中国市场经济的发展，新的经济业务形式的不断出现和中国具体准则的陆续出台，基本准则中对会计要素的定义越来越显示出其局限性，不利于具体准则的建设和对会计实务的指导，对会计要素定义的修订已是大势所趋。

（二）会计要素的主要分类

会计要素是组成会计报表的基本单位，是对会计对象进行的基本分类，是会计核算对象的具体化，我国《企业会计准则》规定会计要素包括资产、负债、所有者权益、收入、费用、利润六个方面，如图2-1所示。

图2-1　会计要素的分类

其中，资产、负债和所有者权益三项会计要素是组成资产负债表的会计要素，也称为资产负债表要素，资产是资金的占用形态，负债和所有者权益是与资产相对应的取得途径，它们是反映企业财务状况的会计要素；收入、费用和利润三项会计要素是组成利润表的会计要素，也称为利润表要素。收入是经济活动中经济利益的总流入，费用是经济活动中经济利益的总流出，收入与费用相配比，即形成经济活动的利润，利润是资金运用的成果，它们反映企业的生产经营成果。事业单位会计要素分为五大类，即资产、负债、净资产、收入和支出。

（三）中国与国际会计要素划分的比较

在国际会计准则中，将会计要素划分为资产、负债、产权、收益和费用五大要素。而且明确"收益的定义包括了收入和利得"，"费用的定义包括了损失，也包括那些在企业日常活动中发生的费用"。

中国六大会计要素的划分与国际会计准则五大会计要素的划分，其基本思路和格局是相同的。它们的主要区别有两点：第一，中国将"利润"作为独立的会计要素，而国际会计准则没有；第二，国际会计准则明确收益要素包括收入和利得，而中国的收入要素仅是营业收入；国际会计准则明确其费用要素包括费用和损失，而中国的费用要素则不包括损失。

"利润"是否作单独的会计要素？我们认为：单独作为一个会计要素有其好处，

不单独作为一会计要素也无原则性的弊端。因为确认、计量了收入与费用，自然而然地也就确认了"利润"，从这个意义上讲，不将"利润"单独作为会计要素，不会产生原则性的弊端。如果将隐含在收入与费用之中的"利润"单独作为会计要素，则可强化对"利润"信息的关注和揭示。但应以"总收益"或"综合净利"概念替代"利润"概念更为确切。关于收益要素和费用要素包括的内容问题，国际会计准则是大口径，我国的会计准则是小口径。因为国际会计准则未单独设"综合净利"要素，如果收益仅是营业收入，费用不包括损失，那么利得、损失的经济事项就会游离于五大会计要素之外，因此，国际会计准则采用大口径是必然的选择。我国的会计准则将"收入"、"费用"要素定为小口径，因为单独设有"利润"要素，而且将"利得"、"损失"经济事项归纳在"利润"要素之中。也就是说，中国会计准则在"利润"要素中包含了"利得"、"损失"等内容，因而不被其"收入"、"费用"要素采用。

（四）会计要素的确认

会计要素是对会计对象进行的基本分类，是会计核算对象的具体化。资产、负债、所有者权益、收入、费用、利润是我国企业会计的六大会计要素。其中，资产、负债和所有者权益三项会计要素表现资金运动的相对静止状态，即反映企业的财务状况；收入、费用和利润三项会计要素表现资金运动的显著变动状态，即反映企业的经营成果。

1. 资产

①资产的定义。企业要从事生产经营活动，必须拥有一定数量的资产。例如，购买商品需要现金、银行存款，生产产品需要机器设备、厂房、材料等，这些都是企业的资产。根据《企业会计准则——基本准则》第二十条的规定，"资产是指企业由于过去的交易或者事项形成的，由企业拥有或者控制的，预期会给企业带来经济利益的资源。"

②资产的特点。根据资产定义，资产的特点如下：

第一，预期会给企业带来经济利益。资产预期会给企业带来经济利益，是指资产直接或者间接导致现金和现金等价物流入企业的能力。主要体现如下：

a. 有的资产具有直接购买力，可以用来换取其他资产。例如，现金、银行存款可以用来购买商品、材料、设备等。

b. 有些资产代表一种货币性债权，企业可以于约定日期收取现金、银行存款，如应收账款、交易性金融资产等。

c. 有的资产可以出售，从而转变为现金或者货币性债权，如商品、产成品、可供出售的金融资产等。

d.有些资产能提供某些潜在的效益、权利或劳务，对企业具有使用价值。例如，房屋能为企业提供固定的营业场所，机器、设备可用来生产产品。从企业来讲，这些资产的取得主要是因为它们具有潜在的效能，企业可以从它们的使用中得到预期的利益。

企业以前已经确认为资产的项目，如果不能再为企业带来未来经济利益，也不能再确认为企业的资产，典型代表就是资产发生毁损、变质等。

第二，应为企业拥有或控制。拥有从产权归属的角度看，是指拥有所有权。企业拥有资产的所有权，通常表明企业能够排他性地从资产中获取未来经济利益。

控制是从使用权角度看，某些特定资产企业虽然不拥有控制权，仅仅具有使用权，但也仍然要确认为企业的资产进行管理与控制。其典型的例子就是企业从融资租赁方式租入固定资产，尽管企业不拥有所有权，但是如果租赁合同规定的租赁期限较长，接近于该固定资产的使用寿命，则会计学中将这类资产也确认为企业控制的资产进行计量和报告。

不为企业拥有或控制的资产虽然有时候能够给企业带来未来经济利益，但也不确认为企业的资产项目。

第三，是过去的交易或者事项形成的。资产应当是企业过去的交易或者事项（包括购买、生产、建造、捐赠或者其他交易或事项）形成的，未来将发生的交易或事项不形成企业的资产。例如，企业与某单位签订了购货合同（不可撤销合同除外），只要合同义务未履行，则可认为购买行为尚未发生，就不符合资产的定义，不能根据购货合同确认为企业资产项目。

③资产的分类。资产按流动性分为流动资产和非流动资产两大类（如图2-2所示）。流动资产是指在一年或超过一年的一个营业周期内变现或耗用的资产，如库存现金、银行存款、其他货币资金（会计学中将此三项统称为货币资金）、交易性金融资产、应收账款、应收票据、预付账款、应收股利、应收利息、其他应收款、存货等。非流动资产是指超过一年变现或耗用的资产，通常包括可供出售金融资产、持有至到期投资、投资性房地产、长期应收款、固定资产、在建工程、工程物资、油气资产、无形资产（如专利权、商标权、著作权、土地使用权）、开发支出、商誉等。需要指出的是，无形资产是指企业拥有或者控制的没有实物形态的可辨认非货币性资产，商誉属于不可辨认资产，因此，会计学中的"无形资产"不包括"商誉"，这与日常生活常识不同，需要特别注意。

```
                    ┌ 库存现金及各种存款
                    │ 交易性金融资产
            流动资产 ┤ 应收及预付款项：应收票据，应收账款，其他应收款，预付账款
                    └ 存货：原材料，低值易耗品，库存商品等
   资
   产
                     ┌ 长期投资：股票投资，债券投资，其他投资
                     │ 固定资产
            非流动资产 ┤ 无形资产：专利权，非专利技术，商标权，著作权，土地使用权等
                     └ 长期待摊费用和其他长期资产
```

图 2-2 资产的分类

④资产的确认标准。要确认为企业的资产项目，应同时满足以下条件：

a. 符合资产定义的资源；

b. 与该资源有关的经济利益很可能流入企业；

c. 该资源的成本或者价值能够可靠地计量。

符合资产定义和资产确认条件的项目，应当列入资产负债表；符合资产定义、但不符合资产确认条件的项目，不应当列入资产负债表。

2. 负债

①负债的定义。根据《企业会计准则——基本准则》第二十三条的规定，"负债是指企业过去的交易或者事项形成的、预期会导致经济利益流出企业的现时义务。现时义务是指企业在现行条件下已承担的义务。未来发生的交易或者事项形成的义务，不属于现时义务，不应当确认为负债。"

②负债的特点。根据负债定义及前述内容，负债有以下几个特点：

a. 企业承担的现时义务。现时义务是指在现有条件下企业已承担的义务，这种义务分为法定义务和推定义务两大类。其中，法定义务是指具有约束力的合同或者法律法规规定的义务，通常在法律意义上讲是需要强制执行的。典型的例子是企业在生产经营过程中形成的应交税费、应付职工薪酬等。推定义务是指根据商业惯例、公开的承诺或者企业公开宣布的政策等而形成的企业将承担的责任或者道义。典型的例子就是企业销售产品承诺的"三包"服务。另外一个典型的例子来自于特殊行业，如石油开采企业，在开采石油过程中负有环境保护与环境恢复等法定推定义务等。

b. 预期会导致经济利益流出企业。负债的履行将导致企业经济利益流出企业，是负债的本质特征。企业负债的履行有多种形式。例如，用货币资金或实物资产形

式进行偿还；以提供劳务形式偿还；部分资产与部分劳务形式进行偿还；债转股等形式。负债的履行将导致资产的减少、权益或另一项负债的增加或两者兼而有之。

c. 由过去的交易或事项形成的。此特点与资产的特点相对应一致，意思是企业只有过去的交易或事项才形成负债，企业在未来发生的承诺、签订的合同等交易或者事项，不形成负债。需要指出的是，前述推定义务虽然其履行是在未来，但其依附事项是发生在过去，也满足此特征。

③负债的分类。我国负债按偿还期限不同分为流动负债和长期负债。流动负债是指在一年或者超过一年的一个营业周期内偿还的债务，包括短期借款、交易性金融负债、应付票据、应付账款、预收账款、应付职工薪酬、应交税费、应付利息、应付股利、其他应付款、预计负债等。长期负债是指偿还期在一年或者超过一年的一个营业周期以上的债务，包括长期借款、应付债券、长期应付款、专项应付款等。

④负债的确认标准。要确认为企业的负债项目，应同时满足以下条件：

a. 符合负债定义的义务；

b. 与该义务有关的经济利益很可能流出企业；

c. 未来流出的经济利益的金额能够可靠地计量。

符合负债定义和负债确认条件的项目，应当列入资产负债表；符合负债定义、但不符合负债确认条件的项目，不应当列入资产负债表。

3. 所有者权益

①所有者权益的定义。根据《企业会计准则——基本准则》第二十六条的规定，"所有者权益是指企业资产扣除负债后由所有者享有的剩余权益。股份公司的所有者权益又称为股东权益。"

企业的资产归属于债权人和投资者所有，债权人和投资者对企业的资产具有所有权或求偿权。这种对企业资产的所有权或求偿权在会计上称为"权益"。其中属于债权人的部分，称为"债权人权益"，通常又称为"负债"；属于所有者的部分，称为"所有者权益"。

②所有者权益的特点。根据所有者权益的定义，负债有以下特点：

a. 所有者权益金额取决于负债的数量，即它的数额大小由资产减去负债后的余额确定。

b. 所有者权益没有单独的确认标准，其确认标准依附于资产与负债确认标准。

c. 所有者权益的增减变动都必须按照有关法律、制度、章程或合同执行。

所有者权益按照来源不同分为所有者投入的资本、直接计入所有者权益的利得、留存收益等。其中所有者投入的资本包括实收资本（股份公司称为"股本"）和资本公积；留存收益包括盈余公积和未分配利润两部分。

直接计入所有者权益的利得和损失，是指不应计入当期损益、会导致所有者权益发生增减变动的、与所有者投入资本或者向所有者分配利润无关的利得或者损失。其中，利得是指由企业非日常活动所形成的，会导致所有者权益增加的、与所有者投入资本无关的经济利益的流入；损失是指由企业非日常活动所形成的，会导致所有者权益减少的、与向所有者分配利润无关的经济利益的流出。

4. 收入

①收入的定义。根据《会计准则——基本准则》第二十条的规定，"收入是指企业在日常活动中形成的、会导致所有者权益增加的、与所有者投入资本无关的经济利益的总流入。"

企业取得收入意味着或者增加了资产、或者减少了负债、或者两者兼而有之。例如，工业企业销售产品收到货款存入银行，则意味着企业银行存款的增加；再如，企业以生产的产品抵消以前的欠款，则意味着企业债务的减少。收入将导致所有者权益的增加，这种所有者权益的增加并不是由于投资者投入资本所导致的。

②收入的特点。通过收入的定义，收入有以下特点：

a. 收入是企业日常活动形成的。非日常活动导致企业经济利益增加的，一般属于利得的范畴，如一般企业从事股票买卖获得的投资收益等。

b. 收入的表现为或者资产增加、或者负债减少、或者两者兼而有之。

c. 收入的最终结果将导致企业所有者权益增加。

③收入的分类。收入有狭义和广义之分，我国现行制度中定义的收入概念为狭义收入概念，广义的收入概念包括利得部分内容。本书未特别指明之处，均为狭义概念，即营业收入。营业收入包括主营业务收入和其他营业收入。收入的形式因企业类型不同而有差异，比如销售商品收入属于制造企业的营业收入，利息收入属于金融企业的营业收入等。

④收入的确认标准。收入只有在经济利益很可能流入从而导致企业资产增加或者负债减少，且经济利益的流入额能够可靠计量时才能予以确认。符合收入定义和收入确认条件的项目，应当列入利润表。更为详细的收入确认标准将在"中级财务会计"等课程中讲解。

5. 费用

①费用的定义。费用是与收入范畴相对应的一个概念，是企业为取得收入而付出的代价。根据《企业会计准则——基本准则》第三十三条的规定，"费用是指

企业在日常活动中发生的，会导致所有者权益减少的，与向所有者分配利润无关的经济利益的总流出。"

②费用的特点。根据费用的定义，费用的特点如下：

a. 发生费用的目的是取得收入，是取得收入的代价，因此费用的确认要与收入的确认在期间和因果方面进行配比；

b. 费用的本质为企业未来经济利益的流出，而这种流出会导致所有者权益的减少。

费用的发生要导致资产的减少或负债的增加，从而导致所有者权益的减少。但资产的减少或负债的增加并不一定都形成费用。例如，购买资产而支付银行存款，是资产内部项目的变动，并不代表费用发生，对所有者权益没有影响；用于偿还负债的现金支出也不是费用，不会导致所有者权益的减少。

费用和资产有着密切的联系。一切资产，之所以要取得，不外乎是用以获取收入。利用它们来获取的收入一旦成功，它们就从资产形态转化为费用形态。如果一项资产减少了，但它并没有带来收入，而是换取了另一项资产或偿还了一项负债，则它就没有转化为费用。

③费用的分类。费用的概念在会计学中，有广义和狭义之分。狭义的费用是指营业费用；广义的费用按是否能够直接补偿分为补偿性费用和非补偿性费用。非补偿性费用包括基金支出与基建支出。补偿性费用包括生产费用与期间费用，生产费用包括生产成本（生产成本在产品销售以后转化为销售成本，主要包括直接材料、直接人工和制造费用）和销售税金等；期间费用包括管理费用、销售费用和财务费用。

④费用的确认标准。费用只有在经济利益很可能流出从而导致企业资产减少或者负债增加，且经济的流出额能够可靠计量时才能予以确认。符合费用定义和费用确认条件的项目，列入利润表。更为详细的费用确认标准将在"中级财务会计"等课程中讲解。

6. 利润

①利润的定义。根据《企业会计准则——基本准则》第三十七条的规定，"利润是指企业在一定会计期间的经营成果。"利润是收入与费用配比的结果，比如前面讲到的狭义收入（营业收入）与狭义费用（营业费用）相配比就是营业利润。利润金额取决于收入和费用、直接计入当期利润的利得和损失金额的计量，所以利润和所有者权益一样，没有单独的确认条件和计量标准。

②利润的分类。利润包括收入减去费用的净额、直接计入当期利润的利得和损

失等。后者比如处置固定资产时，假设一项待处置固定资产的净残值为 800 元，处置净收入为 1000 元，则处置净收入与固定资产净残值之间的差额 200 元就是直接计入当期利润的利得。

（五）会计要素的计量

企业在将符合确认条件的会计要素登记入账并列报于会计报表（又称财务报表）及其附注时，应当按照规定的会计计量属性进行计量，确定其金额。会计计量属性主要包括历史成本、重置成本、可变现净值、现值和公允价值五种。

1. 历史成本

在历史成本计量下，资产按照购置时支付的现金或者现金等价物的金额，或者按照购置资产时所付出对价的公允价值计量；负债按照因承担现时义务而实际收到的款项或者资产的金额，或者承担现时义务的合同金额，或者按照日常活动中为偿还负债预期需要支付的现金或者现金等价物的金额计量。

2. 重置成本

在重置成本计量下，资产按照现在购买相同或者相似资产所需支付的现金或者现金等价物的金额计量；负债按照现在偿付该项债务所需支付的现金或者现金等价物的金额计量。

3. 可变现净值

在可变现净值计量下，资产按照其正常对外销售所能收到现金或者现金等价物的金额扣减该资产至完工时估计将要发生的成本、估计的销售费用以及相关税费后的金额计量。

4. 现值

在现值计量下，资产按照预计从其持续使用和最终处置中所产生的未来净现金流入量的折现金额计量；负债按照预计期限内需要偿还的未来净现金流出量的折现金额计量。

5. 公允价值

在公允价值计量下，资产和负债按照在公平交易中，熟悉情况的交易双方自愿进行资产交换或者债务清偿的金额计量。

如果会计实务中五种计量属性对同一经济业务或会计事项进行计量的结果是一致的，则不存在谁先使用的问题，但计量的结果如果不一致，就存在先使用哪种计量属性的问题。企业在对会计要素进行计量时，一般应当采用历史成本，采用重置成本、可变现净值、现值、公允价值计量的，应当保证所确定的会计要素金额能够取得并可靠计量。换言之，在五种计量属性中，历史成本计量优先。

企业采用历史成本计量优先主要是因为历史成本具有以下优点：

（1）历史成本是在市场上通过正常交易，由正当的交易双方客观交易所确定下来的。所以，历史成本符合客观性和可靠性的会计信息质量要求。

（2）历史成本数据最容易取得。

（3）历史成本数据具有可验证性。交易事项后只须检查交易产生的有关凭证即可验证数据的真实性，最容易被人们接受。

（4）在客观经济环境未发生变化时，历史成本较接近于资产购置、负债产生时的价值。

根据历史成本计量为主会计惯例，除法律、行政法规和国家统一规定的会计制度另有规定者外，企业一律不得自行调整其资产或负债的账面价值。例如，某企业期初账面资产为100万元，一年以后该项资产的价值上升为110万元，根据历史成本计量为主，若无国家政策规定等特殊情况，企业期末该项资产的价值会计记录仍然为100万元。

第三节　会计核算基本前提与会计核算基础

一、会计核算基本前提

组织会计核算工作，需要具备一定的前提条件，即在组织核算工作之前，首先要解决与确立核算主体有关的一系列重要问题。这是全部会计工作的基础，具有非常重要的作用。关于会计核算前提的具体内容，人们的认识迄今尚未取得共识，国内外会计界多数人公认的会计核算基本前提有会计主体、持续经营、会计分期和货币计量四个。

（一）会计主体

会计主体又称会计实体、会计个体，指的是会计核算服务的对象或者说是会计人员进行核算（确认、计量、记录、报告）采取的立场及空间活动范围界定。组织核算工作首先应明确为谁核算的问题，这是因为会计的各种要素，如资产、负债、收入、费用等，都是同特定的经济实体，即会计主体相联系的，一切核算工作都是站在特定会计主体立场上进行的。如果主体不明确，资产和负债就难以界定，收入和费用便无法衡量，以划清经济责任为准绳而建立的各种会计核算方法的应用便无从谈起。因此，在会计核算中必须将该主体所有者的财务活动、其他经济实体的财务活动与该主体自身的财务活动严格区分开，会计核算的对象是该主体自身的财务活动。

这里应该指出的是，会计主体与经济上的法人不是一个概念。作为一个法人，其经济必然是独立的，因而法人一般应该是会计主体，但是构成会计主体的并不一定都是法人。比如，从法律上看，独资及合伙企业所有的财产和债务，在法律上应视为所有者个人财产延伸的一部分，独资及合伙企业在业务上的种种行为仍视其为个人行为，企业的利益与行为和个人的利益与行为是一致的，独资与合伙企业都因此而不具备法人资格。但是，独资、合伙企业都是经济实体、会计主体，在会计处理上都要把企业的财务活动与所有者个人的财务活动截然分开。例如，企业在经营中得到的收入不应记为其所有者的收入，发生的支出和损失也不应记为其所有者的支出和损失，只有按照规定的账务处理程序转到所有者名下，才能算其收益或损失。

《企业会计准则》规定："本准则适用于设在中华人民共和国境内的所有企业。"这实质上就是说，凡实行独立核算的企业是会计主体，对企业发生的各项财务收支及其他经济业务进行会计核算。

以会计主体作为会计的基本前提条件，对会计核算范围从空间上进行了有效的界定，有利于正确地反映一个经济实体所拥有的财产及承担的债务，计算其经营收益或可能遭受的损失，提供准确的财务信息。

（二）持续经营

如果说会计主体作为基本前提是一种空间界定，那么持续经营则是一种时间上的界定。将持续经营作为基本前提条件，是指企业在可以预见的将来，不会面临破产和清算，而是持续不断地经营下去。既然不会破产和清算，企业拥有的各项资产就在正常的经营过程中耗用、出售或转换，承担的债务也在正常的经营过程中清偿，经营成果就会不断形成，这样核算的必要性是不言而喻的。这是从第一条基本前提引申出来的，也就是说，组织会计核算工作，道德必须明确核算的主体，即解决为谁核算的问题；其次还必须明确时间范围，核算主体是持续不断地经营的。否则，组织核算工作的必要性就不存在了。

持续经营对于会计十分重要，它为正确地确定财产计价、收益，为计量提供了理论依据。只有具备了这一前提条件，才能够以历史成本作为企业资产的计价基础，才能够认为资产在未来的经营活动中可以给企业带来经济效益，固定资产的价值才能够按照使用年限的长短以折旧的方式分期转为费用。对一个企业来说，如果持续经营这一前提条件不存在了，那么一系列的会计准则和会计方法也相应地会丧失其存在的基础，所以，作为一个会计主体必须以持续经营作为前提条件。

《企业会计准则》规定："会计核算应当以企业持续、正常的生产经营活动为前提"，不考虑企业是否将破产清算，明确了会计工作的时间范围。

（三）会计分期

会计分期这一前提是从第二条基本前提引申出来的，也可以说是持续经营的客观条件。

企业的经营活动从时间上看是持续不断的，但会计为了确定损益编制财务报表，定期为使用者提供信息，就必须将持续不断的经营过程划分成若干期间。会计期间一般按照公历日期划分，分为年、季、月。会计期间的划分是一种人为的划分，实际的经济活动周期可能与这个期间不一致，有的经济活动可以持续在多个会计期间。但是，与企业有利益关系的单位或个人都需要在一个期间结束之后随时掌握企业的财务状况和经营成果，而不可能等待全部经营过程完结之后再考察企业经营成果。所以，将划分会计期间作为会计的基本前提是由于持续经营和及时提供信息的要求决定的。

企业经济活动的连续性决定了会计活动是连续不断的，如何将企业连续的经济活动以阶段成果形式反映出来，及时地为企业、政府及所有者提供企业经济和经营状况的信息，这就涉及会计期间划分问题。《企业会计准则》规定："会计核算应当划分会计期间，分期结算账目和编制会计报表。会计期间分为年度、季度和月度，年度、季度和月度的起讫日期采用公历日期。"

会计期间划分的长短会影响损益的确定，一般地说，会计期间划分得越短，反映经济活动的会计信息质量就越不可靠。当然，会计期间的划分也不可能太长，太长会影响会计信息使用者及时使用会计信息的满足程度，因此必须恰当地划分会计期间。

（四）货币计量

用货币来反映一切经济业务是会计核算的基本特征，因而也是会计核算的一个重要性的前提条件。选择货币作为共同尺度，以数量的形式反映会计实体的经营状况及经营成果，是商品经济发展的产物。会计计量是会计核算的关键环节，是会计记录和会计报告的前提，货币则是会计讲师的统一尺度。企业经济活动中凡是能够用这一尺度计量的，就可以进行会计反映，凡是不能用这一尺度计量的，则不必进行会计反映。

货币计量实际上是对经济活动进行货币估价，而货币估价的习惯做法是以历史成本计价。采用历史成本计价，就必须假定货币本身的价值稳定不变，或者变动的幅度不大，可以忽略不计。也就是说，货币计量前提实际上还包括另一个重要前提，即币值稳定前提。在以币值稳定为前提的条件下，对财产物资采用历史成本原则进行计价是目前通行的一种选择。我国的会计核算还规定以人民币为记账本位币，在有多种货币存在的条件下，要将有关外币用某种汇率折算为记账本位币，以此登记账簿，编制会计报表。

在会计核算中，可能涉及多种货币，由于各种货币单位之间的汇兑率是不断变化的，这就要求企业会计必须确立一种货币单位为记账用的货币单位，其他所有的货币、实物、债权债务等，都可以通过它来度量、比较和稽核。这一货币单位称之为"记账本位币"。《企业会计准则》规定："会计核算以人民币为记账本位币"，同时还规定："业务收支以外币为主的企业，也可以选定某种外币作为记账本位币，但编制的会计报表应当折算为人民币反映。"

二、会计核算基础

会计核算基础是指在确认和处理一定会计期间收入和费用时，选择的处理原则和标准，其目的是对收入和支出进行合理配比，进而作为确认当期损益的依据。运用的会计核算基础不同，对同一企业、同一期间的收入、费用和财务成果，会计核算出现的结果也不同。

当今，会计核算基础有两种，一种叫收付实现制或实收实付制，或叫现收现付制，或叫现金制。另一种叫权责发生制或叫应收应付制，或叫应计制。

（一）收付实现制

收付实现制（Cash Basis/Accounting on the Cash Basis / Cash Basis of Accounting）又称现金制或实收实付制，是以现金收到或付出为标准，来记录收入的实现和费用的发生。

在现金收付的基础上，凡在本期实际以现款付出的费用，不论其能否在本期收入中获得补偿均应作为本期应计费用处理；凡在本期实际收到的现款收入，不论其是否属于本期均应作为本期应计的收入处理；反之，凡本期还没有以现款收到的收入和没有用现款支付的费用，即使它归属于本期，也不作为本期的收入和费用处理。例如，大同工厂 2015 年 1 月收到 2014 年应收销货款 50 000 元，存入银行，尽管该项收入不是 2015 年 1 月创造的，但因为该项收入是在 1 月份收到的，所以在现金收付基础上也作为 2015 年 1 月的收入。这种处理方法的好处在于计算方法比较简单、也符合人们的生活习惯，但按照这种方法计算的盈亏不合理、不准确，所以《企业会计准则》规定企业不予采用，它主要应用于行政事业单位和个体户等。

在现金收付基础上，会计在处理经济业务时不考虑预收收入、预付费用，以及应计收入和应计费用的问题，会计期末也不需要进行账项调整，因为实际收到的款项和付出的款项均已登记入账，所以可以根据账簿记录来直接确定本期的收入和费用，并加以对比以确定本期盈亏。

收付实现制提供的信息在以下几个方面有着权责发生制不可比拟的优越性：

（1）用收付实现制确定企业的收入、费用及利润具有客观性和可比性。用权责发生制确定企业的收入、费用及利润时，费用必须依其同收入的关系分摊到各个会计期间，就必须采用折旧方法、摊销方法和存货计价方法等人为的方法，使会计中采用了许多的估计、预测数据，从而其提供的数据也较收付实现制丧失了一定的客观性和可比性。

（2）收付实现制反映企业实实在在拥有的现金，而企业能否按期偿还债务、支付利息、分派股利等很大程度上取决于企业所实际拥有的现金。

（3）以收付实现制为基础的现金流量是长期投资的决策目标。长期投资涉及时间长、风险高，投资者不仅要考虑投资的收益水平，更关心投资的回收问题。而期间利润指标只关系到投资额在本期所分摊份额的回收，并且利润指标受权责发生制下应收、应付项目的影响，主观性太强。因此，投资者注重现金的实际流入或流出。只有投资期限内现金总流入量超过现金流出量，投资方案才是能够被接受的。

（二）权责发生制

权责发生制（Accrual Basis / Accrual Accounting Basis）是指企业按收入的权利和支出的义务是否归属于本期来确认收入、费用的标准，而不是按款项的实际收支是否在本期发生，也就是以应收应付为标准。在权责发生制下，凡属本期的收入和费用，不论其是否发生，均要计入本期；凡不属本期的收入、费用尽管发生了，也不计入本期，故又叫应收应付制。权责发生制属于会计要素确认计量方面的要求，它解决收入和费用何时予以确认及确认多少的问题。

在会计主体的经济活动中，经济业务的发生和货币的收支不是完全一致的，即存在着现金流动与经济活动的分离。由此而产生两个确认和记录会计要素的标准，一个标准是根据货币收支是否发生作为收入确认和费用确认和记录的依据，称为收付实现制；另一个标准是以取得收款权利、承担付款责任作为记录收入或费用的依据，称为权责发生制。

权责发生制是依据持续经营和会计分期两个基本前提来正确划分不同会计期间资产、负债、收入、费用等会计要素的归属，并运用一些诸如应收、应付、预提、待摊等项目来记录由此形成的资产和负债等会计要素。企业经营不是一次性活动，而其损益的记录又要分期进行，因此每期的损益计算理应反映所有属于本期的真实经营业绩，收付实现制显然不能完全做到这一点。因此，权责发生制能更加准确地反映特定会计期间实际的财务状况和经营业绩。

【例 2-1】甲企业当年 12 月售出一批商品给乙企业，合同规定乙企业应于次年 1 月支付货款。乙企业信用良好，财务情况没有明显问题。则甲企业在当年 12 月虽然没有收到现金，但商品已经售出，已经具备了收取货款的权利，这笔收入实际已经在当年 12 月实现，应确认为当年 12 月的收入，不必等到次年 1 月实际收到现金时才确认收入。反之，如果甲企业当年 12 月不确认该收入，而是次年 1 月实际收到现金时确认收入，就不能真实地反映甲企业当年 12 月的经营成果。

【例 2-2】假设丙企业当年 11 月预付次年的临时租入设备租赁费 36 000 元，由于此项费用的发生使丙企业次年实际受益，当年 11 月并未受益。所以，不能计入当年 11 月的费用，由当年 11 月收入补偿，而应计入次年费用，由次年收入予以补偿。

现金收付基础和应计基础是对收入和费用而言的，都是会计核算中确定本期收入和费用的会计处理方法。但是现金收付基础强调款项的收付，应计基础强调应计的收入和为取得收入而发生的费用相配合。采用现金收付基础处理经济业务对反映财务成果欠缺真实性、准确性；采用应计基础比较科学、合理，被大多数企业普遍采用，因而成为成本计算的会计处理基础。

（三）两制并存

我国《企业会计准则》规定："会计核算应当以权责发生制为基础"。权责发生制在保证会计如实反映企业财务状况和经营成果方面所起到重大作用是不容否认的，但不能把权责发生制作为一项任何情况下都应坚持的"原则"，在我国国情下，权责发生制有时也显得力不从心。

会计的主要目标是向会计信息的使用者提供真实的信息，而采用权责发生制并不能在任何情况下都能达到会计主要目标的要求。

我国的会计制度为弥补权责发生制的缺陷，对销售商品收入的确认给出了四个条件：

（1）企业已经将商品所有权上的主要风险和报酬转移给购货方。

（2）企业既没有保留通常与所有权相联系的继续管理权，也没有对已经售出的商品实施控制。

（3）与交易相关的经济利益能够流入企业。

（4）相关的收入和成本能够可靠计量。

以上规定的出发点是好的，但是在会计实务中却带来了很大的操作难度。

权责发生制也不符合我国经济国情。长期以来，我国企业普遍存在着资金紧张问题，并且有很多企业经营不景气，濒临破产。尽管国家采用"债转股"等方法将这些企业"搀入"市场，甚至大部分企业形式上建立起现代企业制度，但仍有相当多的企业信用不佳、偿债能力低下。在这种环境中，要求企业一律按照权责发生制确认收入，则产生了数额可观的虚假收入，严重影响了会计信息的真实性，这势必影响国家宏观决策的正确性。

因此，从我国的经济环境出发，应允许权责发生制与收付实现制并存，会计应按照国际上通行的做法，在分期销售方式下采用收付实现制确认收入，对一般赊销收入及贷款利息收入等采用权责发生制加以确认的，在特定条件下采用兼容收付实现制的做法。

本章小结

本章对会计的概念、基本职能、对象、要素和会计核算的基本前提、会计核算基础等进行概括介绍，扎实对会计学科基本知识的认识和掌握，为进一步学习会计基础知识提供保障。

思考题

（1）什么是会计？它有什么特点？

（2）会计对象是什么？简述企业会计对象的具体内容。

（3）什么是会计要素？会计要素有哪些具体内容？

（4）会计核算的基本前提包括哪些内容？

（5）会计核算基础有哪些？各有何优劣？

练习题

一、单项选择题

（1）下列各项中，属于会计基本职能的是（　　）。

    A. 会计核算与会计预测　　　　　　B. 会计核算与会计决策

    C. 会计核算和会计监督　　　　　　D. 会计核算与会计分析

（2）目前我国的行政单位会计采用的会计基础，主要是（　　）。

    A. 权责发生制　　　　　　　　　　B. 应收应付制

    C. 收付实现制　　　　　　　　　　D. 统收统支制

（3）由于（　　）的存在，才产生了本期与其他期间的差异，从而出现了权责发生制和收付实现制。

    A. 会计主体　　　　B. 持续经营　　　　C. 会计分期　　　　D. 货币计量

（4）会计对象是（　　）。

    A. 生产经营过程

    B. 企业所有的以货币表现的经济活动

    C. 会计主体

    D. 资金运动的数量方面

（5）（　　）是会计的首要职能。

    A. 会计核算　　　　B. 会计决策　　　　C. 会计控制　　　　D. 会计考核

（6）企业销售商品时，如果没有将商品所有权上的风险和报酬转移给购货方，即使已经将商品交付给购货方，也不应当确认销售收入，体现了会计信息质量（　　）的基本要求。

    A. 谨慎性　　　　B. 实质重于形式　　　　C. 相关性　　　　D. 重要性

（7）关于会计核算的基本前提，下列说法中不正确的是（　　）。

    A. 会计基本假设包括会计主体、持续经营、会计分期和货币计量

    B. 如果企业发生破产清算，经相关部门批准后，可以继续适应持续经营假设

    C. 在我国，以公历年度作为企业的会计年度，即公历 1 月 1 日至 12 月 31 日

    D. 会计的货币计量假设，包含了两层含义，一是以货币作为会计的统一计量单位，二是作为会计计量单位的货币，其币值是稳定不变的

（8）一般来说，会计主体与法律主体是（　　）。

    A. 有区别的　　　　　　　　　　　B. 相互一致的

C. 不相关的   D. 相互可替代的

（9）下列内容不属于期间费用的是（　　）。

A. 管理费用   B. 制造费用

C. 销售费用   D. 财务费用

（10）界定从事会计工作和提供会计信息的空间范围的会计基本前提是（　　）。

A. 会计职能   B. 会计主体

C. 会计内容   D. 会计对象

（11）企业固定资产可以按照其价值和使用情况，确定采用某一方法计提折旧，它所依据的会计核算前提是（　　）。

A. 会计主体   B. 持续经营

C. 会计分期   D. 货币计量

（12）负债是指企业过去的交易或者事项形成的，预期会导致经济利益流出企业的（　　）。

A. 现时义务   B. 潜在义务

C. 过去义务   D. 未来义务

（13）下列（　　）不构成企业的收入。

A. 销售商品一批，价款 80 万元   B. 出租包装物，租金收入 1 000 元

C. 取得罚款收入 400 元   D. 销售低值易耗品收入 500 元

（14）（　　）不属于费用要素。

A. 销售费用   B. 应交税费

C. 管理费用   D. 财务费用

二、多选题

（1）下列组织可以作为一个会计主体进行会计核算的有（　　）。

A. 企业集团   B. 民间非营利组织

C. 分公司   D. 子公司

（2）下列关于会计主体的说法中，正确的有（　　）。

A. 会计主体一定是法律主体

B. 会计主体可以是独立法人，也可以是非法人

C. 会计主体可以是一个企业，也可是企业中的一个特定组成部分

D. 会计主体有可能是单一企业，也可能是几个企业组成的企业集团

（3）下列业务中，属于资金退出的有（　　）。

A. 购买材料   B. 缴纳税费

C. 对外分配利润　　　　　　　　D. 归还银行借款

（4）下列各项中，属于会计核算基本前提的有（　　）。

A. 会计主体　　　　　　　　　　B. 持续经营

C. 会计分期　　　　　　　　　　D. 货币计量

（5）下列各项中，属于反映财务状况的会计要素有（　　）。

A. 资产　　　　　B. 负债　　　　　C. 收入　　　　　D. 费用

（6）下列各项中，属于企业所有者权益组成部分的有（　　）。

A. 股本　　　　　　　　　　　　B. 资本公积

C. 盈余公积　　　　　　　　　　D. 应付股利

三、实训题

资料：华美公司 2016 年 5 月发生下列经济业务：

①销售产品 2 000 元，货款已收并存入银行；

②销售产品 5 000 元，货款尚未收到；

③以银行存款预付 7 ～ 12 月房屋租金 3 000 元；

④计提本月银行借款利息 500 元（银行按季度结算利息，即 5 月份利息在第二季度末支付）；

⑤收到 4 月份应收的销货款 2 000 元，存入银行；

⑥收到某购货单位预付货款 4 000 元，金星公司与其签订的销货合同中约定 6 月交货。

要求：根据上述资料，分别按权责发生制和收付实现制计算该企业 2016 年 5 月的收入、费用和利润。答案填列在下列表格中。

业务号	权责发生制		收付实现制	
	收　入	费　用	收　入	费　用
①				
②				
③				
④				
⑤				
⑥				
合计				
利润				

案例分析

　　老李在社区内开了一家"李记"小吃部。刚开始的时候，老李自己进货，和老伴一起经营。为了将家里现金的收支和小吃部的现金收支分开，以计算杂货店的盈利情况，老伴的办法是将家里的钱和杂货店的钱分开放。很快，生意做起来了，老李发现资金不足，人手也不够，就邀请表弟陈青入伙，并请了一个叫李平的伙计来看店。现在又如何区分老李家里的收支和小吃部的收支呢？这时候，李平的办法是，拿一个账本将杂货店每天收入和支出的现金记录下来。

　　老李和陈青共同经营这个杂货店之后，他们都满意这种合作经营方式，都想将这个店稳定经营下去，最好能逐步发展壮大。也就是说，他们的合作是稳定的长期的，并非针对某一笔业务，生意做完就解散。因此，在未来持续经营的期间内，如何计算小吃部的利润就成为一个问题。他们的办法是按照日历年度，每个月进行结账，计算杂货店的利润，年终最后汇总完之后再对利润进行分配。

　　请问：此案例体现了会计的什么假设？

第三章　会计核算基本方法

★ 学习财务会计核算循环的过程及内容。

★ 了解会计要素与会计等式之间的关系，理解会计等式内涵与不同的变化形式。

★ 熟悉会计科目与会计账户的含义及其内容。

★ 认识与理解复式记账的含义、理论依据和基本原理。

★ 学习掌握过账、试算平衡、结账及基本财务报表的编制，并熟悉相关经济业务的会计处理。

【引导案例】

某公司 2016 年 2 月发生下列经济业务：销售甲产品一批价款 6 万元，货款已收存银行。销售乙产品一批价款 8 万元，收到为期 2 个月商业汇票一张。银行通知收到东方公司上月欠付货款 5 万元。银行收到丙产品预收货款 45 000 元。以银行存款支付本月生产费 7 万元。以银行存款支付上月材料费 3 万元。以银行存款预付材料款 9 万元。本月接受华都公司劳务 35 000 元，合同规定货款延期到下月支付。如果你是上述公司的会计人员，你会如何计算公司的损益？

第一节　会计循环

一、会计循环的概念

会计循环，是指企业在一个会计期间相互衔接的会计工作步骤。为了保证信息的及时性，一般要求一个月报告一次企业的财务信息。会计循环包括从经济业务分析到财务报表编制的全过程。由于这些步骤在每一个会计期间循环往复、周而复始，因此称为会计循环。图 3-1 显示了会计循环所包含的步骤。

图 3-1　会计循环流程图

会计循环是会计信息产生的步骤，也是会计核算的基本过程。在会计实务中，企业的规模、业务的内容、会计组织形式各有不同，但会计处理的过程基本是一致的。

二、会计循环的基本步骤

完整的会计循环所涉及的基本步骤应包括：

（1）填制或取得原始凭证。经济业务发生时，业务人员将相关凭证交与会计部门，会计人员要审核凭证并分析业务对会计要素的影响。

（2）编制会计分录。根据审核的凭证，确认相关会计科目，并按照借贷记账法的规则，编制会计分录，确认借记和贷记的金额，并将结果填入记账凭证内。

（3）登记账簿。也称记账、过账，是将记账凭证的会计分录，平行登记于总分类账户和明细分类账户。

（4）编制调整前试算平衡表。将各分类账户的借方和贷方发生额或余额汇总列表，以验证分录或记账是否正确。

（5）编制调整分录。在会计期末，根据权责发生制和配比原则，对一些会计事项进行调整，并编制会计分录、记账。

（6）结账。将收入与费用账户结转到利润账户，计算本期利润，年末将利润总额转入所有者权益账户。年末启用新账本时，还要将资产、负债、所有者权益类账户结转入新账本中。

（7）编制调整后的试算平衡表。在前期试算平衡表的基础上，根据调整分录和结账分录的影响，编制调整后的试算平衡表。

（8）编制财务报表。根据调整后的试算平衡表，编制资产负债、利润表、所有者权益变动表、现金流量表，以综合反映企业的财务状况。

第二节　会计恒等式

在会计核算中反映各个会计要素数量关系的等式，称为会计等式，又称会计方程式、会计平衡公式。

企业的生产必须要拥有一定的资产，但资产不可能无缘无故就被企业所拥有，资源是具有稀缺性的。每一项资产的来源都有其源头，只有这些源头提供企业运作的资产才能使企业生存下来。

作为一个企业的拥有者，怎么样才能得到资产呢？自己的企业当然可以自己拿出钱来经营，这个钱就可以作为一项资产，也就是所说的投资。一旦对一个企业进行投资你就可以成为这个企业的所有者，一个企业当然不可能只靠一个人来投资，所有投资人加起来就构成了这个企业的股东，而这笔投资就是所有者权益。

除了所有者权益还有什么可以构成企业的资产？如果一个企业向机构或另一个企业借钱经营，这时，我们将提供资产的一方称作债权人，由债权人提供的借款就叫作债权人权益，简称负债。负债及所有者权益之和称为权益。不过要区分的是，负债和所有者权益有所不同，负债是要企业定期偿还的，而所有者权益并不需要企业偿还，除非企业停止经营。还有一点也要区别，债权人和所有者虽然都给企业提供资产，但他们的性质截然不同。债权人并不是企业的所有者，债权人给企业投资和所有者给企业投资虽然都是为了获得利益，但利益的来源不同。债权人是通过企业付给的利息来获利的，而所有者是通过企业获得利润后按股份分配来获得利益的。

企业代表的并不是某一个人或一群人，企业这个词其实是很抽象的，我们认为它的本质只是一个平台，是一种媒介。所有者和债权人拿出一笔资产，通过企业这个媒介来使得他们投进的资产升值，而投入的资产就是升值的必要条件，然后将升值的一部分拿过来或继续投资，不过最终目的还是获得收益。

企业作为一种媒介，它所拥有的是两方面，资产和权益。不过这两方面都代表资金，也就是升值的成本。资产这一方意味着企业的资源，权益这一方则意味着由谁来提供这些资源。有一定的资产必然有一定数额的权益；反之，有一定数额的权益，也必然有一定数额的资产。权益和资产是相互依存的，没有权益，企业不可能拥有资产，同样，没有资产，权益也绝不可能存在。因为一个抽象的存在是不可能凭空就获得资源的。

从数量上看，一个企业所拥有的资产总额必然等于权益总额，也就是所说的会计恒等式：资产＝负债＋所有者权益。它的意义是很大的，因为其表明了会计上资产与权益之间的基本关系，是设置会计科目、复式记账的理论基础，也是编制资产负债表的理论依据。

（一）资产＝负债＋所有者权益

一个企业的资产和权益（负债和所有者权益），实际上是同一资金的两个不同方面，是从资金的占用形式和来源两个不同角度观察和分析的结果。有一定数额的资产，就有一定数额的权益，反之，有一定数额的权益，就有一定数额的资产。资产和权益这种相互依存的关系，决定了在数量上一个企业的资产总额与权益总额必定相等。即

$$资产 = 权益 \tag{3-1}$$
$$或资产 = 负债 + 所有者权益 \tag{3-2}$$

上述会计等式，说明了资产、负债和所有者权益三大会计要素的内在关系，是设置账户、复式记账、试算平衡和编制资产负债表的理论依据，因此，又称为资产负债表等式。

有时资产负债表等式也表述为：

$$资产 - 负债 = 所有者权益（股东权益） \tag{3-3}$$

资产和权益（包括所有者权益和债权人权益）实际是企业所拥有的经济资源在同一时点上所表现的不同形式。资产表明的是资源在企业存在、分布的形态，而权益则表明了资源取得和形成的渠道。资源来源于权益，资产与权益必然相等。

企业在生产经营过程中，每天都会发生多种多样、错综复杂的经济业务，从而引起各会计要素的增减变动，但并不影响资产与权益的恒等关系。

（二）收入－费用＝利润

企业从事生产经营活动的目的是获取收入，并实现盈利。企业在取得收入的同时，也必然要发生相应的费用。通过收入与费用的比较，才能确定企业一定时期的盈利水平。因此，一般意义上的收入、费用、利润之间存在着如下平衡关系：

$$收入 - 费用 = 利润 \tag{3-4}$$

这一等式直接反映了收入、费用、利润之间的数量关系，是编制利润表的理论依据。

（三）扩展的会计恒等式

企业在一个会计期间经营所得的利润归属于所有者，利润的实现使企业所有者权益增加；反之，企业经营出现亏损，使企业所有者权益减少。将利润代入"资产＝负债＋所有者权益"这一会计等式，则可以得到等式：

$$资产＝负债＋（所有者权益＋利润） \tag{3-5}$$

由于"收入－费用＝利润"，因此得到：

$$资产＝负债＋所有者权益＋（收入－费用） \tag{3-6}$$

这一等式表明企业的财务状况和经营成果之间的相互关系。财务状况表明企业一定日期资产的运用分布状况及其来源的情况。而经营成果则表明企业一定期间净资产的增加或减少情况，反映一定期间所有者权益的增值额（或减值额）。企业经营成果最终要影响到企业的财务状况。也就是说，利润会增加所有者权益和资产；亏损会减少所有者权益和资产。

当一个会计期间终了结算利润以后，企业应依法按规定程序对实现的利润进行分配，分配后的剩余利润成为所有者权益的构成部分。所以在利润分配之后，会计等式又变成：

$$资产＝负债＋所有者权益 \tag{3-7}$$

由此可见，资产、负债、所有者权益、收入、费用和利润这六项要素无论如何变化，最后都会回到资产、负债及所有者权益之间的平衡关系上来。因此，"资产＝负债＋所有者权益"这一等式被称为基本会计等式。

三、经济业务对会计等式的影响

会计要素之间存在着数额相等的关系。会计等式反映了企业经营过程中，在任何一个时点上资产、负债及所有者权益之间都保持着数额相等的平衡关系。企业在生产经营过程中，每天发生着大量的经济业务，必然会引起会计要素千变万化，但任何一项经济业务的发生，对会计等式的影响不外乎以下两种类型、九种情况。

经济业务的发生，仅引起等式一边发生增减变化，但增减金额相等，总额不变。这种类型可分为五种情况：

（1）经济业务的发生导致等式左边的资产项目此增彼减（即一项资产增加，另一项资产减少），且增减金额相等，等式保持平衡。

（2）经济业务的发生导致等式右边的负债项目此增彼减（即一项负债增加，另一项负债减少），且增减金额相等，等式保持平衡。

（3）经济业务的发生导致等式右边的所有者权益项目此增彼减（即一项所有者权益增加，另一项所有者权益减少），且增减金额相等，等式保持平衡。

（4）经济业务的发生导致等式右边的负债项目增加，而所有者权益项目减少（即一项负债增加，一项所有者权益减少），但增减金额相等，故等式保持平衡。

（5）经济业务的发生导致等式右边的所有者权益项目增加，而负债项目减少（即一项所有者权益增加，一项负债减少），且增减金额相等，等式保持平衡。

经济业务的发生，引起等式两边同时发生增加或减少的变化，增加或减少的金额相等，等式两边的总额或同时增加或同时减少，但仍保持平衡。这种类型可分为四种情况：

（1）经济业务的发生导致等式左边的资产项目增加，同时导致等式右边的负债项目也增加相同金额（即资产与负债同时增加，且增加金额相等），故等式仍保持平衡。

（2）经济业务的发生导致等式左边的资产项目增加，同时导致等式右边的所有者权益项目也增加相同金额（即资产与所有者权益同时增加，且增加金额相等），故等式仍保持平衡。

（3）经济业务的发生导致等式左边的资产项目减少，同时导致等式右边的负债项目也减少相同金额（即资产与负债同时减少，且减少金额相等），故等式仍保持平衡。

（4）经济业务的发生导致等式左边的资产项目减少，同时导致等式右边的所有者权益项目也减少相同金额（即资产与所有者权益同时减少，且减少金额相等），故等式仍保持平衡。

上述几种类型的经济业务所引起的资产和权益的增减变化如图3-2所示。

图3-2　资产和权益增减变化图

上述两种类型、九种情况的经济业务的发生，都不会破坏"资产=负债+所有者权益"这一等式的平衡关系，所以称这一等式为会计恒等式。会计恒等式反映了企业经营过程中，在任何一个时点上资产、负债及所有者权益之间都保持着数额相等的平衡关系。下面，举例予以说明。

【例 3-1】甲企业 2016 年 1 月发生下列经济业务（不考虑增值税等相关税费）：

（1）1 月 3 日，收到所有者追加投资 500 000 元，款项存入银行。

这项经济业务使企业银行存款增加了 500 000 元，即等式左边的资产增加了 500 000 元，同时等式右边的所有者权益也增加了 500 000 元，因此没有改变等式的平衡关系。

（2）1 月 5 日，用银行存款归还所欠 B 企业的货款 20 000 元。

这项经济业务使企业的银行存款即资产减少了 20 000 元，同时应付账款即负债也减少了 20 000 元，等式两边同时减少 20 000 元，等式依然成立。

（3）1 月 6 日，用银行存款 80 000 元购买一台生产设备，设备已交付使用。

这项经济业务使企业的固定资产增加了 80 000 元，同时银行存款减少了 80 000 元，也就是说企业的一项资产增加而另一项资产减少，增减金额相同，因此资产的总额不变，会计等式依然保持平衡。

（4）1 月 9 日，企业向银行借入 100 000 元直接用于归还前欠 B 企业的货款。

这项经济业务使企业的应付账款减少了 100 000 元，同时短期借款增加了 100 000 元，即企业的一项负债减少而另一项负债增加，增减金额相同，负债总额不变，等式依然成立。

（5）1 月 12 日，向银行借款 50 000 元存入银行。

这项经济业务的发生，使企业的资产（银行存款）增加了 50 000 元，同时负债（银行借款）也增加了 50 000 元，资产和负债同时增加 50 000 元，即会计等式左右两边同时增加 50 000 元，等式依然成立。

（6）1 月 15 日，所有者收回对企业的投资 20 000 元，企业办妥手续后以银行存款支付。

这项经济业务的发生，使该企业的资产（银行存款）减少了 20 000 元，同时所有者权益（实收资本）也减少了 20 000 元，资产和所有者权益同时减少 20 000 元。即会计等式左右两边同时减少了 20 000 元，等式依然成立。

（7）1 月 18 日，企业决定向投资者分配利润 1 000 元。

这项经济业务的发生，使企业的负债（应付股利利）增加 1 000 元，同时所有者权益（未分配利润）减少了 1 000 元，权益总额不变，会计等式仍保持平衡。

（8）1 月 26 日，经批准将企业已发行的债券 80 000 元转为实收资本。

这项经济业务的发生，使企业的负债（应付债券）减少了 80 000 元，同时所有者权益（实收资本）增加了 80 000 元，表现为一项负债减少，一项所有者权益增加，增减金额相同，权益总额不变，会计等式仍然平衡。

（9）1月27日，经批准用资本公积 20 000 元转增资本。

这项经济业务的发生，使企业所有者权益中的实收资本增加 20 000 元，而资本公积减少 20 000 元，表现为一项所有者权益增加，另一项所有者权益减少，增减金额相同，所有者权益总额不变，会计等式仍然平衡。

从以上举例可以看出，任何一项经济业务的发生，至少会引起两个项目同时发生变化，要么是一个会计要素内部的两个项目同时发生变化，要么是不同会计要素的两个项目同时发生变化，而且都是以相等的金额发生相互联系的变化。变化的结果，都不会破坏"资产＝负债＋所有者权益"的平衡关系，资产与负债及所有者权益之间始终相等。

第三节　会计科目

一、会计科目的含义

会计科目是对会计对象的具体内容（会计要素）进一步分类核算的项目，是设置账户、进行账务处理的依据，是正确进行会计核算的一个重要条件。每一个会计科目都有明确的含义、核算内容。

企业发生的经济业务是复杂多样的，为了提供真实可靠的会计信息，必须对会计对象按照一定的标志分类，而会计要素是会计对象的基本分类。会计要素由资产、负债、所有者权益、收入、费用、利润六个项目构成，但每一个会计要素所包含的具体项目多，项目的性质也各不相同。例如，库存现金、应收账款、存货和固定资产同属于资产这一会计要素，但性质各不相同。因此，用会计六要素反映企业发生的各项经济活动仅能提供会计信息的概括性资料，决策者还需要更为详细的资料，这就需要我们在会计要素的基础上进行再分类，即科学合理地设置会计科目，全面系统地反映和监督各项会计要素的增减变动情况，分门别类地为经济管理提供会计核算资料，为信息使用者提供更为全面有效的决策信息。

二、会计科目的设置原则

（1）合法性原则。为了保证会计信息的可比性，所设置的会计科目应当符合国家统一的会计制度的规定。总分类科目：一般由财政部统一制定。明细分类科目：除会计制度规定设置的以外，可以根据本单位经营管理的需要和经济业务的具体内容自行设置。例如，应交税费——应交增值税（进项税额）属于会计准则规定设置的明细分类科目。

（2）相关性原则。会计科目的设置，应当为提供有关各方所需要的会计信息服务，满足对外报告与对内管理的要求。

（3）实用性原则。在合法性的基础上，应根据企事业单位自身特点，设置符合企业需要的会计科目。注意，也不是所有的总分类科目都设置明细科目。例如，本年利润就没有明细科目。

三、会计科目的分类

（1）会计科目按其所提供信息的详细程度及其统驭关系不同，分为总分类科目和明细分类科目。前者是对会计要素具体内容进行总括分类，提供总括信息的会计科目，如"应收账款"、"原材料"等科目。后者是对总分类科目做进一步分类、提供更详细更具体会计信息科目，如"应收账款"科目按债务人名称设置明细科目，反映应收账款具体对象。

（2）按会计要素对会计科目进行分类是其基本分类之一。例如，我国自1993年7月1日起执行的《工业企业会计制度》将会计科目分为资产类科目、负债类科目、共同类科目、所有者权益类科目、成本类科目和损益类科目计六大类。而会计科目表则是由多种会计科目组成，是对各类会计科目的一种集合。

（3）会计科目是会计人员做记录的基础，在结构上共分五大类：

①资产。是指企业所拥有的一切有价资源，其中又可分为流动资产、固定资产、其他资产三小类。流动资产指现金及企业希望变成现金的资产，例如银行存款、应收账款、存货等。固定资产是指企业不希望出售，而是长期使用的资产，如土地、房屋、机器等。其他资产是指无形资产、未分摊费用、保证金等。

②负债。是指企业的债务，其中又可分流动负债、长期负债及其他负债。流动

负债是指一年以下的负债，长期负债是指一年以上的负债，而其他负债是指非财务性目的所发生的负债，如存入保证金、代收款及各项损失准备等。

③资本。又名股东权益，是企业中属于股东的部分，所以等于资产与负债之差。资本可分股本及盈余两类，股本是股东所投资的部分，盈余是企业所赚得的部分。

④收益。是指企业的出售产品或提供服务所发生的收入，可分营业收入及营业外收入两小类，营业收入是企业预定营业范围内的收入，而营业外收入是指预定营业范围外的收入，如非金融业的利息收入等。

⑤费用。是指因收益而发生的支出，其中又分四小类，即直接成本、销售费用、管理费用、营业外费用。所谓直接成本，是该项支出可直接归属于某项营业收入者，如销货成本、材料成本等。销售费用是指为达成营业的目的而发生的支出，但无法直接归属于某项营业收入者，如广告费、营业人员薪资等。管理费用是指维持企业运作所必须支付的费用，如管理人员薪资、租金支出等。营业外费用是指财务费用及投资损失等非属达成营业收入而必要的支出。

四、会计科目的编号

为了便于编制会计凭证、登记账簿、查阅账目、会计科目表、实行会计电算化，还应在对会计科目进行分类的基础上，为每个会计科目编一个固定的号码，这些号码称为会计科目编号，简称科目编号。科目编号能清楚地表示会计科目所属的类别及其在类别中的位置。

如上述的《工业企业会计制度》采用三位数对会计科目进行编号，资产类科目均以 1 为第一位数字；负债类科目均以 2 为第一位数字；所有者权益类科目均以 4 为第一位数字；成本类科目均以 5 为第一位数字；损益类科目均以 6 为第一位数字。在上述主要类别之下，业务性质相同的会计科目都以同样的号码为第二位数字，在相同业务性质的会计科目下，再以第三位依次排列各个会计科目。在会计科目的第三位数之间留有适当的空号，供增加会计科目之用。为了便于会计工作的进行，通常在会计制度中，以会计科目表的形式对会计科目的编号、类别和名称加以规范。

表 3-1　会计科目的编号

序号	编号	名称	序号	编号	名称
		一、资产类	43	1503	可供出售金融资产
1	1001	库存现金	44	1511	长期股权投资
2	1002	银行存款	47	1531	长期应收款
5	1012	其他货币资金	50	1602	固定资产
8	1101	交易性金融资产	51	1603	累计折旧
10	1121	应收票据	52	1603	固定资产减值准备
11	1122	应收账款	53	1604	在建工程
12	1123	预付账款	54	1605	工程物资
13	1131	应收股利	55	1606	固定资产清理
14	1132	应收利息	62	1701	无形资产
18	1221	其他应收款	63	1702	累计摊销
19	1231	坏账准备	64	1703	无形资产减值准备
26	1401	材料采购	66	1801	长期待摊费用
27	1402	在途物资	69	1901	待处理财产损溢
28	1403	原材料			二、负债类
29	1404	材料成本差异	70	2001	短期借款
30	1405	库存商品	79	2201	应付票据
31	1406	发出商品	80	2203	应付账款
32	1407	商品进销差价	81	2205	预收账款
33	1408	委托加工物资	82	2211	应付职工薪酬
34	1411	周转材料	83	2221	应交税费
40	1471	存货跌价准备	84	2231	应付利息
41	1501	持有至到期投资	85	2232	应付股利

序号	编号	名称	序号	编号	名称
86	2241	其他应付款			五、损益类
94	2501	长期借款	124	6001	主营业务收入
95	2502	应付债券	129	6051	其他业务收入
100	2701	长期应付款	132	6111	投资收益
		三、所有者权益	136	6301	营业外收入
110	4001	实收资本（或股本）	137	6401	主营业务成本
111	4002	资本公积	138	6402	其他业务成本
112	4101	盈余公积	139	6403	营业税金及附加
114	4103	本年利润	149	6601	销售费用
115	4104	利润分配	150	6602	管理费用
		四、成本类	151	6603	财务费用
117	5001	生产成本	153	6701	资产减值损失
118	5101	制造费用	154	6711	营业外支出
119	5201	劳务成本	155	6801	所得税费用

第四节　会计账户

一、会计账户的含义

会计账户（account）是根据会计科目设置的，具有一定的格式和结构，用来全面、系统、连续地记录经济业务，反映会计要素增减变动及其结果的工具。它是对会计对象的组成内容进行科学分类而规定的名称。对会计对象划分类别并规定名称是必要的，但要全面、系统地记录和反映各项经济业务所引起的资产变动情况，还必须在分类的基础上借助于具体的形式和方法，这就是开设和运用账户。账户是根据会计科目设置的，具有一定的格式和结构，用于分类反映会计要素增减变动情况及其结果的载体。设置账户是会计核算的重要方法之一。它是对各种经济业务进行分类和系统、连续的记录，反映资产、负债和所有者权益增减变动的记账实体。会计科目的名称就是账户的名称，会计科目规定的核算内容就是账户应记录反映的经济内容，因而账户应该根据会计科目的分类相应地设置。例如，企业要开设资产类账户、负债类账户、所有者权益类账户、成本类账户和损益类账户；从需要和科目的特点出发，根据总分类科目、二级科目和明细分类科目开设相应的账户，以便于分类、归集、总括和具体、详细地核算数据。

二、账户与会计科目的关系

账户与会计科目是两个既相互联系又有区别的概念。两者的联系体现在会计科目与账户都是对会计要素具体内容的分类，两者反映的经济内容一致，性质相同。账户是根据会计科目设置的，会计科目是账户的名称，所以会计科目的内容、分类的方法决定了账户的内容和分类的方法。没有科目，账户便失去了设置的依据；没有账户，就无法发挥会计科目的作用。只有将会计科目与账户两者结合起来，才有利于从事日常会计核算工作。

账户与会计科目的区别体现在会计科目仅仅是个分类，只能表明某项经济内容，不存在结构和记账方向等问题；而账户既有名称又有结构，能连续、系统地记录某项经济内容的增减变化情况及其结果。

由于账户按会计科目命名，账户名称与会计科目完全一致，所以在实际工作中，对会计科目与账户不加严格区分，往往相互通用。

三、账户的基本结构

经济活动是复杂多样的，所有经济业务的发生所引起的企业资产、负债、所有者权益等会计要素的变动，从数量上看包括增加和减少两种情况。因此，用来记录连续变化着的经济业务的账户必须在结构上分为两个部分：增加方和减少方，用于分别记录各项会计要素具体内容的增加和减少的数额。在会计实践中，常见的基本账户为三栏式，即借方栏、贷方栏和余额栏，账户的一方登记增加额，另一方登记减少额，同时还要反映各要素增减变化的结果，即余额。

一个完整的账户包括以下内容，如表 3-2 所示。

表 3-2 账户名称（会计科目）

年		凭证编号	摘要	借方	贷方	借或贷	余额
月	日						

账户名称：即会计科目，规定账户所要记录的经济业务内容；

日期：记录经济业务的日期；

凭证字号：表明账户记录所依据的会计凭证；

摘要：简要说明经济业务的内容；

金额：包括增加金额、减少金额和余额。

在上述账户基本结构中，借方和贷方如何记录，则取决于账户的性质和采用的记账方法。

为了便于教学，账户的基本结构可简化为左右两方，即"丁字形"。账户分为左方（记账符号为"借"）、右方（记账符号为"贷"）两个方向，一方登记增加，另一方登记减少。资产、成本、费用类账户借方登记增加额，贷方登记减少额；负债、所有者权益、收入类账户借方登记减少额，贷方登记增加额。

账户名称

借方	贷方

四、账户记录的内容和使用方法

（一）账户记录的内容

经济业务发生后，账户主要记录的内容有发生额和余额。通常我们把一定时期内，账户借方、贷方所登记的增加额或减少额，"本期发生额"，包括本期增加额和本期减少额。本期增加额又称本期增加发生额，是指一定时期内在账户中记录的增加金额；本期减少额又称本期减少发生额，是指一定时期内在账户中记录的减少金额。

借方登记的金额被称为"借方发生额"，贷方登记的金额称为"贷方发生额"。当账户借方金额大于贷方金额时，它的结余称为借方余额。如果贷方金额大于借方金额时，它的结余被称为贷方余额。每一个账户都有四项核算指标，即期初余额、本期增加额、本期减少额、期末余额，存在以下基本关系：

期末余额 = 期初余额 + 本期增加额 − 本期减少额

上式中的四个部分也称为账户的四个金额要素。

（二）账户的使用方法

任何一个账户都分为左右两个方向，分别反映会计要素的增减变动。不同性质的账户，使用方法不同。但不论何种性质的账户，账户的一方记录会计要素的增加，则另一方就记录会计要素的减少。

【例3-2】某企业应收账款期初余额为5 000元，本期增加额为8 000元，本期减少额为3 000元，到期末，企业还有应收账款余额10 000元（如表3-3所示）。

表3-3　应收账款

借方		贷方	
期初余额	5 000		
本期增加额	8 000	本期减少额	3 000
期末余额	10 000		

【例3-3】某企业应付账款期初余额为2 000元，本期增加额为8 000元，本期减少额为1 000元，到期末，企业还有应付账款余额4 000元。如表3-4所示。

表3-4　应付账款

借方		贷方	
期初余额	2 000		
本期增加额	8 000	本期减少额	1 000
期末余额	4 000		

账户左右两方，哪一方登记增加额，哪一方登记减少额，其余额在哪一方，均取决于记账方法和账户本身的性质。

五、会计账户的基本分类

为了正确地设置和运用账户，需要从理论上进一步了解和认识各个账户的核算对象、具体结构和用途以及其在整个账户体系中的地位和作用，在此基础上掌握它们在提供核算指标方面的规律性，这就是账户进行分类的意义所在。

（一）按经济内容分类

账户的经济内容，也就是账户所反映会计对象的具体内容。每一个会计要素，都具有自己独特的经济内容，都是由更细小的经济要素所组成，因此必须为它们各自设立一类账户进行核算。账户按经济内容分类，可以分为资产类、负债类、共同类、所有者权益类、成本费用类和损益类六种。

1．资产类账户

它是反映资产的增减变动度及其结存情况的账户。按照资产的流动性和经营管理核算的需要，又可分为流动资产和非流动资产两类账户。核算流动资产的有"库存现金"、"银行存款"、"短期投资"、"应收账款"、"应收票据"、"原材料"、"产成品"、"库存商品"等账户；核算非流动资产的有"长期投资"、"固定资产"、"无形资产"等账户。

2．负债类账户

它是反映负债的形成和偿付及其结存情况的账户。按照偿债期限的长短又可分为流动负债和长期负债两类账户。核算流动负债的如"短期借款"、"应付账款"、"应付票据"、"应付职工薪酬"、"应交税费"、"应付利润"等账户；核算长期负债的如"长期借款"、"应付债券"、"长期应付款"等账户。

3．共同类账户

它是反映具有资产和负债双重性质的账户。按共同账户余额的方向分为反映资产或反映负债的账户。比如，当"衍生工具"、"套期工具"、"套期项目"等账户的期末余额在借方时，反映资产账户；反之，反映负债账户。

4．所有者权益类账户

它是反映投入资本、资本公积、盈余公积、未分配利润的增减变动度及其结存情况的账户。例如，工业企业常用的"实收资本"、"资本公积"及"本年利润"等账户。

5．成本费用类账户

它是反映成本费用发生情况的账户。例如，工业企业的"生产成本"、"制造费用"等账户。

6．损益类账户

它是反映企业权益的账户。按照损益的性质和内容不同，损益类账户又可分为反映营业损益的账户和营业外损益的账户两类。工业企业反映营业损益的账户如"主营业务收入"、"其他业务收入"、"销售费用"、"主营业务成本"等；反映营业外损益的账户如"营业外收入"、"营业外支出"等。

（二）按提供指标的详细程度分类

账户按提供资料的详细程度不同，可分为总分类账户和明细分类账户。

1．总分类账户

总分类账户，是对各单位经济活动的具体内容进行总括核算的账户。由于它是根据总账科目设置的，因此又称总账账户或一级账户。每个企业都要根据自身的特点及国家统一制定的账户名称，设置若干个总分类账户。

2．明细分类账户

明细分类账户，是对企业某一经济业务进行明细核算的账户。由于它是根据明细科目设置的，因而又称明细账。明细分类账户是对总分类账户的进一步划分，它比总分类账户更为详细具体，能够提供某一具体经济业务的明细核算。

（三）按用途和结构分类

账户按用途和结构的不同，可以分为盘存账户、结算账户、跨期摊配账户、资本账户、调整账户、集合分配账户、成本计算账户、集合配比账户、财务成果计算账户九类。

在这九类账户当中，盘存账户、结算账户、跨期摊配账户和资本账户所反映的内容，都是经济业务的基础，因而这四种账户又被称为基本账户。一般情况下，它们使用较多。

1．盘存账户

盘存账户，是用来核算和监督可以进行实物盘点的各种财产物资和货币资金增减变动及实有数额的账户。该账户的借方登记增加数，贷方登记减少数，余额总是在借方，表示各项财产物资和货币资金的实存数额。

属于盘存账户的有"原材料"、"库存商品"、"库存现金"、"银行存款"、"固定资产"、"周转材料"等账户。

2．结算账户

结算账户，是用来核算和监督各单位同其他单位或个人以及各单位内部各部门之间债权（应收）、债务（应付）核算关系的账户。

按照结算的性质不同，结算账户可分为债权结算账户、债务结算账户和债权债务结算账户三类。

（1）债权结算账户，是用来核算和监督债权的实有额及增减变动的账户。其借方登记债权的增加，贷方登记债权的减少，余额在借方，表示债权的实有额。常见的债权结算账户有"应收账款"、"其他应收款"、"预付账款"等账户。

（2）债务结算账户，是用来核算和监督债务的实有额及增减变动的账户。其贷方登记债务的增加，借方登记债务的减少，余额在贷方，表示债务的实有额。属于债务结算账户的有"短期借款"、"应付账款"、"应付职工薪酬"、"应交税费"等账户。

（3）债权债务结算账户，是用来反映债权债务增减变动情况的账户，但它们有时反映债权，有时反映债务，具有债权债务双重性。该账户的借方登记债权的增加或债务的减少，贷方登记债务的增加或债权的减少，余额在借方时表示债权的实有额，余额在贷方时表示债务的实有额。属于债权债务结算账户的有"待处理财产损溢"等账户。

3．跨期摊配账户

跨期摊配账户，是用来核算和监督应由几个会计期间共同负担的费用，并将这些费用在各个会计期间进行分摊的账户。该账户的借方是用于登记费用的实际支出或发生数，贷方是用于登记由各个会计期间负担的费用数。

属于跨期摊配账户的有"长期待摊费用"账户。"长期待摊费用"账户属于资产类账户，期末余额总是在借方，表示已经支付而尚未摊销的待摊费用数额。

4．资本账户

资本账户，是用来核算和监督各单位资本及提取盈余公积的增减变动及其实有情况的账户。该账户的贷方登记各项资本、盈余公积的增加数或形成数，借方登记减少数或结转数，它们的余额总是在贷方，表示各项资本、盈余公积的实有数额。属于资本账户的有"实收资本"、"资本公积"、"盈余公积"等账户。

第五节　复式记账法

经济业务的发生必然会引起有关会计要素发生增减变动。在设置账户之后，就需要用一定的记账方法将经济业务登记在有关账户中，以反映会计要素的增减变动及其结果。所谓记账方法，是指在账户中记录经济业务的方法。从会计发展的历史来看，人类曾使用过两大记账方法：一是单式记账法；二是复式记账法。借贷记账法是复式记账法中历史最悠久、最科学的一种记账方法。

一、单式记账与复式记账

自会计产生以后，在复式记账法出现以前，很长时间会计记账采用的是单式记账方法。所谓单式记账法，是指对发生的每一笔经济业务都只在一个账户中进行记录，一般只记录现金的收付以及应收（人欠）、应付（欠人）等往来账项，而不记录实物资产的增减、收入的来源和费用支出的用途等。比如，企业用现金（包括银行存款）购买了一批材料，在单式记账法下只记录现金的减少，而不同时记录原材料的增加，因此单从会计记录中只看到现金减少了而看不出用来干什么了。显然，单式记账法不能全面反映经济业务的来龙去脉，不能提供完整的会计信息资料；账户设置简单，没有一套完整的账户体系，账户之间不能形成相互对应的关系；也不便于检查账户记录的正确性。随着经济社会的发展，需要会计核算和监督的经济活动越来越复杂，单式记账法已不能适应会计管理的要求，因而被复式记账法所取代。

复式记账法是对发生的每一笔经济业务所引起的会计要素的增减变动，都以相等的金额同时在两个或两个以上的账户中相互联系地进行记录的一种方法。例如，企业以现金（包括银行存款）购买了一批材料，在复式记账法下，既要记录现金的减少，同时也要以相等的金额记录原材料的增加。这种相互联系的记录能够完整地反映出经济业务的来龙去脉：现金减少的原因（用途、去向）是购买了原材料，而原材料增加的原因（来源）是企业用现金买来的。因此，相对于单式记账法来说，复式记账法是一种科学的记账方法。

二、复式记账法的基本特征

以"资产＝负债＋所有者权益"的会计等式为依据建立的复式记账法，具有以下特点：

（1）对于发生的每一项经济业务，都要在两个或两个以上相互联系的账户中同时登记。这样，在将全部经济业务相互联系地记入各有关账户以后，通过账户记录不仅可以真实、全面、清晰地反映出经济业务的来龙去脉，而且能够通过会计要素的增减变动，全面、系统地反映经济活动的过程和结果。

（2）由于每项经济业务发生后，都要以相等的金额在有关账户中同时进行登记，因此可以对账户记录的结果进行试算平衡，以检查账户记录的正确性。

复式记账法正因为具有以上特点，因而被公认为是一种科学的记账方法。由于记账符号不同，复式记账法分为借贷记账法、增减记账法和收付记账法。

借贷记账法是指以"借"、"贷"作为记账符号，按照"有借必有贷，借贷必相等"的记账规则，记录会计要素增减变动情况的一种复式记账方法。借贷记账法是世界各国普遍采用的记账方法，也是在我国应用最为广泛的一种记账方法。《企业会计准则》规定，中国境内的企业应当采用借贷记账法记账。

三、借贷记账法的基本内容

（一）记账符号

借贷记账法的记账符号是"借"和"贷"。"借"、"贷"两字的含义，最初是从借贷资本家的角度来解释的，即用来表示债权（应收款）和债务（应付款）的增减变动。借贷资本家对于收进的存款，记在贷主的名下，表示债务；对于付出的放款，记在借主的名下，表示债权。这时，"借"、"贷"两字表示债权债务的变化。随着社会经济的发展，经济活动的内容日益复杂，记录的经济业务已不再局限于货币资金的借贷业务，而逐渐扩展到财产物资、经营损益等。为了求得记录的一致，对于非货币资金借贷业务，也以"借"、"贷"两字记录其增减变化情况。这样，"借"、"贷"两字就逐渐失去原来的含义，而转化为纯粹的记账符号。

任何一种符号都有其特殊的含义，记账符号也是如此。在借贷记账法里，

"借"、"贷"两个记账符号的特定含义是：

（1）"借"、"贷"记账符号表示一个账户中的两个不同部位。每一个账户都分为左方和右方两个不同的基本部位，用以记录经济业务发生所引起的会计要素的增减变动。在借贷记账法里，"借方"是指账户的左半部分，"贷方"是指账户的右半部分。

（2）"借"、"贷"记账符号表示不同的记账方向。运用借贷记账法记录经济业务时，记账符号"借"表明应记入有关账户的左方（借方）；"贷"表明应记入有关账户的右方（贷方）。

（3）"借"、"贷"记账符号具有互为相反的双重含义。"借"和"贷"记账符号既可以表示增加，也可以表示减少，各自具有双重含义，不能将"借"、"贷"与增加、减少等同起来。即"借"既表示资产的增加，又表示负债和所有者权益的减少；"贷"既表示资产的减少，又表示负债和所有者权益的增加，二者含义相反。

由此可见，在借贷记账法里，"借"和"贷"纯属记账符号，不能用汉字的字面含义去理解，它们各自具有独立的、特殊的含义，是会计上的专业术语。这里同学们只要记住借贷记账法是用借、贷二字作为记账符号就可以了。很多初学者容易去纠缠借、贷二字本身的含义，这没有任何意义，因为它早就失去了其本身的含义而仅仅是一种符号了，就像甲、乙或A、B一样。

（二）借贷记账法下的账户结构

以"丁字账"为例，账户分为左右两方，左方固定称为"借方"，右方固定称为"贷方"。

账户名称

借方	贷方

图3-3　"丁字账"账户格式

各种复式记账法都是以会计等式"资产＝负债＋所有者权益"为理论依据的，因此，借贷记账法对会计要素增减变化的反映就是：资产在会计等式的左边，它的增加就记在账户的左边也就是借方，减少就相应地记在账户的右边即贷方；负债和所有者权益这两个要素在会计等式的右边，它们的增加当然就记在账户的右边即贷方，减少就相应地记在账户的左边即借方；收入的增加将导致利润的增加并最终引起所有者权益的增加，因此与所有者权益一样记在贷方，减少记在借方；成本费用的增加将导致利润的减少并最终引起所有者权益的减少，因此其记账方向与所有者权益相反，就是增加记在借方，减少记在贷方。

上述各种情况用"丁字账"图形表示如下：

账户名称

借方	贷方
（1）资产的减少	（1）资产的增加
（2）负债和所有者权益的减少	（2）负债和所有者权益的增加
（3）收入的减少或转出	（3）收入的增加
（4）成本、费用的增加	（4）成本、费用的减少或转出

图 3-4　"丁字账"账户内容

借贷记账法之所以不要求对所有账户固定分类，可以设置双重性账户，账户的设置和使用比较灵活，其主要原因在于其记账符号具有互为相反的双重含义。具体账户结构如下：

1. 资产类账户的结构

按照会计等式建立的资产负债表中，资产类项目一般列示在左方。为了使账户中的记录与资产负债表的结构相吻合，资产的期初余额应记入账户的左方（借方）。这样，在账户中登记经济业务时，资产的增加应记在与资产期初余额的同一方向，即账户的左方（借方）；资产的减少应记在资产增加的相反方向，即账户的右方（贷方）。资产类账户的结构如图 3-5 所示。

资产类账户

借方	贷方
期初余额	
本期增加发生额	本期减少发生额
本期借方发生额合计	本期贷方发生额合计
期末余额	

图 3-5　资产类账户结构图

资产类账户的期末余额一般在借方，其计算公式如下：

资产类账户期末余额＝期初余额＋本期借方发生额－本期贷方发生额

2. 负债及所有者权益类账户的结构

在资产负债表中，负债及所有者权益类项目一般列示在右方。因此，负债及所有者权益类账户的结构，与资产类账户结构完全相反。即负债及所有者权益的期初余额应记入账户的右方（贷方）；负债及所有者权益的增加，应记在账户的右方

（贷方）；其减少，应记在账户的左方（借方）。负债及所有者权益类账户的结构如图3-6所示。

负债及所有者权益类账户

借方	贷方
本期减少发生额	期初余额 本期增加发生额
本期借方发生额合计	本期贷方发生额合计
	期末余额

图3-6 负债及所有者权益类账户结构图

负债及所有者权益类账户的期末余额一般在贷方，其计算公式如下：

负债及所有者权益类账户期末余额＝期初余额＋本期贷方发生额－本期借方发生额

3. 成本类账户的结构

企业在生产经营过程中发生的各种耗费，实质上是资产的消耗。所以，成本在抵消收入以前，可以将其看作一种资产。因此，成本类账户的结构与资产类账户的结构相似，成本的期初余额应记入账户的借方；成本的增加，应记在账户的借方；成本的减少额或转出额，应记在账户的贷方；期末若有余额，应在借方。成本类账户的结构如图3-7所示。

成本类账户

借方	贷方
期初余额 本期增加发生额	本期减少或转出发生额
本期借方发生额合计	本期贷方发生额合计
期末余额	

图3-7 成本类账户结构图

4. 损益类账户的结构

损益类账户包括收入类账户和费用类账户。收入的取得和费用的发生，最终会导致所有者权益发生变化。收入的增加是所有者权益增加的因素，费用的增加是所有者权益减少的因素。这就决定了收入类账户的结构与所有者权益类账户的结构相类似，费用类账户的结构与所有者权益类账户的结构相反，即与资产类账户的结构相类似。损益类账户是为了计算损益而开设的，因而会计期末应将收入、费用全额转出，以便计算经营成果。收入、费用转出后，损益类账户期末应无余额。

（1）收入类账户的结构。收入的增加额，应记在账户的贷方；收入的减少额和转出额，应记在账户的借方。由于贷方登记的收入增加额在期末一般都要通过借方转出，用以计算经营成果，所以，收入类账户期末应无余额。收入类账户的结构如图 3-8 所示。

收入类账户

借方	贷方
本期减少或转出发生额	本期增加发生额
本期借方发生额合计	本期贷方发生额合计
期末一般无余额	

图 3-8 收入类账户结构图

（2）费用类账户的结构。费用的增加额，应记在账户的借方；费用的减少额和转出额，应记在账户的贷方。由于借方登记的费用增加额在期末一般都要通过贷方转出，用以计算经营成果，所以，费用类账户期末应无余额。费用类账户的结构如图 3-9 所示。

费用类账户

借方	贷方
本期增加发生额	本期减少或转出发生额
本期借方发生额合计	本期贷方发生额合计
	期末一般无余额

图 3-9 费用类账户结构图

借贷记账法各类账户的结构，可概括如图 3-10 所示。

账户

借方	贷方
资产类增加	资产类减少
负债类减少	负债类增加
所有者权益类减少	所有者权益类增加
收入类减少	收入类增加
费用类增加	费用类减少

图 3-10 借贷记账法各类账户结构图

（三）借贷记账法的记账规则

借贷记账法的记账规则是"有借必有贷，借贷必相等"。这一记账规则的形成，是由借贷记账法的记账符号决定的。前已述及，经济业务发生所引起的会计要素的增减变化，不外乎九种情况。而这九种情况用借贷记账法的记账符号来表示，每一种情况都是既有借又有贷，而且借贷的金额相等。因此，借贷记账法就以"有借必有贷，借贷必相等"作为它的记账规则，并要求对任何一项经济业务的记录，一方面要记入有关账户的借方，另一方面同时要记入有关账户的贷方，而不能都记借方或者都记贷方，并且记入借方的金额要与记入贷方的金额相等。否则，记账就会发生错误。

【例3-4】丙企业2016年4月有下列有关经济业务（不考虑增值税等相关税费）：

（1）4月2日，收到丁公司追加投资80 000元，存入开户银行。

这项经济业务属于资产和所有者权益同时增加的业务。该项经济业务使企业的资产类账户"银行存款"增加80 000元，应记入该账户的借方；同时使所有者权益类账户"实收资本"增加80 000元，应记入该账户的贷方。可见，既涉及借方又涉及贷方，借贷方金额相等。

（2）4月6日，购入原材料一批，价值40 000元，货款暂欠，材料已验收入库。

这项经济业务属于资产和负债同时增加的业务。该项经济业务的发生，使企业资产类账户"原材料"增加40 000元，应记入该账户的借方；同时使负债类账户"应付账款"增加40 000元，应记入该账户的贷方。仍然是既有借又有贷，借贷方金额相等。

（3）4月7日，以银行存款支付前欠购买材料款40 000元。

这项经济业务属于资产和负债同时减少的业务。该项经济业务使企业资产类账户"银行存款"减少40 000元，应记入贷方，同时使负债类账户"应付账款"减少40 000元，应记入借方。仍然是既有借又有贷，借贷方金额相等。

（4）4月8日，企业按法定程序减少注册资本100 000元，以银行存款向所有者支付。

这项经济业务属于资产和所有者权益同时减少的业务。该项经济业务使资产类账户"银行存款"减少100 000元，应记入贷方，同时使所有者权益类账户"实收资本"减少100 000元，应记入借方。仍然是既有借又有贷，借贷方金额相等。

（5）4月12日，以银行存款90 000元购入生产用设备一台。

这项经济业务属于资产内部有增有减的业务。该项经济业务使企业资产类账户"固定资产"增加90 000元，应记入借方，同时使资产类账户"银行存款"减少90 000元，应记入贷方。仍然是有借有贷，借贷相等。

（6）4月15日，向银行借入短期借款 60 000 元，用于归还前欠货款。

这项经济业务属于负债内部有增有减的业务。其中"短期借款"账户增加 60 000元，应记入贷方，"应付账款"账户减少 60 000 元，应记入借方。仍然是有借有贷，借贷相等。

（7）4月21日，经批准，将前欠购货款 20 000 元转为实收资本。

这项经济业务属于负债减少、所有者权益增加的业务。该项经济业务使负债类账户"应付账款"减少 20 000 元，应记入借方，同时使所有者权益类账户"实收资本"增加 20 000 元，应记入贷方。仍然是有借有贷，借贷相等。

（8）4月22日，经批准，企业用盈余公积 70 000 元转增资本。

这项经济业务属于所有者权益内部项目变动的业务，涉及所有者权益类账户"盈余公积"减少 70 000 元，应记入借方，同时涉及"实收资本"账户增加 70 000元，应记入贷方。仍然是有借有贷，借贷相等。

（9）4月25日，购入原材料一批，价格 50 000 元，以银行存款支付 30 000 元，余款尚未支付，材料已验收入库。

这项经济业务使企业资产类账户"原材料"增加 50 000 元，应记入借方；"银行存款"减少 30 000 元，应记入贷方；同时使负债类账户"应付账款"增加 20 000 元，也应记入贷方。这样，仍然是既有借方又有贷方，借、贷两方的金额均为 50 000 元。

（10）4月26日，收到企业所有者投入设备一台，价值 60 000 元；投入货币资金 70 000 元，存入银行。

这项经济业务使企业资产类账户"固定资产"增加 60 000 元、"银行存款"增加 70 000 元，均应记入借方；同时使所有者权益类账户"实收资本"增加 130 000元，应记入贷方。仍然是既有借方又有贷方，借、贷两方的金额均为 130 000 元。

从上述举例可以看出，一项经济业务所涉及的账户可能只有两个：一个借方账户和一个贷方账户；也可能涉及两个以上账户：一个借方账户和多个贷方账户，或者多个借方账户和一个贷方账户。但是，无论何种类型的经济业务，也无论其多么复杂，在借贷记账法下，都表现为既有借方又有贷方，而且借、贷方金额相等。因此，"有借必有贷，借贷必相等"就成为借贷记账法的记账规则。

另外，我们可以看出，采用复式记账法记录经济业务时，使有关账户之间形成了一种相互依存的关系。我们把账户之间形成的相互依存关系，称作账户的对应关系；存在着对应关系的账户称为对应账户，且互为对应账户。例如，业务（2）中的"原材料"账户与"应付账款"账户形成对应关系，二者互为对应账户；业务（10）中的"固定资产"、"银行存款"账户与"实收资本"账户形成对应关系，前两个账户与后一个账户互为对应账户。在借贷记账法下，账户的对应关系表现为借方账户与贷方账户相对应。

（四）会计分录

为了保证账户记录的正确性，经济业务发生后并不直接记入相关账户，而是先按照借贷记账法的记账规则对发生的经济业务编制一种记录，列示出其应借、应贷的账户名称及其金额，这种列示的记录就叫作会计分录，也称为"会计公式"。在实际会计工作中，编制会计分录是通过填制记账凭证来实现的（记账凭证中就列示了应借、应贷的账户名称及其金额）。

面对一笔经济业务，如何才能正确地编制会计分录从而对其做出正确的账务处理呢？对于初学者来说，由于对各种常用账户的性质和结构以及常见经济业务的对应账户还不熟悉，因此编制会计分录时应当按照以下步骤进行：

（1）对所要处理的经济业务，判断其究竟引起了哪些账户（会计要素的具体项目）发生了增减变化；

（2）判断这些账户（项目）的性质，即它们各属于什么会计要素；

（3）根据这些账户（项目）的性质及其是增还是减，确定应该记在借方还是贷方（资产的增加记在借方，减少记在贷方；负债和所有者权益的增加记在贷方，减少记在借方；收入的增加记在贷方，减少和转出记在借方；成本、费用的增加记在借方，减少和转出记在贷方）；

（4）根据"有借必有贷，借贷必相等"的记账规则完成并检验会计分录。

下面我们来举例介绍会计分录的编制方法。如企业从银行提取现金500元，这个业务将导致企业库存现金增加500元，银行存款减少500元，编制的会计分录如下：

借：库存现金　　　　　　　　500

　　贷：银行存款　　　　　　500

在做会计分录时，应当注意会计分录的正确性与规范性。

会计分录的正确性是指会计分录的三要素都要正确。会计分录的三要素分别是借贷符号、会计账户的名称和方向、应计金额。

会计分录的规范性是指任何会计分录都应该是借方在上，贷方在下；借方在左，贷方在右，贷方记账符号、账户和金额都要比借方退后一至两格。

如果将来大家经过练习，对借贷记账法的运用熟练了，也就是对各种常用账户的性质、结构以及常见经济业务的对应账户熟悉了，面对一笔经济业务时，脑子里面马上就可以反应出应该借什么贷什么。但现在大家在编制会计分录时，最好还是先这样一步一步地先分析再确定。

下面以东方实业 2016 年 5 月所发生的经济业务为例，来讲解如何编制会计分录。

【例 3–5】

（1）东方实业收到甲公司的货币资金投资 300 000 元，存入银行。

借：银行存款　　　　　　　300 000
　　贷：实收资本　　　　　　　　300 000

（2）开出现金支票从银行提取现金 2 000 元备用。

借：库存现金　　　　　　　2 000
　　贷：银行存款　　　　　　　　2 000

（3）用现金支付生产车间办公用品费 440 元。

借：制造费用　　　　　　　440
　　贷：库存现金　　　　　　　　440

（4）接到开户银行的通知，收到光明公司前欠货款 150 000 元。

借：银行存款　　　　　　　150 000
　　贷：应收账款——光明工厂　　150 000

（5）接到开户银行的通知，胜利工厂签发并承兑的商业汇票已到期，收到胜利工厂支付的票据款 120 000 元。

借：银行存款　　　　　　　120 000
　　贷：应收票据——胜利工厂　　120 000

（6）向宏达公司购买一批甲材料，按合同规定，东方公司用银行存款预付购货款 50 000 元。

借：预付账款——宏达公司　　50 000
　　贷：银行存款　　　　　　　　50 000

（7）厂部办公室张强因公出差，预借差旅费 800 元，现金付讫。

借：其他应收款——张强　　　800
　　贷：库存现金　　　　　　　　800

（8）张强出差回来，向公司报销差旅费 700 元，余款交回现金。

借：管理费用　　　　　　　700
　　库存现金　　　　　　　100
　　贷：其他应收款——张强　　　800

需要说明的是，上述有的会计分录只涉及一个借方账户和一个贷方账户，如从银行提取现金，就是记入"库存现金"账户的借方和"银行存款"账户的贷方。但也有的会计分录涉及一个借方账户和多个贷方账户相对应，或是多个借方账户与一个贷方账户相对应。例如，张强出差回来，向公司报销差旅费 700 元，余款交回现金，该笔业务的处理是记入"管理费用"和"库存现金"账户的借方（管理费用与库存现金增加），同时记入"其他应收款"账户的贷方（其他应收款减少）。

上述只有一个借方账户与一个贷方账户相对应的会计分录就称为简单会计分录，而一个借方账户对应多个贷方账户或一个贷方账户对应多个借方账户的会计分录就称为复合会计分录。其实，复合会计分录可以拆解为几个简单会计分录。

例如：借：管理费用 　　　　　　　　　　700

　　　　　　库存现金 　　　　　　　　　　100

　　　　　　　贷：其他应收款——张强 　　800

就可以拆解为以下两个简单会计分录：

（1）借：管理费用 　　　　　　　　　　700

　　　　　　　贷：其他应收款——张强 　　700

（2）借：库存现金 　　　　　　　　　　100

　　　　　　　贷：其他应收款——张强 　　100

这两种会计分录登记入账以后的结果是一样的。

第六节　过账与试算平衡

会计分录只是分散地反映了经济业务对各账户的影响，还不能连续、系统地反映一定会计期间内全部经济业务对各账户的综合影响，还需要将会计分录的数据过入到各有关账户中去。

一、过账

将每一项经济业务编制成会计分录，仅仅是确定了该经济业务发生以后应记入的账户、账户方向及金额。会计分录只是分散地反映了经济业务对各账户的影响，还不能够连续、系统地反映一定会计期间内全部经济业务对各账户的综合影响。为了实现这一目的，还需要将会计分录的数据过入各有关账户中去，这个记账过程通常称为"过账"，或称为账簿登记。过账的具体做法主要有两种：一种是在编制会计分录的基础上逐笔过账；另一种是定期汇总同类业务的会计分录，一次性过入有关的分类账户。过账以后，一般要在月终进行结账，即结算出各账户的本期发生额合计和期末余额。根据日记账中所确定的会计分录，分别记入分类账有关账户借方或贷方的工作。日记账指按照经济业务发生时间的先后顺序做出分录并进行登记的账簿。

过账工作，常随簿记人员个人的习惯、爱好而有所不同。例如，可依日记簿记账凭证的分录，顺序逐笔过账；也可先过日记簿中同页上所有借项，然后再过贷项的过账方式与方法。但是，不论过账的方法方式如何，而对每一账项的过账方法步骤，与应行注意的事项，并无二致。兹以通用的三栏式明细分类账为例，说明过账的一般步骤如下：

（1）每一笔分录过账时，应先过借方科目；为此，过账的第一步，从分类账中找出分录中借方科目的账户。

（2）将日记簿中该分录的日期，记入该账户的"日期"栏，记载的方法，与日记簿"日期"栏填写的方法相同。

（3）因交易的内容在日记簿已有说明，故分类账的账户中的摘要，一般可以更简略的文字，紧靠"日期"栏填写于"摘要"栏内。

（4）将日记簿中所列该科目的金额，转记于该分类账的账户的"借方金额"栏。

（5）将记载该账项的日记簿的页数，记入分类账的"日页"栏，以明其来路。如根据记账凭证过账，"日页"栏，应改为"凭证字号"栏，并置于"日期"与"摘要"栏之间。

（6）同时，将所过入分类账的"页码（或账号）"，填入日记簿的"类页"栏，以明账项的去路；如以会计科目编号代替会计科目，即用账号代替分类账页次，则日记簿的"类页"栏，只须在过账后，打一"√"号，以示已经过账即可。

（7）借方科目过账完毕后，再按相同的步骤，将贷方科目有关事项过入分类账的该科目账户的相应栏。但贷项的摘要，则右移两个字位开始书写，以保持借项、贷项摘要的左右分立及上、下对齐的排列，并便于识别借贷金额记入方向是否有误。

过账时要特别细心谨慎，有些科目名称及金额的阿拉伯数字，比较类似过账，必须看清楚，避免张冠李戴和笔误；同时日记簿与分类账的互注"页次"，不可疏忽，因为根据账页之是否填注，可以确定分录是否已过账，不致发生重复或漏记等错误；以及注意各科目的借、贷金额，不要方向颠倒，以保证加总结余正确，顺利完成试算平衡，和减少日后查核改错的麻烦。

现以东方实业2016年发生的经济业务为例说明过账的过程。

【例3-6】东方实业2016年5月初各账户余额如下表所示：

（一）期初余额

表3-5　东方实业2016年5月账户期初余额表

2016年5月

单位：元

项目	金额	项目	金额
银行存款	350 000	短期借款	500 000
应收账款	200 000	应付账款	200 000
原材料	650 000	实收资本	1 300 000
固定资产	800 000		
总计	2 000 000	总计	2 000 000

（二）编制会计分录

（1）以银行存款购买原材料20 000元。

借：原材料　　　　　　　　　　20 000

　　贷：银行存款　　　　　　　　　20 000

（2）购入原材料50 000元，其中30 000元以银行存款支付，20 000元暂欠。

借：原材料　　　　　　　　　　50 000

　　贷：银行存款　　　　　　　　　30 000

　　　　应付账款　　　　　　　　　20 000

（3）以银行存款100 000元偿还短期借款。

借：短期借款　　　　　　　　　100 000

　　贷：银行存款　　　　　　　　　100 000

（4）接受国家投入的大型设备一台，价值400 000元。

借：固定资产　　　　　　　　　400 000

　　贷：实收资本　　　　　　　　　400 000

（5）公司开出商业承兑汇票一张，金额为80 000元，以抵付前欠应付账款。

借：应付账款　　　　　　　　　80 000

　　　　贷：应付票据　　　　　　　　　80 000

（三）登记账户（过账）

借	原材料	贷		借	银行存款	贷
期初余额	650 000			期初余额	350 000	
本期发生额	10 000	本期发生额		本期发生额		本期发生额 10 000
	50 000					30 000
						100000
本期发生额合计	60 000	本期发生额合计		本期发生额合计		本期发生额合计 140 000
期末余额	710 000			期末余额	210 000	

借	应付账款	贷		借	应收账款	贷
		期初余额 200 000		期初余额 200 000		
本期发生额	80 000	本期发生额 20 000		本期发生额		本期发生额
本期发生额合计 80 000		本期发生额合计 20 000		本期发生额合计		本期发生额合计
		期末余额 140 000		期末余额 200 000		

借	固定资产	贷		借	短期借款	贷
期初余额	800 000			本期发生额 100 000		期初余额 500 000
本期发生额	400 000	本期发生额				本期发生额
本期发生额合计 400 000		本期发生额合计		本期发生额合计 100 000		本期发生额合计
期末余额	1 200 000					期末余额 400 000

借	实收资本	贷		借	应付票据	贷
		期初余额 1 300 000				期初余额
本期发生额		本期发生额 400 000		本期发生额		本期发生额 80 000
本期发生额合计		本期发生额合计 400 000		本期发生额合计		本期发生额合计 80 000
		期末余额 1 700 000				期末余额 80 000

二、试算平衡

　　运用借贷记账法的记账原则，处理的每一笔经济业务，应该是记账方向相反，金额相等。但是在记录的过程中，由于人为因素，也可能产生这样那样的差错。因此，在一定时期内有必要对所有账户的记录进行检查和验证。这种方法就是试算平衡。

（一）试算平衡的含义

平衡关系主要包括三个方面：

（1）全部会计科目的借方期初余额合计数 = 全部会计科目的贷方期初余额合计数。

（2）全部会计科目的本期借方发生额合计数 = 全部会计科目的本期贷方发生额合计数。

（3）全部会计科目的借方期末余额合计数 = 全部会计科目的贷方期末余额合计数。

上述三方面的平衡关系，可以用来检查会计科目记录的正确性。如果三方面都保持平衡，说明记账工作基本是正确的。通常把这种检查会计科目记录的工作方法称为试算平衡。

试算平衡定义：以会计恒等式和借贷记账规则为理论基础，根据资产与权益之间的平衡关系，按照记账规则的要求，通过对所有会计科目记录的汇总和计算，来检查各类会计科目的记录是否正确的一种方法。

（二）试算平衡的分类

为了保证账户记录的正确性，需要在一定时期终了时，根据会计等式对账户记录进行试算平衡。试算平衡是指根据"资产 = 负债 + 所有者权益"的会计等式，检查和验证所有账户记录是否正确的一种方法。试算平衡法有发生额试算平衡法和余额试算平衡法。

1. 发生额试算平衡法

在借贷记账法下，根据"有借必有贷，借贷必相等"的记账规则，每一项经济业务以相等的金额记入相关账户的借方和贷方，因此对每一项经济业务，记入借方的金额合计与记入贷方的金额合计必然相等。推而广之，一定时期内所有经济业务记入账户后，所有账户的借方发生额合计与贷方发生额合计也必然是相等的。借贷记账法的发生额试算平衡法，正是基于这一原理来判断一定时期内会计记录是否正确，即根据本期所有账户借方发生额合计与贷方发生额合计的恒等关系，来检验本期发生额记录是否正确，用公式表示为：

全部账户本期借方发生额合计 = 全部账户本期贷方发生额合计

2. 余额试算平衡法

根据"资产 = 负债 + 所有者权益"的恒等关系，在账户中记录经济业务的结果是，各项资产余额合计必然等于各项负债和所有者权益的余额合计。在借贷记账法下，资产账户的余额体现在账户的借方，负债和所有者权益账户的余额体现在账户的贷方，因此，所有账户的借方余额合计与所有账户的贷方余额合计必然相等。余额试算平衡法是运用会计等式，检查账户记录是否正确的方法。用公式表示为：

全部账户借方期初余额合计 = 全部账户贷方期初余额合计

全部账户借方期末余额合计＝全部账户贷方期末余额合计

试算平衡是通过编制"试算平衡表"来完成的。实际工作中，常见的试算平衡表有三种格式，以例 3-6 为参考展开说明。

【例 3-6】丙企业 2016 年 4 月有关账户的期初余额如表 3-6 所示。根据丙企业 2015 年 4 月账户的记录，编制试算平衡表如表 3-7 ～表 3-9 所示。

表 3-6　丙企业 2016 年 4 月账户期初余额表

单位：元

会计科目	期初余额	
	借方	贷方
银行存款	300 000	
原材料	60 000	
固定资产	300 000	
应付账款		100 000
短期借款		60 000
实收资本		400 000
盈余公积		100 000
合计	660 000	660 000

表 3-7　本期发生额试算平衡表

2016 年 4 月 30 日　　　　　　　　　　　　　　　　单位：元

会计科目	本期发生额	
	借方	贷方
银行存款	150 000	260 000
原材料	90 000	
固定资产	150 000	
应付账款	120 000	60 000
短期借款		60 000
实收资本	100 000	300 000
盈余公积	70 000	
合计	680 000	680 000

表 3-8 期末余额试算平衡表

2016 年 4 月 30 日   单位：元

会计科目	期末余额	
	借方	贷方
银行存款	190 000	
原材料	150 000	
固定资产	450 000	
应付账款		40 000
短期借款		120 000
实收资本		600 000
盈余公积		30 000
合计	790 000	790 000

表 3-9 试算平衡表

2016 年 4 月 30 日   单位：元

会计科目	期初余额		本期发生额		期末余额	
	借方	贷方	借方	贷方	借方	贷方
银行存款	300 000		150 000	260 000	190 000	
原材料	60 000		90 000		150 000	
固定资产	300 000		150 000		450 000	
应付账款		100 000	120 000	60 000		40 000
短期借款		60 000		60 000		120 000
实收资本		400 000	100 000	300 000		600 000
盈余公积		100 000	70 000			30 000
合计	660 000	660 000	680 000	680 000	790 000	790 000

（三）编制试算平衡表的注意点

编制试算平衡表的目的，是检查总分类账户记录的正确性，应根据本期全部总分类账户的记录来编制。通过试算，如果借贷双方数额不相等，则说明总分类账户记录肯定有错误，应查明原因，予以更正；如果借贷双方数额相等，则说明总分类账户记录基本正确。因为有些记账错误是试算平衡无法发现的，如将经济业务漏记、重记、串户、借贷方向完全记反、借贷两方以相同金额多记或者少记、借方或者贷方多记金额与少记金额恰好相抵等。也就是说，试算平衡法有其局限性。因此，即使试算达到平衡后，还要进行账证核对、账账核对、账实核对，以保证账户记录正确无误。同时，应当看到，尽管试算平衡法存在上述这些局限性，但就目前而言，试算平衡法在检查账户记录的正确性方面，仍是其他方法所无法取代的。

在编制试算平衡表时，还应注意以下几点：

首先，必须保证所有会计科目的余额均已记入试算平衡表。

其次，如果试算平衡表借贷不相等，肯定会计科目记录有错误，应认真查找，直到实现平衡为止。

最后，即使实现了有关三栏的平衡关系，并不能说明会计科目记录绝对正确，因为有些错误并不影响借贷双方的平衡关系。

一些错记或漏记的情况是试算平衡表无法发现的。如：

（1）一笔经济业务事项重复记录；

（2）借贷方同时漏记；

（3）会计分录的借贷方向被颠倒；

（4）用错会计科目名称。

第七节　结账与编制基本财务报表

一、结账

（一）结账的概念

会计学上是在把一定时期内发生的全部经济业务登记入账的基础上，计算并记录本期发生额和期末余额后，将余额结转下期或新的账簿的会计行为。结账是为了总结某一会计期间内的经济活动的财务收支状况，据以编制财务报表，而对各种账簿的本期发生额和期末余额进行的计算总结。直观地说，就是结算各种账簿记录，它是在将一定时期内所发生的经济业务全部登记入账的基础上，将各种账簿的记录结算出本期发生额和期末余额的过程。

（二）结账的内容

结账的内容通常包括两个方面：一方面是结清各种损益类账户，并据以计算确定本期利润；另一方面是结出各资产、负债和所有者权益账户的本期发生额合计和期末余额。

企业使用的账户一般可以分为两类，即实账户和虚账户。结账工作如何展开，取决于账户究竟属于其中哪一类。

实账户（real account），又称"资产负债表账户（balance sheet account）"、"永久性账户"，是"虚账户"的对称。是据以编制资产负债表的各类账户，包括资产类账户，如"库存现金"、"银行存款"、"应收账款"、"原材料"、"库存商品"、"固定资产"、"长期投资"等账户；负债类账户，如"短期借款"、"应付账款"、"应付债券"等账户；所有者权益类账户，如"实收资本"、"资本公积"、"盈余公积"等账户。这类账户在会计期末结账时，通常都有余额，余额必须结转到下期，以便连续记录，所以叫"实"。

虚账户（nominal accounts），又称"损益表账户（income statement account）"、"临时账户"，是"实账户"的对称。该类账户的本期发生额在会计期末都应转至本年利润账户，结转后无余额，亦为"虚"。

（三）实账户的结转

资产、负债及所有者权益账户的余额均需结转至下期，继续记录。结账时，要计算各实账户借方、贷方本期发生额和期末余额，并画线结束，然后将期末余额结转下期。由于实账结转是在同一个账户中进行的，因此，不需编制会计分录，只需将其借贷双方分别加计总数，并算出每个账户的借方或贷方余额。

（1）月结时，应在该月最后一笔经济业务下面画一条通栏单红线，在红线下"摘要"栏内注明"本月合计"、"本月发生额及余额"字样，在"借方"栏、"贷方"栏或"余额"栏分别填入本月合计数和月末余额，同时在"借或贷"栏内注明借贷方向。然后，在这一行下面再画一条通栏红线，以便与下月发生额划清。

（2）季结时，通常在每季度的最后一个月月结的下一行，在"摘要"栏内注明"本季合计"或"本季度发生额及余额"，同时结出借、贷方发生总额及季末余额。然后，在这一行下面画一条通栏单红线，表示季结的结束。

（3）年结时，在第四季度季结的下一行，在"摘要"栏注明"本年合计"或"本年发生额及余额"，同时结出借、贷方发生额及期末余额。然后，在这一行下面画上通栏双红线，以示封账。

（4）年度结账后，总账和日记账应当更换新账，明细账一般也应更换。但有些明细账，如固定资产明细账等可以连续使用，不必每年更换。年终时，要把各账户的余额结转到下一会计年度，只在摘要栏注明"结转下年"字样，结转金额不再抄写。如果账页的"结转下年"行以下还有空行，应当自余额栏的右上角至日期栏的左下角用红笔画对角斜线注销。在下一会计年度新建有关会计账簿的第一行余额栏内填写上年结转的余额，并在摘要栏注明"上年结转"字样。

（5）编制财务报表前，必须把总账和明细账登记齐全，试算平衡，不准先出报表，后补记账簿和办理结账。

（6）涉及债权债务的，填写"上年结转"时，还应在摘要栏填写组成金额的发生日期及主要经济业务内容说明，一行摘要栏写不完的，可以在次行摘要栏继续填写，最后一行的余额栏填写上年度余额。

（四）虚账户的结清

虚账户是指于期末结账后一般没有余额的各收入、费用账户。设置收入与费用这些虚账的目的在于使收入的来源与费用的内容，在账册上有一详细的表示。收入的发生，应由企业所有者享有；费用的发生，应由企业所有者负担。收入的实现和费用的发生，本可直接记入所有者权益账户的贷方或借方，作为所有者权益的增加或减少，但是，为了使用会计信息使用者（经营管理者和投资者等）了解收入与费用增减变动的详细情况，在平时分别列账反映，到期末，按照各项目的有关数字加总以后，应全部结清，以供下期重新记载之用。虚账的结清，应先就日记簿做成结账分录；再根据分录过账，达到余额转销而账户结平（account balanced）的目的。故结账分录，是将虚账的余额转入另一账户的分录。

为了正确地反映企业收入的实现和费用的形成以及企业利润情况，需设置收入账户、费用账户和利润账户。

收入账户包括："主营业务收入"、"其他业务收入"、"投资收益"、"营业外收入"等。费用账户包括"主营业务成本"、"销售费用"、"营业税金及附加"、"其他业务成本"、"管理费用"、"财务费用"、"营业外支出"。利润账户包括："本年利润"和"利润分配"。各种不同收入的实现分别于平时在相应的收入账户贷方登记；各种不同费用的发生分别于平时在相应的费用账户借方登记；年终结清收入和费用账户时，在"本年利润"账户归集，即将所有收入账户的本期贷方发生额从其借方转入"本年利润"账户的贷方；将所有费用账户的本期借方发生额从其贷方转入"本年利润"账户的借方。这样使所有收入、费用账户全部结清，余额为0，同时确定出本年实现的利润总额。"本年利润"账户如有贷方余额，则为本年实现的盈利总额，如为借方余额则为本年实现的亏损总额，并且将其余额从其相反方向转入"利润分配"账户，即表示企业所有者权益的增减数额。

结账分录：

1.收入的结清

即将本期实现的各项收入从各收入账户结转入"本年利润"账户。

借：主营业务收入

其他业务收入

营业外收入

贷：本年利润

2. 费用的结清

即将本期发生的各项费用从各有关费用账户转入"本年利润"账户。

借：本年利润

贷：主营业务成本

营业税金及附加

其他业务成本

销售费用

管理费用

财务费用

营业外支出

3. 结清"本年利润"

"本年利润"账户只在结账过程中使用。该账户的借方归集本期所有具有借方余额的虚账户余额，贷方归集所有具有贷方余额的虚账户余额。如果"本年利润"账户出现借方余额，即借方总额大于贷方总额，表示本期亏损；如若"本年利润"账户出现贷方余额，即贷方总额大于借方总额，表示本期盈利；年末，将本年实现的净利润转入"利润分配－未分配利润"账户。年末，"本年利润"账户无余额。

（1）结转本年实现的净利润（贷余）：

借：本年利润

贷：利润分配——未分配利润

（2）结转本年发生的亏损（借余）：

借：利润分配——未分配利润

贷：本年利润

二、编制基本财务报表

编制财务报表是指根据账簿记录，按照规定的表格形式，集中反映各单位在一定会计期间经济活动过程和结果的专门方法。通过编制财务报表，既能为企业的管理当局及与企业有关经济利益关系的各方提供所需要的会计信息，又能为国家利用会计信息进行国民经济综合平衡提供依据。

一套完整的财务报表至少应当包括资产负债表、利润表、现金流量表、所有者权益变动表以及附注。

（一）基本财务报表的编制要求

为了实现财务会计报告的编制目的，最大限度地满足财务会计报告使用者的信息需求，单位编制的财务会计报告应当真实可靠、全面完整、编报及时、便于理解，符合国家统一的会计制度和会计准则的有关规定。

1. 真实可靠

要使会计信息有用，必须以可靠为基础。如果财务会计报告所提供的会计信息是不可靠的，就会对使用者产生误导，从而做出错误的决策。为此，单位应当以实际发生的交易或者事项为依据进行确认、计量、记录和报告，将符合会计要素定义及其确认条件的资产、负债、所有者权益、收入、费用和利润等如实反映在财务报表中，不得根据虚构的、没有发生的或者尚未发生的交易或事项进行确认、计量、记录和报告。

2. 全面完整

单位应当按照有关规定编报财务会计报告，不得漏编漏报，更不得有意隐瞒，力求保证相关信息全面、完整，充分披露。会计法规制度要求提供的财务报表，应该全部编制、报送；应当填列的报表指标，应分别按照表内、表外和补充资料的披露要求全部填列披露。

3. 编报及时

单位对于已经发生的交易或者事项，应当及时进行确认、计量、记录和报告，以提高信息的时效性，帮助财务报告使用者及时、准确做出决策。单位平时应按照规定的时间做好记账、算账和对账工作，做到日清月结，按照规定的期限编制完成财务报告并对外报出，不得延迟但也不能为赶编报告而提前结账。

4. 便于理解

单位提供的会计信息应当清晰明了，便于财务会计报告使用者理解和使用。对于某些复杂的信息，如交易本身较为复杂或者会计处理较为复杂，但与使用者决策相关的，应当在财务会计报告中予以充分说明。

（二）编制基本财务报表

1. 资产负债表

资产负债表是反映企业在某一特定日期（如月末、季末、年末）全部资产、负债和所有者权益情况的报表，是企业经营活动的静态体现，根据"资产＝负债＋所有者权益"这一平衡公式，依照一定的分类标准和一定的次序，将某一特定日期的资产、负债、所有者权益的具体项目予以适当的排列编制而成。它表明权益在某一特定日期所拥有或控制的经济资源、所承担的现有义务和所有者对净资产的要求权。它是一张揭示企业在一定时点财务状况的静态报表。

2. 利润表

利润表（income statement），又称为动态报表，主要提供有关企业经营成果方面的信息，是反映企业在一定会计期间经营成果的报表。有时，利润表也称为损益表、收益表。

利润表在形式上分为表头和表体两部分。表头部分主要反映报表名称、报表编制单位名称、报表编制日期和货币计量单位等内容；表体部分主要反映报表的各项指标内容。

3. 现金流量表

现金流量表（statement of cash flows）是指反映企业在一定会计期间现金和现金等价物流入和流出的报表。从编制原则上看，现金流量表按照收付实现制原则编制，将权责发生制下的盈利信息调整为收付实现制下的现金流量信息，便于信息使用者了解企业净利润的质量。从内容上看，现金流量表被划分为经营活动、投资活动和筹资活动三个部分，每类活动又分为各具体项目，这些项目从不同角度反映企业业务活动的现金流入和流出，弥补了资产负债表和利润表提供信息的不足。通过现金流量表，报表使用者能够了解现金流量的影响因素，评价企业的支付能力、偿债能力和周转能力，预测企业未来现金流量，为其决策提供有力依据。

本章小结

本章在简述会计循环、会计恒等式、会计科目与会计账户的基础上引入复式记账法相关内容，增强了相关内容间的紧密联系。随后通过过账、试算平衡、记账以及基本财务报表的编制等内容对前述内容进行巩固。

思考题

（1）什么是会计循环？

（2）简述会计等式的表现形式。

（3）简述会计科目与会计账户的联系与区别。

（4）什么是复式记账法？简述复式记账法的记账原理。

（5）什么是试算平衡？试算平衡的方法有哪些？

（6）基本财务报表有哪些？简述编制基本财务报表的基本原则。

练习题

一、单项选择题

（1）把账户分为借贷两方，哪一方记增加数，哪一方记减少数，取决于（　）。

    A.记账规则   B.记账形式

    C.核算方法   D.账户的性质

（2）标明某项经济业务应借、应贷账户名称及其金额的记录称为（　）。

    A.记账凭证   B.记账方法

    C.会计分录   D.会计方法

（3）会计期末，企业应将期间费用账户的借方发生额合计转入（　）。

    A."利润分配"账户借方   B."利润分配"账户贷方

    C."本年利润"账户贷方   D."本年利润"账户借方

（4）"管理费用"属于（　）。

    A.资产类科目   B.成本类科目

    C.负债类科目   D.损益类科目

（5）（　）是对会计要素的具体内容进行分类核算的项目。

    A.会计科目   B.会计账户

    C.会计分录   D.会计报表

（6）（　）不属于流动负债。

    A.短期借款   B.应付账款

    C.预付账款   D.一年内到期的长期负债

（7）会计科目与账户的本质区别在于（　）。

    A.反映的经济内容不同

    B.记录资产和权益的内容不同

    C.记录资产和权益的方法不同

    D.会计账户有结构，而会计科目无结构

（8）投资人投入的资金和债权人投入的资金，投入企业后，形成企业的（　）。

    A.成本   B.费用   C.资产   D.负债

（9）下列等式不正确的是（　　）。

    A. 资产 = 负债 + 所有者权益 = 权益

    B. 期末资产 = 期末负债 + 期初所有者权益

    C. 期末资产 = 期末负债 + 期初所有者权益 + 本期增加的所有者权益 – 本期减少的所有者权益

    D. 债权人权益 + 所有者权益 = 负债 + 所有者权益

（10）下列属于会计的基本等式的是（　　）。

    A. 资产 = 负债 + 所有者权益

    B. 资产 = 负债 + 所有者权益 +（收入 – 费用）

    C. 资产 = 负债 + 所有者权益 + 利润

    D. 收入 – 费用 = 利润

（11）关于试算平衡法的下列说法不正确的是（　　）。

    A. 包括发生额试算平衡法和余额试算平衡法

    B. 试算不平衡，表明账户记录肯定有错误

    C. 试算平衡了，说明账户记录一定正确

    D. 理论依据是会计等式和记账规则

（12）对于所有者权益类账户而言（　　）。

    A. 增加记借方　　　　　　　　　　B. 增加记贷方

    C. 减少记贷方　　　　　　　　　　D. 期末无余额

（13）总分类账户与明细分类账户平行登记四要点中的"依据相同"是指（　　）。

    A. 总分类账要根据明细分类账进行登记

    B. 明细分类账要根据总分类账进行登记

    C. 根据同一会计凭证登记

    D. 由同一人员进行登记

（14）下列关于单式记账法说法不正确的是（　　）。

    A. 单式记账法是一种比较简单，不完整的记账方法

    B. 在单式记账法下，账户之间没有直接联系和相互平衡关系

    C. 单式记账法可以全面、系统地反映各项会计要素的增减变动和经济业务的来龙去脉

    D. 这种方法适用于业务简单或很单一的经济个体和家庭

（15）资产类账户的期末余额一般在（　　）。

    A. 借方　　　　　　　　　　　　　B: 借方或贷方

C. 贷方　　　　　　　　　　　　　　D. 借方和贷方

（16）下列账户中，期末结转后无余额的账户有（　　）。

　　A. 实收资本　　　　　　　　　　　B. 应付账款

　　C. 固定资产　　　　　　　　　　　D. 管理费用

（17）符合资产类账户记账规则的是（　　）。

　　A. 增加额记借方　　　　　　　　　B. 增加额记贷方

　　C. 减少额记借方　　　　　　　　　D. 期末无余额

（18）年初资产总额为 100 万元，本期负债减少 5 万元，所有者权益增加 20 万元，则期末资产总额为（　　）万元。

　　A.100　　　　　　B.120　　　　　　C.115　　　　　　D.125

（19）借贷记账法下的"借"表示（　　）。

　　A. 费用增加　　　　　　　　　　　B. 负债增加

　　C. 所有者权益增加　　　　　　　　D. 收入增加

（20）应收账款账户期初借方余额为 35 400 元，本期借方发生额为 26 300 元，本期贷方发生额为 17 900 元，该账户期末余额为（　　）。

　　A. 借方 43 800 元　　　　　　　　B. 借方 27 000 元

　　C. 贷方 43 800 元　　　　　　　　D. 贷方 27 000 元

二、多选题

（1）下列属于会计核算方法的有（　　）。

　　A. 设置会计科目和账户　　　　　　B. 复式记账

　　C. 会计预测与决策　　　　　　　　D. 填制和审核会计凭证

（2）下列有关会计科目与账户的说法中，正确的有（　　）。

　　A. 会计科目和账户所反映的会计对象的具体内容是相同的

　　B. 会计科目是账户的名称，也是设置账户的依据

　　C. 账户具有一定的格式和结构，而会计科目没有

　　D. 会计科目和账户的作用是完全相同的

（3）会计科目按其核算详细程度不同，可以分为（　　）。

　　A. 总分类科目　　　　　　　　　　B. 子目

　　C. 资产类科目　　　　　　　　　　D. 明细科目

（4）下列各项中，不属于损益类账户的有（　　）。

　　A. 实收资本　　　　　　　　　　　B. 利润分配

　　C. 制造费用　　　　　　　　　　　D. 主营业务收入

（5）下列等式正确的有（　　）。

    A. 资产 = 负债 + 所有者权益

    B. 资产 = 负债 + 所有者权益 +（收入 − 费用）

    C. 资产 = 负债 + 所有者权益 + 利润

    D. 资产 − 负债 = 所有者权益 + 利润

（6）根据会计等式可知，下列哪类经济业务不会发生（　　）。

    A. 资产增加，负债减少，所有者权益不变

    B. 资产不变，负债增加，所有者权益增加

    C. 资产有增有减，权益不变

    D. 债权增加，所有者权益减少，资产不变

（7）下列属于会计等式的有（　　）。

    A. 本期借方发生额合计 = 本期贷方发生额合计

    B. 本期借方余额合计 = 本期贷方余额合计

    C. 资产 = 负债 + 所有者权益

    D. 收入 − 费用 = 利润

（8）下列说法正确的有（　　）。

    A. 资产类账户增加记贷方，减少记借方

    B. 负债类账户增加记贷方，减少记借方

    C. 收入类账户增加记贷方，减少记借方

    D. 费用类账户增加记贷方，减少记借方

（9）会计分录的内容包括（　　）。

    A. 经济业务内容摘要　　　　　　　　B. 账户名称

    C. 经济业务发生额　　　　　　　　　D. 应借应贷方向

（10）下列错误不会影响借贷双方的平衡关系的有（　　）。

    A. 漏记某项经济业务　　　　　　　　B. 重记某项经济业务

    C. 记错方向，把借方记入贷方　　　　D. 借贷错误巧合，正好抵销

（11）会计分录的格式正确的有（　　）。

    A. 先借后贷

    B. 借方在上，贷方在下

    C. 在一借多贷和多借多贷的情况下，借方或贷方的文字要对齐

    D. 在一借多贷和多借多贷的情况下，借方或贷方的数字要对齐

（12）下列账户中期末余额在贷方的有（   ）。

    A. 预收账款   B. 应收账款   C. 应付账款   D. 累计摊销

（13）下列关于平行登记的说法正确的有（   ）。

    A. 总账账户的期初余额 = 明细账账户期初余额合计

    B. 记入总分类账户的金额与记入其所属明细分类账户的合计金额相等

    C. 总账账户的本期发生额 = 所属明细账户本期发生额合计

    D. 总账账户的期末余额 = 所属明细账账户期末余额合计

（14）下列记入贷方的有（   ）。

    A. 资产的增加额   B. 负债的增加额

    C. 所有者权益的增加额   D. 费用的增加额

（15）用公式表示试算平衡关系，正确的有（   ）。

    A. 全部账户本期借方发生额合计 = 全部账户本期贷方发生额合计

    B. 全部账户的借方期初余额合计 = 全部账户的贷方期初余额合计

    C. 负债类账户借方发生额合计 = 负债类账户贷方发生额合计

    D. 资产类账户借方发生额合计 = 资产类账户贷方发生额合计

（16）在借贷记账法下，可以在账户借方登记的是（   ）。

    A. 资产的增加   B. 负债的增加

    C. 收入的增加   D. 所有者权益的减少

（17）与单式记账法相比，复式记账法的优点是（   ）。

    A. 有一套完整的账户体系

    B. 可以清楚地反映经济业务的来龙去脉

    C. 可以对记录的结果进行试算平衡，以检查账户记录是否正确

    D. 记账手续简单

案例分析

    刘燕是会计专业二年级的学生，她想锻炼一下自己，提高专业能力，于是利用暑假到爸爸的一个朋友开办的服装公司实习。刘燕到公司实习的第一天，正赶上财务部忙着月末结账，感受到这种忙碌的工作气氛，刘燕也跃跃欲试。于是，财务部经理交给刘燕一项任务——编制试算平衡表。刘燕轻松地对财务部经理说："这太简单了，我保证完成任务。"

    刘燕找齐公司的所有总账账簿之后，认真地工作起来了。很快，刘燕将本月

的"总分类账户发生额及余额试算平衡表"完整地编制出来了。刘燕得意地将试算平衡表交到财务部经理手中，高兴地说："经理，这个月的总账发生额和余额都借贷平衡，说明这个月的总账记录完全正确。"财务部经理摇摇头说："那可不一定。"话音未落，负责稽核的会计张平走了过来，指着手上的凭证说："这个月的账核对完了，有一笔错账。有一笔招待费是 5 000 元，负责这笔账的李丽是这样登记的：

借：管理费用　　　　　　　　　500

　贷：银行存款　　　　　　　　　　500

显然，她少记了 4 500 元，需要进行错账更正。"

刘燕愣住了："试算平衡表不是已经平衡了吗？怎么还有错账呢？难道试算平衡表不能检验所有的错账吗？"

请你替财务经理向刘燕解释一下：

（1）试算平衡表能够检验所有的错账吗？如果不能，有哪些错账不会影响试算表的平衡？

（2）编制试算平衡表有什么意义？编制试算平衡表的理论依据是什么？

第四章　复式记账法的运用

★ 熟悉掌握复式记账法的内容。
★ 掌握企业经济业务中对复式记账法的运用。

【引导案例】

2015 年 12 月，制造商 A 销售商品给批发商 B，B 将这批存货作为抵押向银行贷款 100 000 元，并将这 100 000 元支付给 A。制造商 A 同意在 2016 年 7 月 1 日之前再以 112 000 元的价格购回这批商品，其差额作为银行贷款的利息以及付给 B 的服务费。

请问：A 销售给 B 的这批商品能确认收入吗？为什么？

第一节　筹资活动的核算

资产是企业从事生产经营活动的物资基础，资产是资金的占用形态，负债和所有者权益是与资产相对应的来源渠道。企业筹集资金的主要渠道，一是投资者投入的资本，通常称为实收资本，属于所有者权益；二是向债权人借入的资金，属于企业的负债。

一、实收资本的核算

实收资本是指投资者按照企业章程或合同、协议的约定，实际投入企业的资本，是所有者权益的主要组成部分。企业的实收资本按照投资主体的不同，分为国家投入资本、法人投入资本、个人投入资本和外商投入资本；按照投入资本的不同形态，分为货币投资、实物投资、证券投资和无形资产投资等。

1. 设置账户

"实收资本"账户：该账户属于所有者权益类会计科目，用来核算和监督企业实收资本的增减变动及其结果。该账户贷方登记所有者投资的增加额，借方登记所有者投资的减少额，期末余额在贷方，表示期末所有者投资的实有数额。该账户按投资者设置明细账，进行明细分类核算。

2．接受现金资产投资的账务处理

企业收到的以货币资金投资的，应按实际收到的款项入账。

【例4-1】ABC公司收到甲公司投入本企业货币资金125 000元，款已存入银行。

这项经济业务的发生，一方面使企业的银行存款增加125 000元；另一方面使甲公司对本企业的投资也增加125 000元。因此，这项业务涉及"银行存款"和"实收资本"两个账户。银行存款的增加是资产的增加，应记入"银行存款"账户的借方；甲公司对本企业投资的增加是所有者权益的增加，应记入"实收资本"账户的贷方。这项经济业务应编制的会计分录如下：

借：银行存款　　　　　　　　125 000

　　贷：实收资本——甲公司　　125 000

3．接受非现金资产投资的账务处理

企业收到的以实物形式投资的，应按投资合同或协议约定的价值确定非现金资产的成本，但合同或协议约定价值不公允的除外。

【例4-2】ABC公司收到甲公司作为投资投入本企业的新设备一台，双方协议价450 000元，与公允价值相等。

这项经济业务的发生，一方面使企业的固定资产增加450 000元，另一方面使甲公司对本企业的投资增加450 000元。因此，这项业务涉及"固定资产"和"实收资本"两个账户。固定资产的增加是资产的增加，应记入"固定资产"账户的借方；甲公司对本企业投资的增加是所有者权益增加，应记入"实收资本"账户的贷方。这项经济业务应编制的会计分录如下：

借：固定资产　　　　　　　　450 000

　　贷：实收资本——甲公司　　450 000

4．实收资本的减少

《公司法》规定，公司成立后，股东不得抽逃出资。但符合《公司法》规定的，可以减少注册资本，如企业发生重大亏损、资本过剩、回购股份用于奖励职工等。

减资的会计处理相对简单，借记"实收资本"科目，贷记"银行存款"等科目。

二、借入资金的核算

企业在生产经营活动过程中，为了弥补生产经营周转资金的不足，经常需要向银行或其他金融机构等债权人借入资金，从而形成企业的负债。企业借入的各种款项应按期支付利息和按期还本。

（一）短期借款的核算

短期借款是企业向银行或其他金融机构借入的偿还期在1年以内（含1年）的借款。短期借款的核算包括取得借款、支付借款利息和归还借款本金三项主要内容。

1．设置账户

为了核算短期借款的取得和归还，核算中应设置以下账户：

（1）"短期借款"账户：该账户属于负债类科目，用来核算和监督企业向银行或其他金融机构借入的偿还期在1年以内的借款的增减变动及结余信息。其贷方登记短期借款本金的取得，借方登记短期借款本金的归还，期末余额在贷方，表示企业尚未归还的短期借款本金。短期借款按照债权人的不同设置明细账。

（2）"财务费用"账户：该账户属于费用类会计科目，用来核算和监督企业为筹集生产经营所需资金等而发生的各种费用，包括利息支出及相关手续费等。其借方登记发生的财务费用，贷方登记期末结转"本年利润"的财务费用，经过结转后期末该账户无余额。该账户应按财务费用项目进行明细核算。

（3）"应付利息"账户：该账户属于负债类会计科目，本科目核算企业按照合同约定应支付的利息。贷方登记应支付的利息，借方登记实际支付的利息。本科目期末贷方余额，反映企业按照合同约定应支付但尚未支付的利息。本科目应当按照存款人或债权人进行明细核算。

2．短期借款借入和归还的账务处理

【例4-3】ABC公司10月1日向银行借入期限为3个月的借款150 000元，存入银行。

这项经济业务的发生，一方面使企业的银行存款增加150 000元；另一方面使企业的短期借款增加150 000元。因此，这项业务涉及"银行存款"账户的借方和"短期借款"账户的贷方。应编制的会计分录如下：

借：银行存款　　　　　　　　　150 000

　　贷：短期借款　　　　　　　　　150 000

【例4-4】ABC公司12月末用银行存款归还到期的短期借款150 000元。

这项经济业务的发生，一方面使企业的短期借款减少150 000元；另一方面使企业的银行存款减少150 000元。因此，这项业务涉及"短期借款"账户的借方和"银行存款"账户的贷方。应编制的会计分录如下：

借：短期借款　　　　　　　　　150 000
　　贷：银行存款　　　　　　　　　150 000

3．计提短期借款利息以及支付利息的账务处理

短期借款必须按期还本付息，企业发生的利息费用，作为财务费用确认。根据权责发生制基础，当月发生的费用，无论是否支付，都应该作为当月的费用。由于短期借款利息一般是季末或归还借款时支付利息，因此，对当月发生的尚未支付的短期借款利息应采取预提的方式核算。但在实际工作中，为了简化核算，对支付的借款利息，如果金额不大，对当期损益不会产生过大的影响，则往往采取一次计息的方式，即在支付利息时直接作为支付月份的财务费用处理。

【例 4-5】ABC 公司 10 月末预提短期借款利息 500 元。

企业按照权责发生制基础，预提 10 月短期借款利息，短期借款利息属于企业的财务费用，而预提的本月财务费用属于当期负担，但不在当期支付，因而形成企业的一项负债，属于企业的应付利息。这项经济业务的发生，一方面使财务费用增加 500 元；另一方面使应付利息增加 500 元。因此，这项业务涉及"财务费用"账户的借方和"应付利息"账户的贷方。应编制的会计分录如下：

借：财务费用　　　　　　　　　500
　　贷：应付利息　　　　　　　　　500

该企业在 11 月末还须预提短期借款利息 500 元，其编制的会计分录与 10 月份的相同。

【例 4-6】ABC 公司在 12 月末用银行存款实际支付短期借款利息 1 500 元。

企业在 12 月时用银行存款支付了第四季度的短期借款利息，其中 10 月、11 月借款利息已经预提，属于企业应付利息这项负债的减少，12 月的短期借款利息直接计入当期的财务费用。这项经济业务的发生，一方面使当期财务费用增加 500 元、应付利息减少 1 000 元；另一方面使银行存款减少 1 500 元。因此，这项业务涉及"财务费用"和"应付利息"账户的借方和"银行存款"账户的贷方。应编制的会计分录如下：

借：财务费用　　　　　　　　　500
　　应付利息　　　　　　　　　1 000
　　贷：银行存款　　　　　　　　　1 500

上述借款业务，3 个月期的借款利息只有 1 500 元，利息金额不大，根据重要性原则，也可不分期计提利息，到期支付本息时全部作为支付月份的财务费用。在这种情况下，则到期偿还本息时应编制的会计分录如下：

借：短期借款   150 000

       财务费用   1 500

     贷：银行存款   151 500

（二）长期借款的核算

长期借款是企业向银行或其他金融机构借入的偿还期在一年以上（不含一年）的各种借款。

1. 设置账户

"长期借款"账户：该账户属于负债类会计科目，用来核算和监督企业向银行或其他金融机构借入的期限在一年以上（不含一年）的各种长期借款本金的取得、计算的利息和本息支付情况的信息。其贷方登记长期借款的取得和计算的利息，借方登记归还的长期借款本金和利息，期末余额在贷方，表示企业尚未归还的长期借款本金和利息。"长期借款"账户可按照贷款单位和贷款种类进行明细核算。

2. 长期借款借入的账务处理

【例4-7】益康公司2010年1月1日向银行借入3年期借款500 000元。该借款用于企业生产经营需要。（借款合同规定，年利率6%，到期偿还本息）这项经济业务的发生，一方面使企业的银行存款增加500 000元；另一方面使企业的长期借款增加500 000元。因此，这项业务涉及"银行存款"账户的借方、"长期借款"账户的贷方。应编制的会计分录如下：

借：银行存款   500 000

     贷：长期借款   500 000

3. 计提长期借款利息以及支付本息的账务处理

长期借款发生的利息费用，通常按照借款用途的不同做不同的处理。用于企业生产经营需要的长期借款，其借款利息通常作为财务费用处理；用于固定资产购建及其生产周期在一年以上的产品生产需要的长期借款，其借款利息按《借款费用》准则处理；用于企业清算期间的长期借款，其借款利息作为清算损益处理。本部分只介绍企业生产经营需要的长期借款的账务处理。

对于长期借款本息的支付通常有三种支付方式：到期偿还本息、到期还本按年付息、按年支付本息。在到期偿还本息的情况下，应在年末时按年计算当年利息，作为各年的财务费用处理。在按年支付本息和到期还本按年付息的情况下，其利息费用在支付时作为支付当期的财务费用处理。本部分只介绍到期偿还本息方式。

【例4-8】第一年年末计算借款利息30 000元。

用于生产经营需要的长期借款利息，应在"财务费用"账户核算。年末计算的长期借款利息，并未实际支付，应作为企业的一项负债处理。这项经济业务的发生，一方面使企业的财务费用增加 30 000 元；另一方面使企业的长期借款增加 30 000 元。因此，这项业务涉及"财务费用"账户的借方、"长期借款"账户的贷方。应编制的会计分录如下：

借：财务费用　　　　　　　　　30 000

　　贷：长期借款　　　　　　　　30 000

第二年、第三年年末计算长期借款利息时所编制的会计分录与第一年相同。

【例 4-9】三年期借款到期通过银行偿还借款本息 590 000 元。（其中本金 500 000 元、二年的利息 90 000 元）。

这项经济业务的发生，一方面使企业的长期借款减少 590 000 元；另一方面使企业的银行存款减少 590 000 元。因此，这项业务涉及"长期借款"账户的借方、"银行存款"账户的贷方。应编制的会计分录如下：

借：长期借款　　　　　　　　　590 000

　　贷：银行存款　　　　　　　　590 000

筹集资金核算简图如图 4-1 所示。

图 4-1　筹集资金核算简图

说明：

①实收资本的核算。

②借入长、短期借款。

③预提短期借款利息。

④支付当期的或预提的利息。

⑤归还长、短期借款。

三、交易性金融资产

企业可以利用筹集到的或生产经营中暂时闲置不用的资金，进行股票、债券、基金等交易性金融资产投资。

（一）交易性金融资产的划分

所谓交易性投资，是指能够随时变现，并且持有时间不准备超过一年的投资，包括股票投资、债券投资和其他投资。交易性投资的目的是企业利用暂时闲置的资金购买股票、债券等有价证券，将其在市场上出售，以获取比银行存款利息更高的收益。作为交易性投资应具备两个条件：一是在公开市场上交易并且有明确市价，如各种上市的股票、债券和基金；二是持有交易性投资作为剩余资金的存放形式，并保持其流动性和获利性。交易性投资易于变现，企业需要资金的时候，可以随时将其在交易市场上出售。

金融资产通常是指企业的库存现金、应收账款、应收票据、贷款、垫款、其他应收款、应收利息、债权投资、股权投资、基金投资、衍生金融资产等。

企业应当根据投资战略、风险管理要求，以自身业务特点为依据，将取得的金融资产在初始确认时，将其划分为下列四类：

（1）以公允价值计量且其变动计入当期损益的金融资产，包括交易性金融资产和指定为以公允价值计量且其变动计入当期损益的金融资产；

（2）持有至到期投资；

（3）贷款和应收款项；

（4）可供出售金融资产。

持有交易性金融资产的目的是近期内出售或回购。交易性金融资产通常是不超过一年的投资，如企业从二级市场上购买的股票、债券、基金等。由于购买交易性金融资产属于投资活动，所以，交易性金融资产不包括库存现金、银行存款、应收款项等。企业购买的股票，债券、基金等作为交易性金融资产，持有的时间短，投资的目的是近期出售获利。这与长期的债权投资、股权投资相区别。

根据 2006 年财政部颁布的《企业会计准则》，满足下列条件之一的，应当划分为交易性金融资产：

（1）取得该金融资产的目的，主要是近期内出售或回购，比如企业以赚取差价为目的从二级市场购入的股票、债券、基金等。

（2）属于进行集中管理的可辨认金融工具组合的一部分，且有客观证据表明企业近期采用短期获利方式对该组合进行管理。

（3）属于不作为有效套期工具的衍生工具。

（二）交易性金融资产的账务处理

交易性金融资产的核算包括交易性金融资产的取得、持有期间取得股利和利息的处理、期末计价和交易性金融资产的处置等方面的内容。

1．设置账户

（1）"交易性金融资产"账户：该账户属于资产类会计科目，核算企业为交易目的所持有的债券投资、股票投资、基金投资等交易性金融资产的增减变动及结存情况。其借方登记购入股票、债券、基金等交易性金融资产时的初始入账金额；贷方登记企业出售交易性金融资产转出的成本等；期末余额在借方，反映企业持有的交易性金融资产的公允价值。本科目可按其类别和品种，分别对"成本"、"公允价值变动"等进行明细核算。

（2）"公允价值变动损益"账户：该账户属于损益类会计科目，核算企业交易性金融资产、交易性金融负债，以及采用公允价值模式计量的投资性房地产、衍生工具、套期保值业务等公允价值变动形成的应计入当期损益的利得或损失。指定为以公允价值计量且其变动计入当期损益的金融资产或金融负债公允价值变动形成的应计入当期损益的利得或损失，也在本科目核算。借方登记交易性金融资产公允价值低于其账面价值的差额，贷方登记交易性金融资产公允价值高于其账面价值的差额。期末，应将本科目余额转入"本年利润"科目，结转后本科目无余额。

（3）"应收股利"账户：该账户属于资产类会计科目，核算企业应收取的现金股利和应收取其他单位分配的利润。借方发生额反映企业本期应收取的现金股利或利润，贷方发生额反映本期收回的现金股利或利润，期末借方余额反映企业尚未收回的现金股利或利润。

（4）"投资收益"账户：该账户属于损益类会计科目，核算企业确认的投资收益或投资损失。借方登记企业本期发生的投资损失，贷方登记企业本期取得的投资收益，期末，应将本科目余额转入"本年利润"科目，本科目结转后应无余额。

2. 取得交易性金融资产的账务处理

以公允价值计量且其变动计入当期损益的金融资产初始确认时，应按公允价值计量，相关交易费用应当直接计入当期损益。交易费用包括支付给代理机构、咨询公司、券商等的手续费和佣金及其他必要支出，不包括债券溢价、折价、融资费用、内部管理成本及其他与交易不直接相关的费用。

公允价值是指资产或负债在公平交易中，熟悉情况的交易双方自愿进行资产交换或者债务清偿的金额。我国在引入公允价值进程中，充分考虑了公允价值应用的三个级次：第一，存在活跃市场的资产或负债，活跃市场中的报价应当用于确定其公允价值；第二，不存在活跃市场，参考熟悉情况并自愿交易的各方最近进行的市场交易中使用的价格或参照实质上相同的其他资产或负债的当前公允价值；第三，不存在活跃市场，且不满足上述两个条件的，应当采用估值技术等确定资产或负债的公允价值。

活跃市场是指同时具有下列特征的市场：

（1）市场内交易的对象具有同质性；

（2）可随时找到自愿交易的买方和卖方；

（3）市场价格信息是公开的。

一般而言，活跃市场是指股票、证券交易市场。

企业取得交易性金融资产时，按其公允价值（不含支付的价值中所包含的、已到付息期但尚未领取的利息或已宣告但尚未发放的现金股利，这部分单独作为应收利息或应收股利），借记"交易性金融资产——成本"科目；按发生的交易费用，借记"投资收益"科目；按已到付息期但尚未领取的利息或已宣告但尚未发放的现金股利，借记"应收利息"或"应收股利"科目；按实际支付的金额，贷记"银行存款"科目。

【例4-10】甲公司于2015年4月1日从证券市场购入A公司股票30 000股，划分为交易性金融资产，每股买价7元（其中包括已宣告发放尚未领取的现金股利1元），另外支付印花税及佣金4 000元。编制有关会计分录。

这项经济业务的发生，一方面使甲公司的交易性金融资产、应收股利和投资收益分别增加180 000元、30 000元和4 000元；另一方面使企业的银行存款减少214 000元。因此，这项业务涉及"交易性金融资产"、"应收股利"和"投资收益"账户的借方和"银行存款"账户的贷方。应编制的会计分录如下：

借：交易性金融资产——成本　　　　　　180 000

　　应收股利　　　　　　　　　　　　　30 000

　　投资收益　　　　　　　　　　　　　4 000

　　贷：银行存款　　　　　　　　　　　　　214 000

3. 交易性金融资产持有期间的现金股利和利息

持有交易性金融资产期间被投资单位宣告发放现金股利或在资产负债表日按债券票面利率计算利息时，借记"应收股利"或"应收利息"科目，贷记"投资收益"科目。收到现金股利或债券利息时，借记"银行存款"科目，贷记"应收股利"或"应收利息"科目。

4. 交易性金融资产的期末计量

资产负债表日，交易性金融资产的公允价值高于其账面余额的差额，借记"交易性金融资产——公允价值变动"科目，贷记"公允价值变动损益"科目；公允价值低于其账面价值的差额，做相反的会计分录。

【例4-11】接上例，甲公司2015年年底持有的该股票的市价总额（公允价值）为200 000元。

这项经济业务的发生，一方面使甲公司的交易性金融资产增加20 000元；另一方面使企业的公允价值变动损益增加20 000元。因此，这项业务涉及"交易性金融资产"账户的借方和"公允价值变动损益"账户的贷方。应编制的会计分录如下：

借：交易性金融资产——公允价值变动　　　20 000

　　贷：公允价值变动损益　　　　　　　　　　20 000

5. 出售交易性金融资产的账务处理

企业出售交易性金融资产时，将出售时的该交易性金融资产的公允价值与初始入账金额之间的差额确认为投资收益，同时调整公允价值变动损益。

企业出售交易性金融资产时，应按实际收到的金额，借记"银行存款"等科目；按该项交易性金融资产的成本，贷记"交易性金融资产——成本"科目；按该项交易性金融资产的公允价值变动，贷记或借记"交易性金融资产——公允价值变动"科目；按其差额，贷记或借记"投资收益"科目。同时，按该项交易性金融资产的公允价值变动，借记或贷记"公允价值变动损益"科目，贷记或借记"投资收益"科目。

【例4-12】接上例，甲公司2016年2月12日决定出售全部A公司股票，款项225 000元存入银行。

这项经济业务的发生，一方面使甲公司的银行存款增加225 000元，投资收益增加 45 000 元；另一方面使企业的交易性金融资产减少 200 000 元，公允价值变动损益减少 20 000 元。因此，这项业务涉及"银行存款"、"公允价值变动损益"账户的借方；"交易性金融资产"、"投资收益"账户的贷方。应编制的会计分录如下：

借：银行存款　　　　　　　　　　　　　　225 000
　　贷：交易性金融资产——成本　　　　　　180 000
　　　　　　　　　　——公允价值变动　　　　20 000
　　　投资收益　　　　　　　　　　　　　　25 000
借：公允价值变动损益　　　　　　　　　　　20 000
　　贷：投资收益　　　　　　　　　　　　　20 000

第二节　供应过程的核算

　　企业筹集资金后，为了进行产品生产，还需要建造厂房、购置机器设备和进行材料采购，为生产产品做好物资准备。供应过程是企业资金周转的第一阶段。企业在供应过程中进行材料采购业务。企业在采购材料时，必须按经济合同和结算制度规定支付货款。此外，还要支付因购买材料而发生的其他各种采购费用。材料的买价连同有关采购费用，按一定种类的材料进行归集，就构成了该种材料的采购成本。

一、增值税

　　增值税是我国境内销售货物或提供加工、修理、修配劳务等单位和个人，就其取得的货物或应税劳务销售额计税，并实行税款抵扣的一种流转税。增值税是对商品生产和流通中各环节的新增价值或商品附加值进行征税，所以称"增值税"。

　　企业在购进货物时所支付的增值税，对一般纳税人企业不应计入所购货物的成本，对于小规模纳税人企业则应将其计入所购货物的成本。本部分内容仅从一般纳税人企业的角度来对增值税所涉及的一些相关概念加以简单介绍。

　　对于一般纳税人而言，增值税也就是说对企业在生产经营过程中新创造的那部分价值征税。然而新增价值或商品附加值在商品流通过程中是一个难以准确计算的数据。实际操作上采用间接计算方法，即从事货物销售以及提供应税劳务的纳税人，要根据货物或应税劳务销售额，按照规定的税率计算税额，然后从中扣除上一道环节已纳增值税额，其余额为纳税人应缴纳的增值税。对每一个环节的增值部分征税是增值税的基本特点。增值税所包括的几个主要项目及其计算如下：

1. 销项税额

销项税额是纳税人销售货物或提供应税劳务，按照销售额或应税劳务收入和规定的税率计算并向购买方收取的增值。一般纳税人企业的销项税额应在销售货物或提供应税劳务时所升出的增值税专用发票上注明其金额。对于属于一般纳税人的销售方来讲，在没有抵扣其进项税额前，销售方收取的销项税额还不是其应纳增值税额。销项税额计算公式如下：

$$销项税额 = 不含税的销售额 \times 税率$$

2. 进项税额

进项税额是购进货物或接受应税劳务时支付的增值税额。进项税额是与销项税额相对应的另一个概念。在开具增值税专用发票的情况下，它们之间的对应关系是，销售方收取的销项税额就是购买方支付的进项税额。对任何一个一般纳税人在经营活动过程中，既会发生销售货物或提供应税劳务，又会发生购进货物或接受应税劳务。因此，每一个一般纳税人都会有收取的销项税额和支付的进项税额。增值税的核心就是用纳税人收取的销项税额抵扣其支付的进项税额，其余额为纳税人实际缴纳的增值税额。这样进项税额作为可抵扣的部分对于纳税人实际纳税多少就产生了举足轻重的作用。进项税额通常是购进货物或接受应税劳务时销售方或提供应税劳务方提供的增值税专用发票中列明的金额。如果是进口货物的单位，从海关取得的完税凭证上注明的增值税额也是进项税额获得的依据。

3. 应纳（增值）税额

应纳税额是纳税人实际应缴纳的增值税额。其计算公式如下：

$$应纳税额 = 当期销项税额 - 当期进项税额$$

4. 设置账户

"应交税费"账户：该账户属于负债类会计科目，用来核算企业按照税法等规定计算应向税务机关缴纳的各种税费。其贷方登记应缴纳的各种税费，借方登记实际缴纳的各种税费。期末贷方余额表示应缴未缴的税费，如为借方余额表示多交的或未抵扣的税费。该账户应按税种设置明细账，进行明细分类核算，其中"应交税费——应交增值说"账户是用来核算和监督企业应交和实交增值税计算情况的账户。企业购买货物支付的增值税进项税记入该账户的借方，销售产品时向购买方收取的销项税记入贷方。期末将销项税与进项税相抵后，如为贷方余额表示应交未交的增值税额；如为借方余额表示多交或尚未抵扣的增值税。

二、固定资产

固定资产是指为生产商品、提供劳务、出租或经营管理而持有的使用寿命超过一个会计年度的有形资产，主要包括房屋及建筑物、机器、机械、运输设备等。固定资产应按取得时的实际成本（即原始价值）入账。购入固定资产的实际成本，包括买价、包装费、运输费和安装费等。

若企业购入的固定资产不需要安装，应将购进时支付的价款、包装费、运输费等（不包括支付的增值税）全部记入"固定资产"账户的借方；若需要安装，则将购进时支付的价款、包装费、运输费及其安装费等（不包括支付的增值税）全部记入"在建工程"账户的借方，等安装完毕交付使用时，再将购进和安装该设备的全部支出（不包括支付的增值税），从"在建工程"账户的贷方转入"固定资产"账户的借方。

（一）购入不需要安装的固定资产的账务处理

1. 设置账户

"固定资产"账户：该账户属于资产类会计科目，用来核算和监督企业持有的固定资产原始价值的增减变动和结存信息。其借方登记固定资产原始价值的增加，贷方登记固定资产原始价值的减少，期末借方余额表示固定资产的原始价值总额。

2. 账务处理

企业购进不需要安装或建造的固定资产，以购进时发生的除增值税以外的实际支出入账。

【例4-13】ABC公司购入不需要安装的新机器设备1台，买价30 000元，增值税5 100元，运杂费500元，全部款项已用银行存款支付。

企业购进1台不需要安装的设备，属于固定资产，取得这项固定资产发生的支出30 500（30 000+500）元，即为固定资产的原始价值。这项经济业务的发生，使企业的固定资产增加30 500元，由于新购入的固定资产支付的进项税可以抵扣，使得应交税费——应交增值税（进项税额）增加5 100元；另外使企业的银行存款减少35 600元。

因此，这项业务涉及"固定资产"账户和"应交税费"账户的借方和"银行存款"账户的贷方。应编制的会计分录如下：

借：固定资产　　　　　　　　　　　　　　　　　30 500

　　应交税费——应交增值税（进项税额）　　　　5 100

　　贷：银行存款　　　　　　　　　　　　　　　　35 600

（二）购入需要安装的固定资产的账务处理

这种情况是指固定资产购入后需要安装才能交付使用。购进时发生的买价、包装费、运输费等实际支出以及安装过程中的安装成本两部分作为固定资产的取得成本（或原始价值）。

1. 设置账户

"在建工程"账户：该账户属于资产类会计科目，用来核算和监督企业进行各项固定资产的新建、更新改造及其机器设备的安装等工程所发生的实际支出。其借方登记各项工程的实际支出；贷方登记完工工程转出的实际成本；余额在借方，表示期末尚未完工工程的实际成本。该账户可按照在建工程项目进行明细核算。

2. 账务处理

【例4-14】购入需要安装的新机器设备一台，买价50 000元，增值税8 500元，包装费和运输费840元，全部款项已用银行存款支付。在安装过程中，耗用材料2 400元，耗用人工1 400元。安装完毕，经验收合格达到预定可使用状态，交付使用。

本例涉及两项经济业务：

（1）购入需要安装的固定资产。这项经济业务的发生，一方面使企业的在建工程支出增加54 640元；另一方面使企业的银行存款减少59 340元，原材料减少2 400元，应付职工薪酬增加1 400元。因此，这项经济业务涉及"在建工程"账户的借方，"银行存款"账户的贷方，"原材料"账户的贷方和"应付职工薪酬"账户的贷方。应编制的会计分录如下：

①将购入的固定资产交付安装。

借：在建工程　　　　　　　　　　　　　　　　　50 840

　　应交税费——应交增值税（进项税额）　　　　8 500

　　贷：银行存款　　　　　　　　　　　　　　　　59 340

②安装过程耗用的材料和人工费。

借：在建工程　　　　　　　　　　　　　　　　　3 800

　　贷：原材料　　　　　　　　　　　　　　　　　2 400

　　　　应付职工薪酬　　　　　　　　　　　　　　1400

（2）安装完毕，验收合格交付使用，应按该项工程的实际成本。

借：固定资产　　　　　　　54 640

　　贷：在建工程　　　　　　54 640

（三）固定资产折旧的账务处理

固定资产在其较长的使用期限内能保持原有的实物形态不变，而其价值却随着固定资产的损耗而逐渐减少，固定资产由于损耗减少的价值称为折旧。

1. 设置账户

企业固定资产在使用过程中磨损的价值，是通过计提折旧的方式逐步转移到产品成本和期间费用中去的。因此，计提折旧就表明生产费用或期间费用的增加，同时，由于固定资产发生了磨损，固定资产的价值也相应减少。企业管理上既需要固定资产的原始价值指标，又需要其净值指标，而"固定资产"账户只反映固定资产的原始价值，所以设置"累计折旧"账户反映固定资产因磨损而减少的价值。

"累计折旧"账户：该账户属于资产类会计科目，用于核算和监督企业固定资产已提折旧的累计情况。其贷方登记按月提取的固定资产折旧额；借方登记因减少固定资产而减少的累计折旧额；期末余额在贷方，表示累计已提取的折旧额。"固定资产"账户的借方余额减去"累计折旧"账户的贷方余额即为固定资产的净值。

"累计折旧"账户是"固定资产"账户的备抵调整账户，"累计折旧"账户和"固定资产"账户形成调整与被调整的关系，"固定资产"账户可称为"累计折旧"账户的被调整账户。

2. 账务处理

【例4-15】某企业月末计提厂部固定资产折旧额1 000元。

这项经济业务的发生，一方面使管理费用增加1 000元；另一方面使累计折旧增加1 000元。因此，这项业务涉及"管理费用"账户的借方和"累计折旧"账户的贷方。应编制的会计分录如下：

借：管理费用　　　　　　　1 000

　　贷：累计折旧　　　　　　1 000

（四）固定资产处置的账务处理

固定资产处置包括固定资产的出售、转让、报废或毁损等。处于处置状态的固定资产不再用于生产产品、提供劳务、出租或经营管理，因此，不再符合固定资产的定义，应予以终止确认。

1. 设置账户

"固定资产清理"账户：该账户属于资产类会计科目，该科目核算企业因出售、转让、报废和毁损等原因转入清理的固定资产净值及其在清理过程中所发生的清理费用和清理收入。本科目借方反映转入清理的固定资产净值以及发生的清理费用；贷方反映出售固定资产的价款、残料价值和变价收入以及由保险公司或过失人赔偿的损失；"固定资产清理"科目的借方余额，反映固定资产清理净损失，贷方余额反映固定资产清理净收益。

"其他应收款"账户：该账户属于资产类会计科目，核算企业除应收票据、应收账款和预付账款等经营活动以外的其他各种应收、暂付款项。借方登记发生的各种其他应收款，贷方登记企业收到的款项和结转情况。余额一般在借方，表示应收未收的其他应收款项。

2.固定资产处置的账务处理

企业出售、转让、报废和毁损的固定资产，应将处置收入扣除固定资产净值和相关税费后的金额计入当期损益。固定资产处置的账务处理一般经过以下几个步骤：

第一，固定资产转入清理。固定资产转入清理时，按照固定资产账面净值，借记"固定资产清理"科目，按已计提的累计折旧，借记"累计折旧"科目，按固定资产账面余额，贷记"固定资产"科目。

第二，发生的清理费用。固定资产清理过程中发生的有关清理费用以及支付的相关税费，借记"固定资产清理"科目，贷记"银行存款"、"应交税费"等科目。

第三，出售收入和残料的处理。企业收回出售固定资产的价款、残料价值和变价收入等，按实际收到的出售价款以及残料变价收入等，借记"银行存款"、"原材料"等科目，贷记"固定资产清理"科目。

第四，保险赔偿的处理。企业计算或收到的应由保险公司或过失人赔偿的损失，借记"其他应收款"、"银行存款"等科目，贷记"固定资产清理"科目。

第五，清理净损益的处理。固定资产清理完成后的净损失，属于生产经营期间正常的处理损失，借记"营业外支出"科目，贷记"固定资产清理"科目；属于生产经营期间由于自然灾害等非正常原因造成的，借记"营业外支出"科目，贷记"固定资产清理"科目。固定资产清理完成后的清理净收益，借记"固定资产清理"科目，贷记"营业外收入"科目。

【例4-16】某公司一台机器设备因责任事故不能继续使用，决定予以报废。该设备原值为200 000元，已提折旧92 000元，保险公司应赔偿90 000元，款项尚未收到。在清理过程中，通过银行支付清理费用6 000元。残料变价收入16 000元已存入银行。

（1）将固定资产净值转入清理。

这项经济业务的发生，一方面使固定资产清理增加 108 000 元，累计折旧减少 92 000 元；另一方面使固定资产减少 200 000 元。因此，这项业务涉及"固定资产清理"、"累计折旧"账户的借方和"固定资产"账户的贷方。应编制的会计分录如下：

借：固定资产清理   108 000

  累计折旧   92 000

  贷：固定资产   200 000

（2）支付清理费用。

这项经济业务的发生，一方面使固定资产清理增加 6 000 元；另一方面使银行存款减少 6 000 元。因此，这项业务涉及"固定资产清理"账户的借方和"银行存款"账户的贷方。应编制的会计分录如下：

借：固定资产清理   6 000

  贷：银行存款   6 000

（3）收回残料变价收入。

这项经济业务的发生，一方面使银行存款增加 16 000 元；另一方面使固定资产清理减少 16 000 元。因此，这项业务涉及"银行存款"账户的借方和"固定资产清理"账户的贷方。应编制的会计分录如下：

借：银行存款   16 000

  贷：固定资产清理   16 000

（4）保险公司赔款。

这项经济业务的发生，一方面使其他应收款增加 90 000 元；另一方面使固定资产清理减少 90 000 元。因此，这项业务涉及"其他应收款"账户的借方和"固定资产清理"账户的贷方。应编制的会计分录如下：

借：其他应收款   90 000

  贷：固定资产清理   90 000

（5）结转清理后的净损失。

这项经济业务的发生，一方面使营业外支出增加 8 000 元；另一方面使固定资产清理减少 8 000 元。因此，这项业务涉及"营业外支出"账户的借方和"固定资产清理"账户的贷方。应编制的会计分录如下：

借：营业外支出   8 000

  贷：固定资产清理   8 000

三、材料采购

企业要进行正常的生产经营活动，就必须采购和储备一定品种和数量的材料。

在材料的采购过程中，一方面，企业从供货单位取得所需要的各种材料物资；另一方面，企业需要与供货单位发生货款的结算，支付材料货款以及因采购材料而发生的采购费用。企业购进的材料，经验收入库后，成为可供生产领用的库存原材料。

1. 设置账户

为了加强对材料采购业务的管理，需要确定材料采购过程的采购成本，反映和监督库存材料的增减变化和结存信息，以及因采购材料而与供应单位发生的债权债务结算关系，因此，需要设置以下账户：

（1）"材料采购"账户：该账户属于资产类会计科目，用来核算和监督企业购入材料时的采购成本。其借方登记购入材料的买价和采购费用，贷方登记已验收入库材料的实际成本，即对验收入库的材料按其成本，从"材料采购"账户贷方结转记入"原材料"账户的借方；期末，如有余额在借方，表示已经付款但尚未运达企业或已运达企业尚未验收入库的在途材料的实际成本。"材料采购"账户应按材料品种设置明细账，进行明细分类核算。

（2）"原材料"账户：该账户属于资产类会计科目，用来核算和监督企业库存材料增减变动和结存信息的账户。其借方登记已验收入库材料的实际成本，贷方登记发出材料的实际成本；期末余额在借方，表示库存材料的实际成本。"原材料"账户应按照材料的类别、品种和规格设置明细账，进行明细分类核算。

（3）"应付票据"账户：该账户属于负债类会计科目，用来核算和监督企业购买材料、商品和接受劳务供应等开出、承兑的商业汇票。借方登记偿还的应付票据款，其贷方登记企业开出的承兑汇票；期末如有余额在贷方，表示持有的尚未到期的应付票据票面价值。企业应设置"应付票据备查簿"，详细登记每一票据的种类、签发日期、票面金额、收款人、付款日期和金额等资料。

（4）"应付账款"账户：该账户属于负债类会计科目，用来核算和监督企业因购买材料、商品和接受劳务供应等经营活动与供应单位发生的结算债务的增减变动和结余信息。其贷方登记应付供应单位款项，借方登记已偿还供应单位的款项；期末余额一般在贷方，表示尚未偿还的应付款项；如为借方余额，表示企业预付的款项（债权）。该账户应按供应单位名称设置明细账，进行明细分类核算。期末，根据该账户所属明细账余额的方向分析判断该账户余额的性质。

（5）"预付账款"账户：该账户属于资产类会计科目，用来核算和监督企业按照合同规定预付供应单位款项而形成的结算债权的增减变动和结余信息。其借方登记预付供应单位款项；贷方登记收到供应单位材料、商品或劳务供应而冲销的预付款项；期末如有余额在借方，表示实际预付而尚未结算的预付款项；如为贷方余额，表示应付大于预付，应向供应单位补付的款项（债务）。该账户应按供应单位名称设置明细账，进行明细分类核算。期末，根据该账户所属明细账余额的方向分析判断该账户余额的性质。

对于预付款业务不多的企业，也可不须单独设置"预付账款"账户，而将预付款业务并入"应付账款"账户核算，此时的"应付账款"账户属于企业的债权债务结算账户，期末余额在借方时表示尚未结算的预付款（债权），在贷方时表示尚未支付的应付款（债务）。

2. 材料采购成本的计算

（1）材料采购成本的构成。

材料的采购成本，一般由采购材料发生的买价和采购费用两部分组成。买价是指采购材料时取得的发票上的价格，可直接计入所购材料的采购成本中。采购费用是指企业在采购材料过程中所支付的各项费用，包括材料的运输费、装卸费、包装费、保险费、运输途中的合理损耗费、入库前的挑选整理费以及其他费用等。实际工作中为了简化核算，对某些本应计入材料采购成本的采购费用，如采购人员的差旅费、市内采购材料的运杂费、专设采购机构的经费等，不计入采购材料成本，而是作为管理费用列支。

（2）材料采购成本计算公式。

材料采购成本的计算，就是将企业采购材料所支付的买价和采购费用，按照购入材料的类别、品种加以归集，计算其采购总成本和单位成本。

材料采购成本＝该种材料的买价＋该种材料应负担的采购费用

对材料采购过程中发生的采购费用，如果是为采购一种材料发生的，可直接计入该种材料的采购成本中；如果为采购多种材料共同发生的，则应按一定的标准分配计入各种材料的采购成本中。

采购费用分配率＝采购费用总额 ÷ Σ 所购材料的重量（体积、买价等）

各材料应分配的采购费用＝该种材料的重量（体积、买价等）

× 采购费用分配率

【例4-17】某企业从天池公司购入甲材料40千克，单价1 000元，增值税6 800元，发生装卸费100元；购入乙材料60千克，单价500元，增值税5 100元。

共同发生运输费 2 000 元。计算甲、乙材料的采购成本和单位成本。

采购费用分配率 =2 000 ÷（40+ 60）= 20（元 / 千克）

甲材料应分配的运输费 = 40 × 20 = 800（元）

乙材料应分配的运输费 = 60 × 20 = 1 200（元）

甲材料的采购成本 = 40 × 1 000 + 100 + 800 = 40 900（元）

乙材料的采购成本 = 60 × 500 + 1200 = 31 200（元）

甲材料的单位成本 = 40 900 ÷ 40 = 1022.5（元 / 千克）

乙材料的单位成本 = 31 200 ÷ 60 = 520（元 / 千克）

3．材料采购业务的账务处理

企业购入的材料都需要通过"材料采购"账户进行归集和核算。该账户是专门用来核算和监督企业购入某种材料的成本。

【例 4-18】ABC 公司从其君公司购入甲材料 4 000 千克，单价 10 元，计 40 000 元；乙材料 6 000 千克，单价 5 元，计 30 000 元，增值税进项税额 11 900（70 000 × 17%）元。全部款项通过银行存款付清。

这项经济业务的发生，一方面使甲、乙材料采购成本分别增加 40 000 元和 30 000 元，增值税增加 11 900 元；另一方面使企业的银行存款减少 81 900 元。因此，这项业务涉及"材料采购"和"应交税费——应交增值税"账户的借方和"银行存款"账户的贷方。应编制的会计分录如下：

借：材料采购——甲材料　　　　　　　　40 000

　　　　　　——乙材料　　　　　　　　30 000

　　应交税费——应交增值税（进项税额）　11 900

　　贷：银行存款　　　　　　　　　　　　　81 900

【例 4-19】ABC 公司用银行存款 1 720 元支付上述购入材料的运杂费。

运杂费 1 720 元是两种材料共同发生的，应进行分配。运杂费的分配标准可以是材料的重量、体积、买价等。本题以甲、乙材料的重量分配为标准，计算材料运杂费的分配率，以便确定甲、乙材料负担的运杂费。

运杂费分配率 = 1720 ÷（4 000 + 6 000）= 0.172（元 / 千克）

甲材料应负担的运杂费 = 0.172 × 4 000 = 688（元）

乙材料应负担的运杂费 = 0.172 × 6 000 = 1 032（元）

这项经济业务的发生，一方面使甲、乙材料采购成本分别增加 688 元和 1 032 元；另一方面使银行存款减少 1 720 元。因此，这项业务涉及"材料采购"账户的借方和"银行存款"账户的贷方。应编制的会计分录如下：

借：材料采购——甲材料   688

     ——乙材料   1 032

  贷：银行存款   1 720

【例 4-20】ABC 公司从杉杉公司购进丙材料 600 千克，单价 28 元，计 16 800 元，增值税税率 17%，材料验收入库，货款尚未支付。另用现金支付丙材料运费 200 元。

这项经济业务的发生，一方面使丙材料采购成本增加 1 7000 元（买价 + 运费），增值税增加 2 856 元；另一方面购进材料的买价尚未支付，使企业的应付账款增加 19 656 元，用现金支付运费，使现金减少 200 元。因此，这项业务涉及"材料采购"和"应交税费——应交增值税"账户的借方和"应付账款"、"库存现金"账户的贷方。应编制的会计分录如下：

  借：材料采购——丙材料   17 000

    应交税费——应交增值税（进项税额） 2 856

   贷：应付账款——杉杉公司   19 656

    库存现金   200

【例 4-21】ABC 公司从长江公司购买丁材料 500 千克，单价 38 元，运杂费 350 元，增值税 3 230 元，货款采用商业汇票结算，企业开出并承兑 6 个月的商业承兑汇票，但材料尚未运达企业。

这项经济业务的发生，一方面使企业丁材料成本增加 19 350 元（买价 + 运费），增值税增加 3 230 元；另一方面使企业的应付票据增加 22 580 元。因此，这项业务涉及"材料采购"和"应交税费——应交增值税"账户的借方，"应付票据"账户的贷方。应编制的会计分录如下：

  借：材料采购——丁材料   19 350

    应交税费——应交增值税（进项税额） 3 230

   贷：应付票据——长江公司   22 580

【例 4-22】ABC 公司按照合同规定用银行存款预付给前进公司购买丙材料的货款 10 000 元。

这项经济业务的发生，一方面使企业的预付账款增加 10 000 元；另一方面使企业的银行存款减少 10 000 元。因此，这项业务涉及"预付账款"账户的借方和"银行存款"账户的贷方。应编制的会计分录如下：

  借：预付账款——前进公司   10 000

   贷：银行存款   10 000

【例4-23】ABC公司以银行存款17 400元偿还前欠宏天公司货款。

这项经济业务的发生，一方面使企业的应付账款减少17 400元；另一方面使企业的银行存款减少17 400元。因此，这项业务涉及"应付账款"账户的借方和"银行存款"账户的贷方。应编制的会计分录如下：

借：应付账款——宏天公司　　　　　　　　　　17 400

　　贷：银行存款　　　　　　　　　　　　　　　　17 400

【例4-24】ABC公司收到前进公司发来的、已预付货款的丙材料，并验收入库。丙材料500千克，单价28元，计货款14 000元，增值税2 380元，另供货单位代垫运费350元。扣除预付款10 000元外，其余款6 730元用银行存款支付。

这项经济业务的发生，一方面使丙材料采购成本增加14 350元；另一方面使企业的预付账款减少10 000元，银行存款减少6 730元。因此，这项业务涉及"材料采购"和"应交税费——应交增值税"账户的借方，"预付账款"和"银行存款"账户的贷方。应编制的会计分录如下：

借：材料采购——丙材料　　　　　　　　　　　14 350

　　应交税费——应交增值税（进项税额）　　　　2 380

　　贷：预付账款——前进公司　　　　　　　　　　10 000

　　　　银行存款　　　　　　　　　　　　　　　　6 730

【例4-25】ABC公司本月购入的甲、乙、丙材料已经验收入库，结转各种原材料的实际采购成本。

根据原材料明细账计算本月购入材料的实际采购成本：

甲材料的实际采购成本 = 40 000 + 688 = 40 688（元）

乙材料的实际采购成本 = 30 000 + 1 032 = 31 032（元）

丙材料的实际采购成本 = 17 000 + 14 350 = 31 350（元）

根据计算结果编制材料采购成本计算表，如表4-1所示。

表4-1　材料采购成本计算表

材料名称	数量 /（千克）	单价 /（元/千克）	买价 / 元	运杂费 / 元	总成本 / 元	单位成本 /（元 / 千克）
甲材料	4 000	10	40 000	688	40 688	10.172
乙材料	6 000	5	30 000	1 032	31 032	5.172
丙材料	1 100	28	30 800	550	31 350	28.500
合计			100 800	2 270	103 070	

这项经济业务的发生，一方面使企业验收入库的甲、乙、丙材料分别增加40 688元、31 032元和31 350元；另一方面使企业的甲、乙、丙材料采购成本分别减少40 688元、31 032元和31 350元。因此，这项业务涉及"原材料"账户借方和"材料采购"账户贷方。应编制的会计分录如下：

借：原材料——甲材料　　　　　40 688
　　　　　——乙材料　　　　　31 032
　　　　　——丙材料　　　　　31 350
　　贷：材料采购——甲材料　　　40 688
　　　　　　　——乙材料　　　31 032
　　　　　　　——丙材料　　　31 350

供应业务核算简图如图4-2所示。

图4-2　供应业务核算简图

说明：
①购进需要安装的固定资产。
②固定资产安装完毕交付使用。
③购进不需要安装的固定资产。
④购进原材料。
⑤材料验收入库。
⑥货款的结算。

第三节　生产过程的核算

工业企业的主要经济活动是生产符合社会需要的产品。产品的生产过程是指人们利用劳动资料把劳动对象加工成劳动产品的过程。在产品的生产过程中将发生各种耗费，包括生产过程中所消耗的原材料、燃料、动力、支付的工资、设备折旧费等支出，这些在一定时期内发生的各种耗费称为生产费用。这些费用最终都要归集、分配到一定种类的产品上去，从而形成各种产品的成本。生产费用和产品成本既有区别，又有联系。生产费用是企业在一定时期内生产过程中发生的各种耗费，产品成本则是生产费用的对象化。生产费用强调"期间"，而产品成本则强调"对象"。

生产费用按其计入产品成本的方式不同，可以分为直接费用和间接费用。直接费用是指企业可以直接计入产品生产成本的费用，如企业为生产某种产品耗用的材料费用（可称为直接材料）、发生的人工费用（可称为直接人工）等；间接费用是指企业须经过分配才能计入产品生产成本的费用，如企业制造单位（如车间、分厂等）管理人员和技术人员的人工费、办公费、固定资产的折旧费、水电费、机物料耗费、保险费等。这些费用发生的地点仅限于制造单位范围内，但又不能直接计入产品成本，需要先归集汇总，再按照一定的标准在生产的几种产品间进行分配，将这些生产费用叫作间接费用（也称为制造费用）。因此，可计入产品生产成本的费用主要包括直接材料、直接人工、制造费用等项目，这些项目称为产品成本项目。根据产品成本项目，可以了解产品成本的构成情况，便于相同成本项目计划与实际、本期与上期对比，以便发现差距，分析原因，从而寻求降低产品成本的途径。产品生产业务核算的主要内容是归集并按照有关标准分配生产费用，形成产品的生产成本。

一、设置账户

为了如实反映生产费用的发生情况，并正确归集、分配生产费用，计算产品生产成本，应设置如下账户。

1."生产成本"账户

该账户属于成本类会计科目，用于核算和监督产品生产过程中所发生的各项生产费用，以计算确定产品的实际生产成本。其借方登记在产品生产过程中发生的各项费用，包括直接计入产品生产成本的直接材料和直接人工，以及分配计入产品生产成本的制造费用；贷方登记转出的完工产品的实际生产成本，即对完工入库的产成品按其实际生产成本，从"生产成本"账户的贷方结转入"库存商品"账户的借方；期末如有余额在借方，表示尚未完工在产品的实际成本。为了具体核算每一种产品的生产成本，该账户应按产品品种设置明细账，进行明细分类核算。

2."制造费用"账户

该账户属于成本类会计科目，用于归集和分配企业生产车间为生产产品而发生的各项间接生产费用，包括车间范围内发生的间接工资、折旧费、办公费、水电费、机物料消耗等。其借方登记月份内实际发生的各项制造费用，贷方登记月末经分配转入"生产成本"账户借方的制造费用，月末在费用结转后该账户没有余额。该账户应按不同车间设置明细账，进行明细分类核算。

3."应付职工薪酬"账户

该账户属于负债类会计科目，用于核算和监督企业根据有关规定应付给职工的各种薪酬。职工薪酬是企业为获得职工提供的服务而给予各种形式的报酬以及其他相关支出，包括职工工资、奖金、津贴、补贴和职工福利等。账户贷方登记本月计算的应付职工工资等薪酬，同时对应付的工资额等薪酬作为一项费用按其经济用途分配记入有关的成本费用账户；借方登记本月实际发放的薪酬数；该科目期末贷方余额，反映企业应付未付的职工薪酬。"应付职工薪酬"账户可按照"工资"和"职工福利"等各明细科目进行明细核算。

"应付职工薪酬——工资"账户：用来核算和监督企业职工工资的实际支付情况。贷方登记本月计算的应付职工工资，同时对应付的工资额作为一项费用按其经济用途分别记入有关的成本费用账户；借方登记本月实际支付的工资数；月末如有余额表示应付工资与实付工资之间的差额：如为贷方余额，表示本月应付工资大于实付工资的差额，即未付的工资；如为借方余额，表示本月实付工资大于应付工资的差额，即为多付的工资。

"应付职工薪酬——职工福利"账户：用来核算和监督企业职工福利费的提取和实际使用情况。其贷方登记月末企业根据自身实际情况确定的比例所提取的福利费；借方登记实际使用的福利费（包括职工生活困难补助、医务福利人员工资等）；平时期末余额在贷方时，表示福利费的提取数大于实际使用数；期末余额在借方时，表示福利费的实际使用数大于提取数。年末时，若为贷方余额（即多提的福利费），应全部予以冲回，若为借方余额（即少提的福利费），应当予以补提；经过冲回或补提后，该账户年末无余额。企业应根据实际情况修订福利费的提取比例，上年度福利费的提取和使用情况可作为修订下一年度福利费提取比例的参考。如果企业年福利费使用金额不大，也可以不预提，采用按实际情况列支的方式进行处理。

4. "库存商品"账户

该账户属于资产类会计科目，用来核算和监督企业已生产完工并验收入库产成品的增减变动及结存情况。工业企业的库存商品主要指已经完成全部生产过程并已验收入库，可以作为商品对外销售的产成品。该账户借方登记已经完成全部生产过程并已验收入库的产成品的实际成本；贷方登记已销售产成品的实际成本；余额在借方，表示库存产成品的实际成本。该账户应按照产成品的种类、名称以及存放地点等设置明细账，进行明细分类核算。

二、发生直接材料、直接人工、制造费用的账务处理

（一）发生直接材料的账务处理

工业企业在生产准备阶段购入的各种原材料，验收入库之后，产品车间填制"领料单"向仓库领取所需材料，仓库发出材料后，将"领料单"送交会计部门。会计部门将"领料单"汇总编制"发料凭证汇总表"，并根据本月发生的材料费用按其用途计入各成本费用中。材料是构成产品实体的一个重要组成部分。材料费用的归集与分配是产品生产业务的重要内容。

直接材料是指企业在产品生产过程中，直接用于产品生产、构成产品实体的材料，包括原料、外购半成品以及其他材料。企业生产中耗用的材料，按照用途分别做以下处理：①直接计入各产品成本计算对象的"直接材料"成本项目；②车间的消耗性材料记入"制造费用"项目；③行政管理部门、销售部门等耗用的材料分别记入"管理费用"、"销售费用"等项目。

【例 4-26】ABC 公司生产甲、乙两种产品。本月生产车间领用材料及用途如表 4-2 所示。

表4-2　发料凭证汇总表

材料	A材料		B材料		金额合计/元
	数量/千克	金额/元	数量/千克	金额/元	
生产领用材料	30 000	600 000	15 000	225 000	825 000
其中：甲产品	15 000	300 000	9 000	135 000	435 000
乙产品	15 000	300 000	6 000	90 000	390 000
车间一般耗用			750	11 250	11 250
合计	30 000	600 000	15 750	236 250	836 250

这项经济业务的发生，一方面使甲、乙产品成本分别增加435 000元和390 000元，同时还使制造费用增加11 250元；另一方面使A、B材料分别减少600 000元和236 250元。因此，这项业务涉及"生产成本"、"制造费用"账户的借方和"原材料"账户的贷方。应编制的会计分录如下：

借：生产成本——甲产品　　435 000
　　　　　　——乙产品　　390 000
　　制造费用　　　　　　　11 250
　　贷：原材料——A材料　　　600 000
　　　　　　——B材料　　　236 250

（二）发生直接人工的账务处理

直接人工是指直接从事产品生产的工人工资及福利费。企业发生的工资及福利费，应按其受益对象分配计入有关的成本费用中去。生产工人工资及福利费应记入各种产品的直接人工成本项目中，车间、管理部门的工资及福利费，应分别记入"制造费用"、"管理费用"等账户。企业发生的直接人工费，在计件工资形式下，根据工资结算凭证，直接记入有关成本计算对象的"直接人工"成本项目。在计时工资形式下，如只生产一种产品，其生产人员工资及福利费，直接计入该种产品成本；如生产多种产品，则应采用一定的分配标准分配后再计入各种产品成本。其分配标准通常是按照各种产品的生产工时比例进行分配。

1．计提应付职工薪酬的账务处理

【例4-27】ABC公司计提本月工资，其中甲产品生产工人工资60 000元；乙产品生产工人工资45 000元；车间管理人员工资15 000元；厂部管理人员工资30 000元。

这项经济业务的发生，一方面使甲、乙产品成本分别增加 60 000 元和 45 000 元，同时还使制造费用和管理费用分别增加 15 000 元和 30 000 元；另一方面使应付职工薪酬增加 150 000 元。因此，这项业务涉及"生产成本"、"制造费用"、"管理费用"账户的借方和"应付职工薪酬"账户的贷方。应编制的会计分录如下。

借：生产成本——甲产品   60 000

          ——乙产品   45 000

    制造费用   15 000

    管理费用   30 000

    贷：应付职工薪酬——工资   150 000

【例 4-28】ABC 公司下设一职工食堂，每月根据在岗职工数量及岗位分布情况、相关历史经验数据等计算需要补贴食堂的金额，从而确定企业每期因职工食堂而需要承担的福利金额。本月企业在岗职工共计 100 人，其中管理部门职工 20 人，车间管理人员 10 人，生产甲产品职工 40 人，生产乙产品职工 30 人，企业的历史经验数据表明，对于每个职工企业每月需要补贴食堂 120 元。

借：生产成本——甲产品   4 800

          ——乙产品   3 600

    制造费用   1200

    管理费用   2 400

    贷：应付职工薪酬——职工福利   12 000

2. 发放应付职工薪酬的账务处理

【例 4-29】ABC 公司开出现金支票，从银行提取现金 150 000 元，准备发放工资。

这项经济业务的发生，一方面使库存现金增加 150 000 元；另一方面使银行存款减少 150 000 元。因此，这项业务涉及"库存现金"账户的借方和"银行存款"账户的贷方。应编制的会计分录如下：

借：库存现金   150 000

    贷：银行存款   150 000

【例 4-30】用现金 150 000 元发放工资。

这项经济业务的发生，一方面使应付职工薪酬减少 150 000 元；另一方面使现金减少 150 000 元。因此，这项业务涉及"应付职工薪酬"账户的借方和"库存现金"账户的贷方。应编制的会计分录如下：

借：应付职工薪酬——工资   150 000

贷：库存现金   150 000

（三）发生制造费用的账务处理

制造费用是指企业各个生产分厂、车间为组织和管理生产所发生的各项间接费用，包括分厂、车间管理人员的工资、职工福利、房屋建筑物、机器设备的折旧费、机物料消耗、低值易耗品摊销、水电费、办公费、差旅费、劳动保护费等。

【例4-31】ABC公司月末计提车间固定资产折旧额10 800元，厂部固定资产折旧额2 000元。

这项经济业务的发生，一方面使制造费用和管理费用分别增加10 800元和2 000元；另一方面使累计折旧增加12 800元。因此，这项业务涉及"制造费用"、"管理费用"账户的借方和"累计折旧"账户的贷方。应编制的会计分录如下：

借：制造费用   10 800

管理费用   2 000

贷：累计折旧   12 800

【例4-32】用银行存款支付车间办公费2 800元。

这项经济业务的发生，一方面使制造费用增加2 800元；另一方面使银行存款减少2 800元。因此，这项业务涉及"制造费用"账户的借方和"银行存款"账户的贷方。应编制的会计分录如下：

借：制造费用   2 800

贷：银行存款   2 800

三、制造费用在不同产品之间分配的账务处理

制造费用是工业企业为生产产品而发生的各种间接费用，由于不能直接计入"生产成本"账户，对车间发生的各种间接费用均需要在"制造费用"账户中予以归集，月末，再将归集的制造费用按照产品生产工时、生产工人工资、产量等分配标准分配计入各种产品的生产成本中。制造费用的分配所选择的标准，应当与所分配的费用之间有较密切的关系，使分配的结果能体现受益原则，即受益大的产品多负担费用；反之，则少负担费用。其计算公式如下：

制造费用分配率＝制造费用总额÷产品生产工时（或生产工人工资、产量）总和

某产品应分配的制造费用＝该产品生产工时（或生产工人工资、产量等）

×制造费用分配率

上述计算公式也可以表述如下：

某产品生产工时（或生产工人工资、产量等）比率＝某种产品生产工时（或生产工人工资、产量等）÷产品生产工时（或生产工人工资、产量等）总和

某产品应分配的制造费用＝该产品生产工时（或生产工人工资、产量等）比率×制造费用总额

【例4-33】将【例4-32】至【例4-37】中发生的制造费用按照生产工时比例分配计入甲、乙产品的生产成本，其中甲产品生产工时400小时，乙产品生产工时600小时。

制造费用的归集和分配计算如下。

本月发生的制造费用＝11 250＋15 000＋1 200＋10 800＋2 800＝41 050（元）

甲产品应负担的制造费用＝41 050÷（400+600）×400＝16 420（元）

乙产品应负担的制造费用＝41 050÷（400+600）×600＝24 630（元）

这项经济业务的发生，一方面使甲、乙产品生产成本分别增加16 420元和24 630元；另一方面使制造费用减少41 050元。因此，这项业务涉及"生产成本"账户的借方和"制造费用"账户的贷方。应编制的会计分录如下：

借：生产成本——甲产品　　　　16 420
　　　　　　——乙产品　　　　24 630
　　贷：制造费用　　　　　　　41 050

四、产品生产成本的计算与结转

成本计算是会计核算的主要内容之一。产品生产成本的计算，就是对企业产品生产过程中发生的直接材料、直接人工和制造费用等，按照生产产品的品种进行归集和分配，计算出各种产品的总成本和单位成本。产品生产成本计算的一般程序分为四步。

1. 确定成本计算对象

进行成本计算，首先要确定成本计算对象。所谓成本计算对象是指生产费用归属的对象。如要计算各种产品的成本，那么产品品种就是成本计算对象。成本计算对象的确定是设置产品成本明细账，归集生产费用，正确计算产品生产成本的前提。成本计算对象的确定还要考虑企业的生产经营过程、产品生产类型和成本管理要求等方面，这些方面存在差异，就会使得成本计算对象不一样，而不同的成本计

算对象又决定了不同的成本计算方法。但是，不论采用哪种方法最终都要按照产品品种计算出产品成本，因而按照产品品种计算产品成本，是产品成本计算的最基本的方法。

2.确定成本计算期

成本计算期是指每间隔多长时期计算一次成本。为了使产品生产成本的计算比较准确，其成本计算期的确定最好同产品的生产周期一致。但由于企业的技术、组织和成本管理的特点，如果企业经常反复不断地生产同一种或几种产品，成本计算期一般确定为一个月。

3.确定成本项目

成本是由生产费用构成的，而构成各种成本的生产费用其经济用途是不同的，将企业在生产经营过程中发生的生产费用按其经济用途进行分类即确定产品成本项目。产品生产成本的成本项目一般包括：直接材料、直接人工和制造费用。也就是说计入产品成本的生产费用还应进一步按成本项目进行归集。

4.计算完工产品的生产成本

经过生产费用的归集和分配，已将各种产品所发生的直接材料、直接人工和制造费用归集到了"生产成本"账户的借方，在此基础上就可以计算各种产品的总成本和单位成本。产品生产成本的计算一般在生产成本明细账中进行。如果月末某种产品全部完工，该种产品生产成本明细账所归集的费用总额就是这种完工产品的总成本，用完工产品总成本除以该种产品的完工总产量即可计算出该种产品的单位成本；如果月末某种产品全部未完工，该种产品生产成本明细账所归集的费用总额就是该种产品在产品的总成本；如果月末某种产品部分完工，部分未完工，这时归集在产品成本明细账中的费用总额还要采取适当的分配方法在完工产品和在产品之间进行分配，然后才能计算出完工产品的总成本和单位成本。关于最后一种情况的内容将在成本会计课程中详细讲述。

下面以本节 ABC 公司产品生产成本的归集为基础，说明产品生产成本的计算过程。

【例4-34】本月发生的各项费用见【例4-32】至【例4-33】，甲、乙产品本月初无余额，本月甲产品40件全部完工；乙产品60件，完工40件，在产品20件的直接材料为120 000元，直接人工7 000元，制造费用为5 630元。

将上述有关内容在甲、乙产品生产成本明细账中登记，完工产品成本计算单如表4-3～表4-5所示。

表 4-3 产品成本明细账（一）

产品名称：甲产品　　　　　　　　　　　　　　　　　　　　　　　　单位：元

年		凭证	摘要	借方			
月	日			直接材料	直接人工	制造费用	合计
			领用材料	435 000			435 000
			计提工资		60 000		60 000
略	略	略	分配福利费		4 800		4 800
			分配制造费用			16 420	16 420
			本期发生额	435 000	64 800	16 420	516 220
			结转完工产品成本	435	64 800	16 420	516

注：因产品成本明细账未设贷方栏，故结转完工产品成本通过借方栏用红字转出，框内数字代表红字，下同。

表 4-4 产品成本明细账（二）

产品名称：甲产品　　　　　　　　　　　　　　　　　　　　　　　　单位：元

年		凭证	摘要	借方			
月	日			直接材料	直接人工	制造费用	合计
			领用材料	390 000			390 000
			计提工资		45 000		45 000
略	略	略	分配福利费		3 600		3 600
			分配制造费用			24 630	24 630
			本期发生额	390 000	48 600	24 630	463 230
			结转完工产品成本	270	41 600	19 000	330

表 4-5 完工产品生产成本计算表

成本项目	甲产品（40 件）		乙产品（40 件）	
	总成本 / 元	单位成本 /（元 / 件）	总成本 / 元	单位成本 /（元 / 件）
直接材料	435 000	10 875	270 000	6 750
直接人工	64 800	1 620	41 600	1 040
制造费用	16 420	410.5	19 000	475
合计	516 220	12 905.5	330 600	8 265

【例 4-35】根据甲、乙产品成本计算单，结转本月生产完工验收入库的甲、乙产品的生产成本。

这项经济业务的发生，一方面使企业的甲、乙两种库存产品分别增加 516 220 元和 330 600 元；另一方面使企业的甲、乙产品的生产成本分别减少 516 220 元和 330 600 元。因此，这项业务涉及"库存商品"账户的借方和"生产成本"账户的贷方。应编制的会计分录如下：

借：库存商品——甲产品   516 220

     ——乙产品   330 600

  贷：生产成本——甲产品   516 220

      ——乙产品   330 600

产品生产业务核算简图如图4-3所示。

图4-3　产品生产业务核算简图

说明：

①发生材料费用。

②发生工资费用。

③计提折旧费。

④支付制造费用、管理费用。

⑤分配制造费用。

⑥完工产品入库。

第四节　销售过程的核算

产品销售过程是产品价值的实现过程。在产品的销售过程中，一方面，企业要确认产品销售收入的实现，与购买单位办理货款的结算；另一方面，在销售产品的过程中会发生运杂费、包装费、广告费等销售费用，要结转已销售产品的生产成本，同时，还须按照国家税法的规定计算缴纳各种产品销售税金，最后确定产品销售损益。上述内容就是产品销售业务核算的主要内容。

一、应收款项的核算

应收款项是企业与其他单位或个人因经营或非经营活动而确认的，应在短期内收回的债权。应收款项按其结算内容及方式不同，一般分为应收账款、应收票据、预付账款和其他应收款。应收账款、应收票据和预付账款是企业发生的正常经营活动而产生的应收短期债权，其他应收款是企业发生的非经营活动的应收短期债权。

（一）应收账款发生和收回的账务处理

应收账款是企业在正常经营活动中因销售商品、产品或提供劳务而应向购货单位或接受劳务单位收取的款项。应收账款通常是由企业赊销活动所引起的，代表企业获得未来经济利益的权利，是高度发达的商业信用的产物。应收账款应于收入实现时确认。通常情况下，应收账款按买卖双方成交时的实际金额入账。

1. 设置账户

"应收账款"账户：该账户属于资产类会计科目，用来核算和监督企业因销售产品应向购货单位收取的款项。其借方登记由于销售产品而发生的应收账款；贷方登记已经收回的应收账款；期末余额如在借方，表示企业尚未收回的应收账款；期末余额如在贷方，表示企业预收的账款。该账户应按照购货单位设置明细账，进行明细分类核算。企业赊销时代垫的运杂费、包装费等也在该账户核算。期末，根据该账户所属明细账余额的方向分析判断该账户余额的性质。

2. 应收账款发生和收回的账务处理

【例4-36】达美公司4月8日赊销给奇胜公司商品一批，货款为50 000元，适用的增值税税率为17%，增值税为8 500元，以银行存款为购货单位代垫运杂费1 000元。

借：应收账款——奇胜公司　　　　　　　59 500
　　贷：主营业务收入　　　　　　　　　　50 000
　　　　应交税费——应交增值税（销项税）　8 500
　　　　银行存款　　　　　　　　　　　　1 000

【例4-37】达美公司4月28日收到赊销给奇胜公司商品货款59 500元，存入银行：

借：银行存款　　　　　　　　　　　　　59 500
　　贷：应收账款——奇胜公司　　　　　　59 500

（二）应收款项减值的账务处理

1. 应收款项减值的含义

企业之间存在的商业信用使得企业之间的商品交易采取赊销或赊购方式，通过这种方式，销货方可以扩大销路，而购货方则可以将其作为一种融资手段。一方面，企业给予客户的信用尺度越宽，其商品的销路就越广，相应地会增加企业的销售收入；但另一方面，企业的资金被购货方占用，应收账款管理方面的费用会增加，更重要的是要承担购货方因某种原因不能付款而造成货款收不回来的信用风险，使得应收账款发生减值，即坏账的发生。应收账款减值是指企业无法收回或收回可能性极小的那部分应收账款，即坏账。由于应收账款发生减值而使企业遭受的损失称为应收账款的减值损失，也称坏账损失。

2. 应收款项减值的确认

应收款项是企业拥有的金融资产，根据金融工具确认和计量会计准则的规定，企业应当在资产负债表日对以公允价值计量且其变动计入当期损益的金融资产以外的金融资产的账面价值进行检查，有客观证据表明该金融资产发生减值的，应当计提减值准备。金融资产发生减值的客观证据，包括下列各项：

（1）发行方或债务人发生严重财务困难；

（2）债务人违反了合同条款，如偿付利息或本金发生违约或逾期等；

（3）债权人出于经济或法律等方面因素的考虑，对发生财务困难的债务人做出让步；

（4）债务人很可能倒闭或进行其他财务重组；

（5）因发行方发生重大财务困难，该金融资产无法在活跃市场继续交易；

（6）无法辨认一组金融资产中的某项资产的现金流是否已经减少，但根据公开的数据对其进行总体评价后发现，该组金融资产自初始确认以来的预计未来现金流量确已减少且可计量，如该组金融资产的债务人支付能力逐步恶化，或债务人所在国家或地区失业率提高、担保物在其所在地区的价格明显下降、所处行业不景气等；

（7）债务人经营所处的技术、市场、经济或法律环境等发生重大不利变化，使权益工具投资人可能无法收回投资成本；

（8）权益工具投资的公允价值发生严重或暂时性下跌；

（9）其他表明金融资产发生减值的客观证据。

3．应收款项减值的核算方法

坏账损失是企业在经营过程中发生的一项经营费用。根据确认坏账损失的时间不同，会计上有直接转销法和备抵法。

直接转销法是指只在实际发生坏账时，才将坏账损失计入当期损益，同时冲销应收账款的方法。直接转销法简单，便于理解。但是，坏账实际发生时，将其确认为所在期间的费用，坏账费用的发生与当期销售业务并无联系，会导致各期收益不实。

备抵法是指考虑到应收账款发生坏账的可能性，按期估计坏账损失并计入费用，同时形成一笔坏账准备，待某一应收账款全部或部分被确认为坏账时，按确认的金额冲销坏账准备并转销相应的应收账款金额的一种方法。备抵法较稳健，避免了企业虚增利润，能比较真实地反映企业的财务状况。我国企业会计准则规定，企业只能采用备抵法核算坏账损失。

4．应收款项减值的账务处理

在备抵法下，每期确认的坏账损失是一个估计数，而坏账损失的估计数必须切合实际，这是恰当运用备抵法的关键。应收账款的减值，分别为单项金额重大和单项金额非重大的应收账款计算确定减值损失，计提坏账准备。对于单项金额重大的应收款项，应当单独进行减值测试。有客观证据表明其发生了减值的，应当根据其未来现金流量现值低于其账面价值的差额，确认减值损失，计提坏账准备。对于单项金额非重大的应收账款应当采用组合方式进行减值测试，分析判断是否发生减值。一般将这些应收账款按类似信用风险特征划分为若干组合，再按这些应收账款组合在资产负债表日余额的一定比例，计算确定减值损失，计提坏账准备。

本部分仅对单项金额非重大的应收账款，采用应收账款余额百分比法为例进行说明。应收账款余额百分比法，是根据会计期末应收的余额和估计的坏账率，估计坏账损失，计提坏账准备的方法。

（1）设置账户。

"坏账准备"账户：为了核算应收账款减值的情况，设置"坏账准备"科目。该账户属于资产类备抵科目，贷方登记按期估计的坏账准备数，借方登记已经确认为坏账损失应予以转销的应收账款数额。余额通常在贷方，表示已经预提尚未注销的坏账准备数，在期末资产负债表上列作应收账款的减项。

"资产减值损失"账户：该账户属于费用类会计科目，本科目核算企业计提各项资产减值准备所形成的损失。借方登记按期估计的损失数，期末，应将本科目余额从贷方转入"本年利润"科目，结转后本科目无余额。本科目可按资产减值损失的项目进行明细核算。

（2）当期应计提坏账准备金额的计算。

坏账准备可按以下公式计算：

当期应提取的坏账准备＝当期按应收款项计算应提坏账准备金额－"坏账准备"科目的贷方余额

如果当期按应收款项计算应提坏账准备金额大于"坏账准备"科目的贷方余额，应按其差额提取坏账准备；如果当期按应收款项计算应提取坏账准备金额小于"坏账准备"科目的贷方余额，应按其差额冲减已经计提的坏账准备；如果当期按应收款项已经计提的坏账准备金额为零，应将"坏账准备"科目的余额全部冲回。

【例4-38】2015年12月31日，A公司对应收甲公司的账款进行减值测试。应收账款余额为1 000 000元，已提坏账准备40 000元，甲公司根据A公司的资信情况确定按应收账款期末余额的10%提取坏账准备。计算A公司2015年年末提取的坏账准备。

应计提坏账准备＝1 000 000×10%－40 000＝60 000（元）。

（3）计提坏账准备的会计分录。

资产负债表日，企业确定应收款项发生减值的，按应提取的坏账准备金额，借记"资产减值损失"科目，贷记"坏账准备"科目。本期应计提的坏账准备大于其账面余额的，应按其差额计提；应计提的金额小于其账面余额的差额做相反的会计分录。

【例4-39】根据上例，编制A公司2015年年末提取的坏账准备的会计分录。

这项经济业务的发生，一方面使资产减值损失增加60 000元；另一方面使坏账准备增加60 000元。因此，这项业务涉及"资产减值损失"账户的借方和"坏账准备"账户的贷方。应编制的会计分录如下：

借：资产减值损失　　　　60 000
　　贷：坏账准备　　　　　60 000

（4）实际发生坏账时的账务处理。

对于确实无法收回的应收款项，按管理权限报经批准后作为坏账损失，转销应收款项，借记"坏账准备"科目，贷记"应收账款"等科目。

【例4-40】根据上例，A公司应收甲公司的账款由于甲公司在2016年2月公司破产，所欠1 000 000元账款有80 000元无法收回，确认为坏账。编制会计分录。

这项经济业务的发生，一方面使坏账准备减少80 000元；另一方面使应收账款减少80 000元。因此，这项业务涉及"坏账准备"账户的借方和"应收账款"账户的贷方。应编制的会计分录如下：

借：坏账准备　　　　　　　　80 000

　　贷：应收账款——甲公司　　　　80 000

（5）收回坏账的账务处理。

已经确认并转销的应收款项以后又收回的，应按实际收回的金额，借记"应收账款"等科目，贷记"坏账准备"科目；同时，借记"银行存款"科目，贷记"应收账款"等科目。

【例4-41】某企业从2013年开始对A组应收账款采用按年末应收账款余额百分比法计提坏账准备，该企业坏账准备的提取比例预计为5‰该企业2013年年末A组应收账款余额为1200 000元。

①则2013年年末应计提的坏账准备为：

坏账准备提取额=1200 000×5‰=6 000（元）。

这项经济业务的发生，一方面使资产减值损失增加6 000元；另一方面使坏账准备增加6 000元。因此，这项业务涉及"资产减值损失"账户的借方和"坏账准备"账户的贷方。应编制的会计分录如下：

借：资产减值损失　　　　　　6 000

　　贷：坏账准备　　　　　　　6 000

②2014年11月，企业发现有1 600元的应收账款无法收回，按有关规定确认为坏账损失。

这项经济业务的发生，一方面使坏账准备减少1 600元；另一方面使应收账款减少1 600元。因此，这项业务涉及"坏账准备"账户的借方和"应收账款"账户的贷方。应编制的会计分录如下：

借：坏账准备　　　　　　　　1 600

　　贷：应收账款——甲公司　　　1600

③2014年12月31日，该企业应收账款余额为1 440 000元。

按本年年末应收账款余额计算应计提的坏账准备金额（即坏账准备的余额）为：1 440 000×5‰=7 200（元）。

年末计提坏账准备前，"坏账准备"科目的贷方余额为：6 000-1 600=4 400（元）

年末应补提的坏账准备金额为：7 200-4 400=2 800（元）。

这项经济业务的发生，一方面使资产减值损失增加2 800元；另一方面使坏账准备增加2 800元。因此，这项业务涉及"资产减值损失"账户的借方和"坏账准备"账户的贷方。应编制的会计分录如下：

借：资产减值损失　　　　　　　　2 800
　　贷：坏账准备　　　　　　　　　　2 800

④ 2015 年 5 月 20 日，接银行通知，企业上年度已冲销的 1 600 元坏账又收回，款项已存入银行，有关账务处理如下：

这项经济业务的发生，要同时从两个方面去反映：一方面要反映应收账款增加 1 600 元，同时使企业的坏账准备增加 1 600 元；另一方面银行存款增加 1 600 元，应收账款减少 1 600 元。通过两笔分录，可以反映债务单位的信用情况。因此，这项业务涉及两笔会计分录：一是涉及"应收账款"账户的借方和"坏账准备"账户的贷方；二是涉及"银行存款"账户的借方和"应收账款"账户的贷方。应编制的会计分录如下：

借：应收账款——甲公司　　　　　1 600
　　贷：坏账准备　　　　　　　　　　1600
借：银行存款　　　　　　　　　　1 600
　　贷：应收账款——甲公司　　　　　1600

⑤ 2015 年 12 月 31 日，企业应收账款余额为 1 000 000 元。

本年末坏账准备余额应为：$1\ 000\ 000 \times 5‰ = 5\ 000$（元）。

至年末，计提坏账准备前的"坏账准备"科目的贷方余额为：$7\ 200 + 1\ 600 = 8\ 800$（元）。

年末应冲销多提的坏账准备金额为：$8\ 800 - 5\ 000 = 3\ 800$（元）。

这项经济业务的发生，一方面使资产减值损失增加 3 800 元；另一方面使坏账准备增加 3 800 元。因此，这项业务涉及账户的"坏账准备"借方和"资产减值损失"账户的贷方。应编制的会计分录如下：

借：坏账准备　　　　　　　　　　3 800
　　贷：资产减值损失　　　　　　　　3 800

应收款项包括应收账款、应收票据、预付账款和其他应收款。企业不对应收票据计提坏账准备，待应收票据到期不能收回转入应收账款后，再按规定计提坏账准备。企业的预付账款，因供货单位破产、撤销等原因无望收到所购货物的，应将原计入预付账款的金额转入其他应收款，按规定计提坏账。

二、主营业务收入的核算

主营业务收入是指企业为完成其经营目标而从事的日常活动中的主要经营活动取得的收入，包括销售产品、自制半成品，提供工业性劳务等取得的收入。进行主营业务收入核算的一个首要问题就是主营业务收入何时入账，按多少金额入账。企业销售产品所获得的收入应以权责发生制为基础，根据《企业会计准则第14号——收入》规定的条件加以确认。一般情况下，当产品已经发出，产品的所有权已经转移给购买方后，企业收到货款或取得收取货款的凭据，即可确认主营业务收入。

1．设置账户

为了核算和监督企业销售产品和提供劳务所实现的收入以及因销售产品而与购买单位之间发生的货款结算业务，应设置下列账户：

（1）"主营业务收入"账户：该账户属于收入类会计科目，用于核算和监督企业销售产品和提供劳务所实现的收入。其贷方登记企业实现的主营业务收入；借方登记期末转入"本年利润"账户的主营业务收入；结转后该账户期末无余额。"主营业务收入"账户应按照产品的种类设置明细账，进行明细分类核算。

（2）"应收票据"账户：该账户属于资产类会计科目，用来核算和监督企业与购买单位开出的商业汇票的结算情况的账户。其借方登记收到购买单位开出的商业汇票；贷方登记实际收到的票据款；期末如有余额在借方，表示企业持有的期末尚未收回的票据应收款。

（3）"预收账款"账户：该账户属于负债类会计科目，用来核算和监督企业按照合同规定向购货单位预收的款项。其贷方登记预收购买单位的货款；借方登记用产品或劳务抵偿的预收货款；期末余额如在贷方，表示企业向购货单位预收的款项；期末余额如在借方，表示企业应收由购货单位补付的货款（债权）。该账户应按照购货单位设置明细账，进行明细分类核算。期末，根据该账户所属明细账余额的方向分析判断该账户余额的性质。

对于预收款业务不多的企业，也可不单独设置"预收账款"账户，而将预收款业务并入"应收账款"账户核算，此时的"应收账款"账户属于企业的债权债务结算账户，期末余额在借方时表示尚未收回的应收款（债权），在贷方时表示尚未结算的预收款（债务）。

2．主营业务收入的账务处理

【例4-42】ABC公司销售甲产品20件给胜利公司，销售单价20 000元，价款

400 000 元，增值税税率 17%，货款收到存入银行。

这项经济业务的发生，一方面使企业的银行存款增加 468 000 元；另一方面使主营业务收入增加 400 000 元，增值税增加 68 000 元。因此，这项业务涉及"银行存款"账户的借方和"主营业务收入"和"应交税费"账户的贷方。应编制的会计分录如下：

借：银行存款 468 000
　　贷：主营业务收入——甲产品 400 000
　　　　应交税费——应交增值税（销项税额） 68 000

【例 4-43】ABC 公司按照销售合同规定预收长江公司订购甲产品的货款 150 000 元，已存入银行。

这项经济业务的发生，一方面使企业银行存款增加 150 000 元；另一方面使企业的预收账款增加 150 000 元。因此，这项业务涉及"银行存款"账户的借方和"预收账款"账户的贷方。应编制的会计分录如下：

借：银行存款 150 000
　　贷：预收账款——长江公司 150 000

【例 4-44】ABC 公司销售给黄河公司乙产品 20 件，销售单价 15 000 元，计价款 300 000 元，增值税税率 17%，货款未收。

这项经济业务的发生，一方面使企业的应收账款增加 351 000 元；另一方面使企业的主营业务收入增加 300 000 元，应交增值税增加 51000 元。因此，这项业务涉及"应收账款"账户的借方和"主营业务收入"和"应交税费"账户的贷方。应编制的会计分录如下：

借：应收账款——黄河公司 351 000
　　贷：主营业务收入——乙产品 300 000
　　　　应交税费——应交增值税（销项税额） 51 000

【例 4-45】ABC 公司本月预收长江公司 150 000 元的货款，现已发出甲产品 10 件，销售单价 20 000 元，价款 200 000 元，增值税税率 17%，原预收款不足部分的差额 84 000 元已收存银行。

这项经济业务的发生，一方面使企业的预收账款减少 150 000 元，银行存款增加 84 000 元；另一方面使企业的主营业务收入增加 200 000 元，应交税费增加 34 000 元。因此，这项业务涉及"预收账款"、"银行存款"账户的借方和"主营业务收入"和"应交税费"账户的贷方。应编制的会计分录如下。

借：预收账款——长江公司 150 000

```
            银行存款                                84 000
        贷：主营业务收入——甲产品                 200 000
            应交税费——应交增值税（销项税额）       34 000
```

【例4-46】ABC公司采用商业汇票结算方式向长城公司销售乙产品18件，销售单价15 000元，价款共计270 000元，应收增值税的销项税45 900元，收到该公司签发的6个月的商业承兑汇票。

这项经济业务的发生，一方面使企业的应收票据增加315 900元；另一方面使企业的主营业务收入增加270 000元，应交增值税增加45 900元。因此，这项业务涉及"应收票据"账户的借方，"主营业务收入"和"应交税费"账户的贷方。应编制的会计分录如下：

```
    借：应收票据——长城公司                       315 900
        贷：主营业务收入——乙产品                  270 000
            应交税费——应交增值税（销项税额）        45 900
```

三、主营业务成本的核算

企业销售产品后，从理论上讲，在确认主营业务收入的同时就应该确认主营业务成本。但在实际工作中，企业为了简化核算工作，通常在月份终了，汇总结转经计算确定的主营业务成本，即从"库存商品"账户结转到"主营业务成本"账户，以便与"主营业务收入"相配比。

1. 设置账户

"主营业务成本"账户：用来核算和监督企业确认销售商品、提供劳务等主营业务收入时应结转的成本。其借方登记从"库存商品"账户结转的本期已销售产品的成本；贷方登记期末转入"本年利润"账户借方的已销售产品的成本；期末经过结转之后该账户没有余额。"主营业务成本"账户可按照主营业务的种类进行明细核算。

2. 主营业务成本的账务处理

【例4-47】结转本月销售的30件甲产品、38件乙产品的生产成本。假设本月销售的甲、乙产品均为本月生产完工入库的产品。从前文表4-5中可知甲产品生产成本每件12 905.5元，乙产品生产成本每件8 265元。

按个别计价法计算本月销售产品成本如下：

本月销售甲产品的销售成本 =30×12 905.5 =387 165（元）

本月销售乙产品的销售成本 =38×8 265 =314 070（元）

合计：701 235（元）

这项经济业务的发生，一方面使企业甲、乙产品销售成本即主营业务成本分别增加 387 165 元和 314 070 元；另一方面使企业的甲、乙产品即库存商品分别减少 387 165 元和 3 14 070 元。因此，这项经济业务涉及"主营业务成本"账户的借方、"库存商品"账户的贷方。应编制的会计分录如下：

借：主营业务成本——甲产品   387 165

            ——乙产品   314 070

    贷：库存商品——甲产品   387 165

            ——乙产品   314 070

四、营业税金及附加的核算

1. 营业税金及附加的计算

企业销售产品或提供服务，应按规定计算应缴纳的消费税、城市维护建设税、教育费附加、地方教育附加费等。其中，消费税的计算一般是根据企业当月销售额或营业额乘以规定税率计算；城市维护建设税的计算，一般是根据企业当月增值税、消费税的合计乘以规定税率计算（即税上税）；教育费附加和地方教育附加费的计算，一般是根据企业当月增值税、消费税的合计乘以规定费率计算（即税上费）。营业税金及附加通常是按月计算，从当月的销售收入中得到补偿，于下月初缴纳。因而计算营业税金及附加时，一方面作为企业的一项负债（应交税费）入账；另一方面作为企业发生的一项费用支出（营业税金及附加）入账。

2. 设置账户

"营业税金及附加"账户：该账户属于费用类会计科目，用来核算和监督企业经营活动发生的消费税、城市维护建设税、资源税、教育费附加、地方教育附加费等相关税费。其借方登记按照有关规定计算出的各种税金及附加额；贷方登记期末转入"本年利润"账户借方的营业税金及附加；经过结转之后，该账户期末没有余额。

3. 账务处理

【例 4-48】ABC 公司经计算本月由产品销售应缴纳的城市维护建设税为 1 200

元，教育费附加为 500 元。

这项经济业务的发生，一方面使企业的营业税金及附加增加 1 700 元；另一方面使企业的应交税费增加 1 700 元。因此，这项业务涉及"营业税金及附加"账户的借方和"应交税费"账户的贷方。应编制的会计分录如下：

借：营业税金及附加　　　　　　　　　　　　1 700

　　贷：应交税费——应交城市维护建设税　　　　1 200

　　　　　　——应交教育费附加　　　　　　　　500

产品销售业务核算简图如图 4-4 所示。

图 4-4　产品销售业务核算简图

说明：

①预收销货款。

②确认主营业务收入。

③结转主营业务成本。

④计算应交产品销售税金及附加。

⑤支付销售费用。

⑥收到欠款或承兑的商业汇票。

第五节　财务成果的核算

利润是指企业一定会计期间的经营成果，企业全部收入减去全部费用的结果就是利润（如果是负数就是亏损）。对利润进行核算，可以及时反映企业的投入产出效果和经济效益，有助于企业投资者和债权人据此进行盈利预测，为经济决策提供重要依据。

一、企业利润构成

企业利润的形成，有的是通过日常生产经营活动而形成的；有的是与生产经营活动没有直接关系形成的。按照我国 2006 年颁布的《企业会计准则》的规定，企业利润由营业利润、利润总额和净利润构成。

1. 营业利润

营业利润是企业利润的主要来源。营业利润用公式表示如下：

营业利润＝营业收入－营业成本－营业税金及附加－管理费用－财务费用－销售费用

营业收入＝主营业务收入＋其他业务收入

营业成本＝主营业务成本＋其他业务成本

2. 利润总额

企业的利润总额是指营业利润加上营业外收入，减去营业外支出后的金额。用公式表示如下：

利润总额＝营业利润＋营业外收入－营业外支出

3. 净利润

企业实现的利润总额要按照国家税法的规定计算缴纳所得税。所得税后的利润即为企业的净利润。用公式表示如下：

净利润＝利润总额－所得税费用

其中：所得税费用＝利润总额（税前利润）×所得税税率

【例4-49】抗康公司2016年6月有关收入、费用金额如下：主营业务收入1 000 000元，主营业务成本800 000元，营业税金及附加50 000元，其他业务收入30 000元，其他业务成本25 000元，管理费用10 000元，财务费用2 500元，销售费用30 000元，营业外收入20 000元，营业外支出32 500元。所得税税率为25%。

要求：计算营业利润、利润总额、所得税费用、净利润。

营业利润 =（1000 000 + 30 000）–（800 000 + 25 000）– 50 000 – 10 000 – 2 500
　　　　　 – 30 000 – 112 500（元）

利润总额 = 112 500 – 20 000 – 32 500 = 100 000（元）

所得税费用 – 100 000 × 25% = 25 000（元）

净利润 = 100 000 – 25 000 = 75 000（元）

二、其他业务的核算

其他业务是指企业在经营过程中发生的除主营业务活动以外的其他经营活动，包括销售材料、出租包装物、出租固定资产等活动。主营业务与其他业务是按照企业从事日常活动的重要性来划分的。其他业务的确认原则和计量方法与主营业务相同。工业企业经营工业生产以外的业务所取得的收入，按规定应缴的城建税、教育费附加及地方教育附加费等税费，仍通过"营业税金及附加"科目核算。

1.设置账户

（1）"其他业务收入"账户：用来核算和监督企业除主营业务活动以外的其他经营活动实现的收入。其贷方登记其他业务收入的增加；借方登记期末转入"本年利润"账户的其他业务收入；经过结转后，期末没有余额。该账户应按照其他业务的种类设置明细账，进行明细分类核算。

（2）"其他业务成本"账户：用来核算和监督企业除主营业务活动以外的其他经营活动所发生的成本，包括销售材料、出租包装物等发生的相关成本、费用。其借方登记发生的相关的成本和费用等；贷方登记期末转入"本年利润"账户的其他业务成本；经过结转后，该账户期末没有余额。该账户应按照其他业务的种类设置明细账，进行明细分类核算。

2.其他业务的账务处理

【例4-50】ABC公司出售不需用的原材料，售价80 000元，款已收到存入银行。该批原材料成本为65 000元。

这项经济业务的发生，一方面使企业的其他业务收入增加 80 000 元，银行存款增加 80 000 元；另一方面使企业的其他业务成本增加 65 000 元，企业的原材料减少 65 000 元。因此，这项业务涉及两笔会计分录：一是涉及"银行存款"账户的借方和"其他业务收入"账户的贷方；二是涉及"其他业务成本"账户的借方和"原材料"账户的贷方。应编制的会计分录如下：

借：银行存款　　　　　　　80 000

　　贷：其他业务收入　　　80 000

同时：

借：其他业务成本　　　　　65 000

　　贷：原材料　　　　　　65 000

三、期间费用

期间费用是指不构成产品成本，而应直接计入当期损益的各种费用。期间费用包括企业行政管理部门为组织和管理生产经营活动而发生的管理费用；为筹集生产经营资金而发生的利息和手续费等财务费用；为销售产品而发生运输费、包装费、展览费、广告费等销售费用等。这些费用的发生与产品成本没有直接联系，因而不计入产品生产成本，但他们对企业取得收入有很大的影响，但又很难与各类收入直接配比，所以将其作为与某一期间的营业收入相关的期间费用计入当期损益。有关财务费用的核算已经在资金筹集业务作了介绍。

1. 设置账户

（1）"管理费用"账户：用来核算和监督企业行政管理部门为组织和管理企业生产经营活动而发生的各项管理费用。其借方登记发生的各项管理费用；贷方登记期末转入"本年利润"账户的管理费用；经过结转后，期末没有余额。该账户应按照费用项目设置明细账，进行明细分类核算。

（2）"销售费用"账户：用来核算和监督企业在销售产品过程中发生的各项销售费用，包括运输费、装卸费、包装费、保险费、展览费和广告费等。其借方登记发生的各项销售费用；贷方登记期末转入"本年利润"账户的销售费用；经结转后，期末没有余额。该账户应按照费用项目设置明细账，进行明细分类核算。

2. 期间费用的账务处理

【例 4-51】ABC 公司的李丽出差回来报销差旅费 2 000 元，原借款 1 500 元，不足部分用现金补足。

这项经济业务的发生，一方面使企业管理费用增加 2 000 元；另一方面使企业的其他应收款减少 1 500 元，现金减少 500 元。因此，这项业务涉及"管理费用"账户的借方，"其他应收款"账户及"库存现金"账户的贷方。应编制的会计分录如下：

　　借：管理费用——差旅费　　　　2 000
　　　　贷：其他应收款——李丽　　　 1 500
　　　　　　库存现金　　　　　　　　 500

【例 4-52】ABC 公司用现金 2 500 元支付本月行政管理部门的办公费。

这项经济业务的发生，一方面使企业管理费用增加 2 500 元；另一方面使企业的现金减少 2 500 元。因此，这项业务涉及"管理费用"账户的借方和"库存现金"账户的贷方。应编制的会计分录如下：

　　借：管理费用——办公费　　　　2 500
　　　　贷：库存现金　　　　　　　　2 500

【例 4-53】ABC 公司以银行存款支付本月行政管理部门负担的财产保险费 3 000 元。

这项经济业务的发生，一方面使企业管理费用增加 3 000 元；另一方面使企业银行存款减少 3 000 元。因此，这项业务涉及"管理费用"账户的借方和"银行存款"账户的贷方。应编制的会计分录如下：

　　借：管理费用——保险费　　　　3 000
　　　　贷：银行存款　　　　　　　　3 000

【例 4-54】ABC 公司用银行存款 33 000 元支付销售产品广告费。

这项经济业务的发生，一方面使企业销售费用增加 33 000 元；另一方面使企业银行存款减少 33 000 元。因此，这项业务涉及"销售费用"账户的借方和"银行存款"账户的贷方。应编制的会计分录如下：

　　借：销售费用　　　　　　　33 000
　　　　贷：银行存款　　　　　　33 000

四、营业外收支的核算

营业外收支包括营业外收入和营业外支出，是指与企业正常的生产经营业务没有直接关系的各项收入和支出，如捐赠收入、罚款收入、固定资产的盘亏、捐赠支出、非常损失、罚款支出以及由于自然灾害造成的损失等。营业外收入并不是企业经营资金耗费所产生，不需要企业付出代价，实际上是经济利益的净流入，不可能也不需要与有关的费用进行配比。由于营业外收支对利润或亏损总额会产生影响，因而必须正确地核算营业外收支。

1．设置账户

（1）"营业外收入"账户：用来核算和监督企业发生的与其生产经营无直接关系的各项收入，包括罚款收入、捐赠收入等。其贷方登记营业外收入的增加；借方登记会计期末转入"本年利润"账户的营业外收入；经过结转后期末没有余额。该账户应按照营业外收入的项目设置明细账，进行明细分类核算。

（2）"营业外支出"账户：用来核算和监督企业发生的与其生产经营无直接关系的各项支出，包括固定资产盘亏、罚款支出、捐赠支出和非常损失等。其借方登记营业外支出的增加；贷方登记会计期末转入"本年利润"账户的营业外支出额；经过结转之后，期末没有余额。该账户应按照营业外支出的项目设置明细账，进行明细分类核算。

2．营业外收支的账务处理

【例4-55】ABC公司取得罚款收入50 000元，按照规定转作营业外收入。

这项经济业务的发生，一方面使银行存款增加50 000元；另一方面使企业的营业外收入增加50 000元。因此，这项业务涉及"银行存款"账户的借方和"营业外收入"账户的贷方。应编制的会计分录如下：

借：银行存款　　　　　50 000

　　贷：营业外收入　　　　50 000

【例4-56】ABC公司企业用银行存款40 000元捐赠给希望小学。

这项经济业务的发生，一方面使企业的营业外支出增加40 000元；另一方面使企业的银行存款减少40 000元。因此，这项业务涉及"营业外支出"账户的借方和"银行存款"账户的贷方。应编制的会计分录如下：

借：营业外支出　　　　40 000

　　贷：银行存款　　　　40 000

五、企业利润总额形成的核算

根据本章例4-42至例4-48及例4-50至例4-56中所举ABC公司的具体经济业务计算本月的利润或亏损总额如下：

营业收入 = 400 000 + 300 000 + 200 000 + 270 000 + 80 000 = 1 250 000（元）

营业成本 = 701 235 + 65 000 = 766 235（元）

营业税金及附加 = 1 700（元）

管理费用 = 2 000 + 2 500 + 3 000 = 7 500（元）

销售费用 = 33 000（元）

营业利润 = 1250 000 − 766 235 − 1 700 − 7 500 − 33 000 = 441 565（元）

利润总额 = 441 565 + 50 000 − 40 000 = 451 565（元）

在会计核算上，通过将所有的损益类账户结转"本年利润"账户，从"本年利润"账户的借、贷方发生额记录来计算确定企业的利润总额。

1．设置账户

"本年利润"账户：用于核算和监督企业一定时期内实现的净利润或发生的净亏损。其贷方登记会计期末从各收入账户转入的各项收入，包括主营业务收入、其他业务收入、营业外收入；借方登记从各费用账户转入的本期发生的各种费用，包括主营业务成本、营业税金及附加、其他业务成本、管理费用、财务费用、销售费用、营业外支出和所得税费用等。年内期末余额如果在贷方，表示截至本期本年度累计实现的净利润；如果在借方，表示截至本期本年度累计发生的净亏损。年末应将该账户的余额转入"利润分配"账户，如果是净利润，应自该账户的借方转入"利润分配"账户的贷方；如果是净亏损，应自该账户的贷方转入"利润分配"账户的借方；经过结转之后，该账户年末没有余额。

2. 利润总额形成业务的账务处理

【例4-57】会计期末，ABC公司结转本月实现的各项收入，其中，主营业务收入1 170 000元、其他业务收入80 000元、营业外收入50 000元。

这项经济业务的发生，一方面使企业各损益类账户所记录的各种收入减少共计1 300 000元；另一方面使企业的本年利润增加1 300 000元。因此，这项业务涉及"主营业务收入"、"其他业务收入"、"营业外收入"账户的借方和"本年利润"账户的贷方。应编制的会计分录如下：

借：主营业务收入　　　　　1 170 000

　　其他业务收入　　　　　80 000

　　营业外收入　　　　　　50 000

　　　贷：本年利润　　　　　　1300 000

【例4-58】会计期末，ABC公司结转本月发生的各项支出，其中主营业务成本701 235元、营业税金及附加1 700元、其他业务成本65 000元、管理费用7 500

元、销售费用33 000元、营业外支出40 000元。

这项经济业务的发生，一方面使企业各损益类账户所记录的各种费用成本减少共计848 435元；另一方面使企业的本年利润减少8 484元。因此，这项业务涉及"本年利润"账户的借方和"主营业务成本"、"营业税金及附加"、"其他业务成本"、"管理费用"、"销售费用"、"营业外支出""账户的贷方。应编制的会计分录如下：

借：本年利润　　　　　　　　848 435
　　贷：主营业务成本　　　　　701 235
　　　　营业税金及附加　　　　　1 700
　　　　其他业务成本　　　　　 65 000
　　　　管理费用　　　　　　　　7500
　　　　销售费用　　　　　　　 33 000
　　　　营业外支出　　　　　　 40 000

通过上述结转，本月的各项收入和支出全部都汇集于"本年利润"账户。将收入与费用进行对比后，根据"本年利润"账户的借、贷方的差额来确定本期的利润总额。本期的利润总额为451 565（1 300 000－848 435）元。

六、企业净利润的核算

对企业的经营所得，按国家税法的有关规定，应缴纳一定的所得税。对企业而言，所得税是企业在生产经营过程中发生的一项费用支出，计算出来之后，一般在当月并不实际缴纳，所以在形成所得税费用的同时，也产生了企业的一项负债。缴纳的所得税应在净利润前予以扣除，缴纳所得税之后的剩余利润称为净利润。

1. 设置账户

"所得税费用"账户：用来核算和监督企业按照有关规定应在当期损益中扣除的所得税费用。其借方登记按照所得税法规定计算出的应计入当期损益的所得税费用；贷方登记期末转入"本年利润"账户的所得税费用；结转后该账户期末无余额。

2. 应缴纳所得税的计算

【例4-59】某企业本年度1～11月份累计应纳税所得额（假定无税前扣除项目，即利润总额）为400 000元，累计已交纳所得税100 000元（400 000×25%），12月份实现的应纳税所得额（无税前扣除项目，即利润总额）为50 000元，所得税税率为 25%，计算本月应纳所得税额。

本月累计应纳所得税额 =（400 000+ 50 000）×25%=112 500（元）

本月应纳所得税额 =112 500－100 000=12 500（元）

3．所得税费用的账务处理

【例 4-60】ABC 公司本期实现的利润总额为 415 665 元，按照 25% 的税率计算本期的所得税并予以结转（假设没有纳税调整项目）。

本期应纳所得税额 -415 665×25%=103 916.25（元）

这项经济业务的发生，要同时从两个方面去反映：一方面要反映所得税费用增加 103 916.25 元，同时使企业的应交税费增加 103 916.25 元；另一方面期末还须将所得税费用 103 916.25 元结转本年利润账户，使企业本年利润减少 103 916.25 元。因此，这项业务涉及两笔会计分录：一是涉及"所得税费用"账户的借方和"应交税费"账户的贷方；二是涉及"本年利润"账户的借方和"所得税费用"账户的贷方。应编制的会计分录如下。

借：所得税费用　　　　　　　　　　103 916.25

　　贷：应交税费——应交所得税　　　　103 916.25

同时：

借：本年利润　　　　　　　　　　　10 3916.25

　　贷：所得税费用　　　　　　　　　　103 916.25

所得税费用结转"本年利润"账户之后，就可根据"本年利润"账户的记录计算确定企业的净利润。本期的净利润为 311 748.75（415 665－103 916.25）元。

七、利润分配业务的核算

企业在生产经营过程中取得各种收入，在补偿了各项耗费之后形成盈利，按照国家规定缴纳所得税后，形成企业的净利润。对于企业实现的净利润应按照国家的有关规定进行合理的分配。

1．利润分配的顺序

利润的分配过程和结果，不仅关系到所有者的合法权益是否得到保护，而且还关系到企业能否长期、稳定地发展。在对企业的净利润进行分配时，应从以下三方面考虑：一部分以公积金的形式留归企业，作为企业扩大生产经营的资金；一部分以红利（或现金股利）的形式分配给投资者（或股东）；一部分以未分配利润的形式保留在账面上，作为增强企业抵御风险能力的资金。根据 2006 年颁布的《中华人民共和国公司法》的规定，企业对实现的净利润一般应按以下顺序进行分配：

（1）弥补以前年度亏损。对于以前年度的亏损，可以用以后年度实现的利润弥补。以前年度的亏损未弥补完的，不能提取法定盈余公积。

（2）提取法定盈余公积。法定盈余公积金应按照本年实现净利润的一定比例提取。公司制企业根据公司法的规定按净利润的 10% 提取。企业提取的法定盈余公积金累计额超过注册资本 50% 以上的，可以不再提取。

（3）提取任意盈余公积。公司从税后利润中提取法定盈余公积后，经股东会或股东大会决议，还可以从税后利润中提取任意盈余公积。任意盈余公积由企业自行提取。

（4）向投资者分配利润。公司弥补亏损和提取法定盈余公积金及任意盈余公积金后的剩余净利润，加上年初的未分配利润即为可供分配的利润，可以按照董事会的决议向投资者进行分配。有限责任公司按照股东的出资比例向股东分配利润，股份有限公司按照股东持有股份比例分配股利。

企业的净利润除国家另有规定外，应严格按以上顺序分配。企业以前年度的亏损未弥补完，不得提取法定盈余公积金；在提取法定盈余公积金前不得向投资者分配利润。《公司法》规定，在公司弥补亏损和提取法定盈余公积金之前向股东分配利润的，股东必须将违反规定分配的利润退还公司；公司持有的本公司股份不得分配利润。

2．未分配利润的计算

未分配利润是指企业留于以后年度分配的利润或待分配利润。它是企业所有者权益的重要组成部分。

本期未分配利润 = 本期实现的净利润 - 本期已分配利润

期末未分配利润 = 期初未分配利润 + 本期未分配利润

其中：本期已分配利润 = 提取的盈余公积 + 向投资者分配的利润或股利

【例 4-61】续【例 4-49】假定康达公司按净利润的 10% 提取法定盈余公积，按 5% 提取任意盈余公积，按净利润的 40% 作为应付给投资者的利润，计算法定盈余公积、任意盈余公积、应付给投资者的利润以及未分配利润。

提取的法定盈余公积 = 75 000 × 10%=7 500（元）

提取的任意盈余公积 =75 000 × 5%=3750（元）

应付利润 =75 000 × 40%=30 000（元）

未分配利润 =75 000 —（7 500+3 750+30 000）= 33 750（元）

3. 利润分配业务的账务处理

（1）设置账户。

"利润分配"账户：企业进行利润分配，意味着企业实现的净利润的减少，本应借记"本年利润"账户，直接冲减本年实现的净利润，这样，"本年利润"账户的期末贷方余额只能是未分配利润，不能反映本年累计实现的净利润数额。而管理上既需要会计提供企业实现的全年累计净利润，又需要提供未分配利润数额。因此，设置"利润分配"账户，作为"本年利润"的备抵调整账户，用来核算和监督企业的利润分配和历年结存的未分配利润。其借方登记实际分配的利润额，如提取的盈余公积和分给投资者的利润；贷方平时一般不作登记；在年度内该账户的期末余额在借方，表示企业累计已分配利润。平时，将"本年利润"账户的贷方余额，即累计实现的净利润，与"利润分配"账户的借方余额，即累计已分配利润相减，即可求得未分配的利润数额。年度终了，企业将全年实现的净利润，自"本年利润"账户的借方结转记入"利润分配"账户的贷方。结转后，"利润分配"账户如为贷方余额，表示历年结存的未分配利润；如为借方余额，表示历年积存的未弥补亏损。

为了具体反映企业利润分配的去向和历年分配后的结余金额，该账户一般应设置"提取法定盈余公积"、"提取任意盈余公积"、"应付股利"、"未分配利润"等明细账户，进行明细分类核算。

"盈余公积"账户：用来核算和监督企业从净利润中提取的盈余公积金的增减变动及其结余情况。其贷方登记提取的盈余公积金；借方登记实际使用的盈余公积金；期末余额在贷方，表示结余的盈余公积金。该账户应设置"法定盈余公积"、"任意盈余公积"等明细账户，进行明细核算。

"应付股利"账户：用于核算和监督企业向股东和投资者分配利润的情况。其贷方登记应付给投资者的利润；借方登记实际支付给投资者的利润；期末余额在贷方，表示应付尚未支付的利润。

（2）账务处理。

【例 4-62】假设【例 4-60】中 ABC 公司实现的净利润是企业全年实现的净利润，按年净利润 311 748.75 元的 10% 提取法定盈余公积，按净利润的 5% 提取任意盈余公积。

这项经济业务的发生，一方面使企业的利润分配增加 46 762.32 元；另一方面使企业的法定盈余公积增加 31 174.88 元元，任意盈余公积增加 15 587.44 元。因此，这项业务涉及"利润分配"账户的借方和"盈余公积"账户的贷方。应编制的会计分录如下：

借：利润分配——提取法定盈余公积　　31 174.88

　　　　——提取任意盈余公积　　15 587.44

贷：盈余公积——法定盈余公积　　　31 174.88

　　　　——任意盈余公积　　　　15 587.44

【例4-63】年末，企业决定按净利润的40%分配给投资者利润124 699.5元。

这项经济业务的发生，一方面使企业的利润分配增加124 699.5元；另一方面使企业的应付股利增加124 699.5元。因此，这项业务涉及"利润分配"账户的借方和"应付股利"账户的贷方。应编制的会计分录如下：

借：利润分配——应付股利　　　　124 699.5

贷：应付股利　　　　　　　　　　124 699.5

【例4-64】年末，企业将"本年利润"账户的贷方余额结转"利润分配——未分配利润"账户。

这项年终结账业务的发生，一方面使企业记录在"本年利润"账户的累计净利润减少311 748.75元；另一方面使企业"利润分配"中的未分配利润增加311 748.75元。因此，这项业务涉及"本年利润"账户的借方和"利润分配——未分配利润"账户的贷方。应编制的会计分录如下：

借：本年利润　　　　　　　　　311 748.75

贷：利润分配——未分配利润　　　311 748.75

【例4-65】年末，企业将利润分配账户所属的各有关明细账户的借方余额结转"利润分配——未分配利润"账户。

这项年终结账业务的发生，一方面使企业"利润分配"中的未分配利润减少171 461.82元；另一方面使企业的已分配数，即提取法定盈余公积、提取任意盈余公积和应付股利分别减少31 174.88元、15 587.44元和124 699.5元。因此，这项业务涉及"利润分配——未分配利润"账户的借方和"利润分配——提取盈余公积"、"利润分配——应付股利"账户的贷方。应编制的会计分录如下：

借：利润分配——未分配利润　　　171 461.82

贷：利润分配——提取法定盈余公积　　31 174.88

　　　　——提取任意盈余公积　　15 587.44

　　　　——应付股利　　　　　　124 699.5

年末未分配利润数额为140 286.93（311748.75－31174.88－15587.44－124699.5），即"利润分配——未分配利润"账户的贷方余额。利润形成及分配业务核算简图如

图 4-5 所示。

图 4-5　利润形成及分配业务核算简图

说明：

①将所有收入类账户结转"本年利润"账户贷方。

②将所有费用成本类账户结转"本年利润"账户借方。

③提取盈余公积和向投资者分配利润。

④年末，将"本年利润"账户贷方余额结转"利润分配——未分配利润"账户。

⑤年末，将"利润分配"其他明细账户借方余额结转"利润分配——未分配利润"明细账户。

综上所述，企业的主要经济业务可以概括为：筹集到货币资金之后，用货币资金购买原材料、固定资产等，然后将其投入生产领域，开始产品的生产，产品生产出来之后，将其销售出去实现其价值，在补偿了生产过程中的耗费之后，对其剩余部分要在各方之间进行合理的分配，进而产生企业的未分配利润。

第六节　其他经济业务的核算

除上述主要经济业务外，企业还有一些其他经济业务。这些经济业务与企业的主要经济业务紧密相连，相辅相成。

（一）材料让售、代购代销、包装物出租等

1. 企业对外让售材料

借：银行存款

　　贷：其他业务收入

　　　　应交税费——应交增值税（销项税额）

2. 结转让售材料成本

借：其他业务成本

　　贷：原材料

（二）营业外收支业务

营业外收入项目主要有固定资产盘盈、处理固定资产净收益、出售无形资产收益、罚款净收入等。

营业外支出项目主要有固定资产盘亏、处理固定资产净损失、出售无形资产损失、计提固定资产减值准备、非常损失、公益救济性捐赠、罚款支出等。

1. 企业没收逾期包装物押金

借：其他应付款

　　贷：营业外收入

【例4-66】某企业取得的罚款收入13 400元，存入银行。编制会计分录如下：

借：银行存款　　　　　　　13 400

　　贷：营业外收入　　　　　　13 400

2. 企业发生的公益性捐赠等

借：营业外支出

　　贷：银行存款

3. 企业发生的罚款支出等

借：营业外支出

贷：银行存款

【例4-67】某企业用银行存款支付税款滞纳金28 000元。编制会计分录如下：

借：营业外支出　　　　　28 000

　　贷：银行存款　　　　　　28 000

【例4-68】某企业报废一台设备，该设备原始价值120 000元，已计提折旧112 000元。清理过程中发生清理费用5 000元，残料变价收入3 700元，均以银行存款收支，清理工作完毕。编制会计分录如下：

（1）结转固定资产账面价值：

借：固定资产清理　　　　8 000

　　累计折旧　　　　　　112 000

　　贷：固定资产　　　　　　120 000

（2）支付清理费用：

借：固定资产清理　　　　5 000

　　贷：银行存款　　　　　　5 000

（3）收回变价收入：

借：银行存款　　　　　　3 700

　　贷：固定资产清理　　　　3 700

（4）结转固定资产净损失：

借：营业外支出　　　　　9 300

　　贷：固定资产清理　　　　9 300

本章小结

本章在前述章节的基础上对复式记账法的运用进行详述。目前，我国企业记账采用国际通用的借贷记账法，本章通过对筹资活动、供应过程、生产过程、销售过程、财务成果以及其他经济业务的核算，以巩固对复式记账法的运用，同时也加深对企业生产过程的了解。

思考题

（1）借贷记账法的记账规则是什么？

（2）通过本章的学习，谈谈你对复式记账法的想法。

练习题

一、单项选择题

（1）以下各项中，不属于企业财务成果的计算与处理的是（　　）。

　　A. 计算分配利润　　　　　　　　　　B. 提取盈余公积

　　C. 向国家计算缴纳所得税　　　　　　D. 向国家缴纳增值税

（2）下列会计科目中，企业在计提固定资产折旧时不可能涉及的是（　　）。

　　A. 固定资产　　　B. 累计折旧　　　C. 制造费用　　　D. 管理费用

（3）下列各项中，（　　）不属于企业货币资金。

　　A. 银行本票存款　　　　　　　　　　B. 银行汇票存款

　　C. 外埠存款　　　　　　　　　　　　D. 企业债券

（4）固定资产处置的净收益应计入（　　）。

　　A. 其他业务收入　　　　　　　　　　B. 投资收益

　　C. 营业外收入　　　　　　　　　　　D. 主营业务收入

（5）企业持有交易性融资产的目的是（　　）。

　　A. 控制其他企业　　　　　　　　　　B. 降低资金成本

　　C. 获得长期收益　　　　　　　　　　D. 赚取差价

（6）下列项目属于银行存款核算内容的是（　　）。

　　A. 银行汇票存款　　　　　　　　　　B. 银行本票存款

　　C. 基本户存款　　　　　　　　　　　D. 信用卡存款

（7）下列各项中，不会影响企业利润总额增减变化的是（　　）。

　　A. 销售费用　　　　　　　　　　　　B. 管理费用

　　C. 营业外支出　　　　　　　　　　　D. 所得税费用

（8）甲公司为增值税的一般纳税人，购入一台不需要安装即可投入使用的生产设备，取得的增值税专用发票上注明的价款为 200 000 元，增值税税额为 34 000元，发生运费 5 000 元，取得运费发票。假定不考虑其他相关税费，该设备的取得成本为（　　）元。

　　A.205 000　　　　B.200 000　　　　C.234 000　　　　D.204 650

（9）下列经济业务中，会使企业月末资产总额发生变化的是（　　）。

　　A. 从银行提取现金　　　　　　　　　B. 购买原材料，货款已付

　　C. 购买原材料，货款未付　　　　　　D. 现金存入银行

（10）下列不作为本企业的固定资产核算的是（　　）。

A. 经营租出的固定资产　　　　　　　B. 投资者投入的固定资产

C. 融资租入的固定资产　　　　　　　D. 融资租出的固定资产

（11）企业专设销售机构的无形资产摊销应记入（　　）科目。

A. 其他业务成本　　　　　　　　　　B. 销售费用

C. 主营业务成本　　　　　　　　　　D. 管理费用

（12）某生产企业根据"发料凭证汇总表"的记录，2016年4月，生产车间生产A产品领用甲材料20 000元，车间管理部门领用甲材料5 000元，企业行政管理部门领用甲材料2 000元。该企业的会计处理正确的是（　　）。

A. 借：生产成本——A产品　　　　　25 000

　　　管理费用　　　　　　　　　　　2 000

　　　贷：原材料　　　　　　　　　　　　27 000

B. 借：生产成本——A产品　　　　　20 000

　　　管理费用　　　　　　　　　　　7 000

　　　贷：原材料　　　　　　　　　　　　27 000

C. 借：生产成本——A产品　　　　　20 000

　　　制造费用　　　　　　　　　　　5 000

　　　管理费用　　　　　　　　　　　2 000

　　　贷：原材料　　　　　　　　　　　　27 000

D. 借：生产成本——A产品　　　　　27 000

　　　贷：原材料　　　　　　　　　　　　27 000

（13）采用"先进先出法"计算发出存货成本，期初库存A产品数量为50件，单价为100元；本月购入A产品100件，单价105元；本月领用A产品100件，其领用总成本为（　　）元。

A.10 000　　　　　B.10 250　　　　　C.10 050　　　　　D.10 500

（14）下列不属于存货核算范围的是（　　）。

A. 原材料　　　B. 在产品　　　　C. 库存商品　　　　D. 固定资产

二、多项选择题

（1）下列关于"利润分配—未分配利润"科目的表述中，正确的有（　　）。

A. 未分配利润的期末贷方余额表示本年净利润减去分配的利润

B. 未分配利润的期末贷方余额表示累计未分配利润

C. 未分配利润的期末借方余额表示本年超额分配的利润

D. 未分配利润的期末借方余额表示累计未弥补亏损

（2）下列各项费用，应通过"管理费用"科目核算的有（   ）。

A. 诉讼费 　　　　　　　　　　　B. 研究费用

C. 印花税 　　　　　　　　　　　D. 日常经营活动聘请中介机构费

（3）下列各项中，应计入营业收入的有（   ）。

A. 商品销售收入 　　　　　　　　B. 原材料销售收入

C. 固定资产租金收入 　　　　　　D. 无形资产使用费收入

（4）某投资者决定从甲公司退出，甲公司以银行存款退还其原投资50万元，同时注销等额的注册资本。下列表述中正确的有（   ）。

A. 借记"银行存款"科目 　　　　B. 贷记"实收资本"科目

C. 贷记"银行存款"科目 　　　　D. 借记"实收资本"科目

（5）下列各项税费中，（   ）应通过"应交税费"科目进行核算。

A. 所得税 　　　B. 增值税 　　　C. 消费税 　　　D. 印花税

（6）企业根据职工提供服务的收益对象进行职工薪酬分配时，下列表述中，正确的有（   ）。

A. 属于产品生产人员的，应记入"生产成本"科目

B. 属于车间管理人员的，应记入"制造费用"科目

C. 属于销售人员的，应记入"销售费用"科目

D. 属于财务人员的，应记入"财务费用"科目

（7）下列各项中，（   ）应当借记"应付账款"科目。

A. 赊购商品而发生的应付账款 　　B. 偿还应付账款

C. 支付职工工资 　　　　　　　　D. 冲销无法支付的应付账款

（8）按现行准则规定，不能用"应收票据"及"应付票据"核算的票据包括（   ）。

A. 银行汇票 　　　　　　　　　　B. 银行本票

C. 商业承兑汇票 　　　　　　　　D. 银行承兑汇票

（9）下列各项中，属于企业在日常生产经营过程中持有的存货有（   ）。

A. 以备出售的产品商品 　　　　　B. 正在生产过程中的在产品

C. 以备生产耗用的材料 　　　　　D. 已出售但尚未提走的商品

（10）下列不属于费用的有（   ）。

A. 营业成本 　　　　　　　　　　B. 生产成本

C. 期间费用 　　　　　　　　　　D. 营业外支出

（11）企业用银行存款偿还短期借款，引起（　　）。

    A. 资产增加   B. 资产减少

    C. 负债增加   D. 负债减少

（12）下列属于企业债权的有（　　）。

    A. 应付利息   B. 应收利息

    C. 应付账款   D. 预付账款

（13）下列属于企业债权的有（　　）。

    A. 预收销货款   B. 预付购货款

    C. 应收销货款   D. 职工预借差旅费

（14）有价证券是指（　　）。

    A. 银行汇票   B. 股票   C. 债券   D. 银行本票

（15）企业日常经营中涉及的款项包括（　　）。

    A. 现金   B. 银行存款

    C. 外埠存款   D. 存出投资款

（16）下列各项不属于企业生产经营活动支出的有（　　）。

    A. 购买固定资产的开支   B. 企业的对外投资

    C. 自然灾害造成的损失   D. 企业购买无形资产的开支

（17）下列各项资产中，属于非流动资产的有（　　）。

    A. 无形资产   B. 长期股权投资

    C. 交易性金融资产   D. 固定资产

案例分析

    某公司为增值税一般纳税人，适用增值税税率为 17%，该公司 2016 年 3 月初的资产总额为 1 560 000 元，负债总额为 936 000 元。3 月份发生的交易或事项有：

    （1）采购生产用原材料一批，取得的增值税专用发票注明买价为 203 295 元，增值税为 34 560 元，运杂费为 6 145 元（不考虑抵扣增值税），材料已验收入库，价税款及运杂费以银行存款支付 134 000 元，其余暂欠。

    （2）销售产品一批，价款（不含税）为 500 000 元，其成本为 325 000 元，产品已发出，价税款已收妥。

    （3）公司以本公司生产的一批产品对另一公司投资，该批产品的生产成本为 65 000 元，售价和计税价格均为 100 000 元，双方协议按该批产品的售价作价（假定该协议价是公允的，不考虑其他因素）。

（1）下列会计分录中，属于上述交易或事项应作的正确会计分录的有（　　）。

A. 借：银行存款 　　　　　　　　　　　　　　585 000
　　　贷：主营业务收入 　　　　　　　　　　　500 000
　　　　　应交税费——应交增值税（销项税额）　85 000

B. 借：长期股权投资 　　　　　　　　　　　　117 000
　　　贷：主营业务收入 　　　　　　　　　　　100 000
　　　　　应交税费——应交增值税（销项税额）　17 000

C. 借：原材料 　　　　　　　　　　　　　　　209 440
　　　应交税费——应交增值税（进项税额）　　 34 560
　　　贷：银行存款 　　　　　　　　　　　　　134 000
　　　　　应付账款 　　　　　　　　　　　　　110 000

D. 借：主营业务成本 　　　　　　　　　　　　390 000
　　　贷：库存商品 　　　　　　　　　　　　　390 000

（2）假定该公司"应交税费——应交增值税"账户月初无余额，则该公司2016年3月份应交增值税额为（　　）元。

A.61 490　　　　B.67 300　　　　C.67 440　　　　D.68 000

（3）该公司2016年3月份的利润为（　　）元。

A.275 000　　　　B.210 000　　　　C.175 000　　　　D.107 560

（4）上述交易或事项引起资产负债表要素月末比月初的变化有（　　）。

A. 资产增加 387 440 元　　　　　　B. 负债增加 177 440 元
C. 资产增加 175 000 元　　　　　　D. 负债增加 210 000 元

（5）该公司所有者权益的月末余额为（　　）元。

A.175 000　　　　B.624 000　　　　C.834 000　　　　D.1 299 000

第五章 会计循环（一）：会计凭证的填制与审核

★ 理解会计凭证的概念。

★ 理解会计凭证的意义与作用。

★ 掌握会计凭证的内容和种类。

★ 掌握原始凭证、记账凭证的填制和审核。

★ 熟悉会计凭证的传递和保管。

【引导案例】

东源县槐树镇八一经济合作社系原槐树镇八一居委会（城西村）群众选举产生的集体经济组织，于2002年年底成立，具体负责管理、处置八一居委会的财产，由刘××任会计。2007年12月，八一经济合作社解散，所有会计资料均存放在港南社区城管办公室，由会计刘××及出纳李××保管。2008年3月13日，李××提出封账，并通知原八一经济合作社管理人员曹××、赵××、张××到港南社区城管办公室。对原八一经济合作社账目进行封账后，曹××提出将会计文件柜卖掉，于是刘××喊来收废品的人，将柜内会计凭证等物全部倒到地上，除保留账本及2007年9月1日后的会计凭证外，其余会计凭证作价10元钱卖给收废品的人。当日，刘××将未卖的2007年9月1日后的会计凭证带回家。2008年3月19日，东源县纪检会、经管局、槐树镇政府组成专门班子对原八一经济合作社财务资料进行封存。此时，刘××称会计凭证全部当作废纸卖给废品收购站了。经东源县公安局经侦大队侦查得知，原八一经济合作社2007年9月1日后的会计凭证并未被卖掉，但刘××拒不交出。直至2008年5月5日公安民警到刘××家中，其儿媳将该部分会计凭证找出来交给公安机关。经本省某司法鉴定所鉴定，刘××销毁会计凭证涉及1994年至2007年支出金额14 794 959.82元，隐匿会计凭证涉及2007年9月1日以后支出金额3 803 122.04元。

结合上述材料请思考：会计凭证有哪些作用？应当如何保管？

第一节 会计凭证的内容与意义

一、会计凭证概述

（一）会计凭证的概念

会计凭证是记录经济业务、明确经济责任、按一定格式编制的据以登记会计账簿的书面证明。

会计主体的任何一项经济业务都要办理相应的凭证手续，由执行或完成该项业务的有关人员填制或取得会计凭证，记录经济业务发生的日期，并反映经济业务的内容、数量和金额，还要在会计凭证上签名或盖章，以明确经济责任。此外，所有会计凭证在填制或取得后还必须经过审核。这是因为，经济越来越复杂化，利益相关者之间难免会有冲突，为了保证会计信息的真实、可靠，满足会计信息使用者的相关需求，审核是必需的途径。

（二）会计凭证的种类

会计凭证按其编制程序和用途的不同，分为原始凭证和记账凭证。

原始凭证是证明经济业务已经发生，明确经济责任，并用作记账原始依据的一种凭证，它是在经济业务最初发生时填制的原始书面证明，如销货发票、款项收据等，原始凭证是会计核算的重要资料。

记账凭证又称记账凭单，或分录凭单，以原始凭证为依据，作为记入账簿内各个分类账户的书面证明，如收款凭证、付款凭证、转账凭证等。记账凭证由会计人员根据审核无误的原始凭证按照经济业务事项的内容加以归类，并据以确定会计分录后填制。

二、会计凭证的意义

加强会计凭证的填制和审核有着重要意义。会计凭证可以记录经济业务的发生和完成情况，为会计核算提供原始依据；可以检查经济业务的真实性、合法性和合理性，为会计监督提供重要依据；可以明确经济责任，为落实岗位责任制提供重要文件；可以反映相关经济利益关系，为维护合法权益提供法律证据；可以监督经济活动，控制经济运行。

（一）可以记录经济业务的发生和完成情况，为会计核算提供原始依据

会计凭证是记录经济活动的最原始资料，是经济信息的载体。通过会计凭证的加工、整理和传递，会计主体可以直接取得和传导经济信息，既协调了会计主体内部各部门、各单位之间的经济活动，保证生产经营各个环节的正常运转，又为会计分析和会计检查提供了基础资料。

（二）可以检查经济业务的真实性、合法性和合理性，为会计监督提供重要依据

通过审核会计凭证，可以对经济业务发生的合理性、合法性进行监督，严格控制单位经济活动在国家法律法规的规范下运行，保护各会计主体所拥有资产的安全完整，维护投资者、债权人和有关各方的合法权益，充分发挥会计监督作用。

（三）可以明确经济责任，为落实岗位责任制提供重要文件

由于会计凭证记录了每项经济业务的内容，并由有关部门和经办人员签名或盖章，这就要求有关部门和人员对经济活动的真实性、正确性、合法性负责。这样，无疑会增强有关部门和有关人员的责任感，促使他们严格按照有关政策、法令、制度、计划或预算办事。如发生违法乱纪或经济纠纷事件，也可借助于会计凭证确定各经办部门和人员所负的经济责任，并据以进行正确的裁决和处理，从而加强经营管理的岗位责任制。

（四）可以监督经济活动，控制经济运行

利用会计凭证可以发挥会计的监督作用，保证单位财产的安全完整和有效运用。由于对一切经济业务、事项，如财产的收发、现金的收付、往来款项的结算以及费用的开支等都要填制凭证，这样，就可以通过凭证的审核，查明各项经济业务是否符合有关政策、制度、计划和预算的规定，有无铺张浪费和损害单位利益的行为，可以及时发现经济管理上存在的问题和管理制度上存在的漏洞，从而严肃财经纪律。

第二节　原始凭证及其填制和审核

一、原始凭证的基本内容

（一）原始凭证的概念

原始凭证又称单据，是在经济业务发生或完成时取得或填制的，用以记录或证明经济业务的发生或完成情况的文字凭据。如出差乘坐的车船票、采购材料的发货票、到仓库领料的领料单等。原始凭证是在经济业务发生的过程中直接产生的，是经济业务发生的最初证明，也是会计账务处理的原始依据。凡不能证明经济业务已经发生或完成的有关文件，如材料请购单、生产通知单、派工单、购货合同等，以及不具备法律效力或不具备原始凭证基本内容的有关单据，都不能视同原始凭证，也就不能作为会计账务处理的依据。

（二）原始凭证的基本要素

由于原始凭证的来源和用途不同，各单位经济业务的复杂性及经济管理的要求不同，因此其名称、格式、内容等也不尽相同。但作为经济业务发生或完成的原始证明，不同原始凭证都应具备一些基本要素，主要有：

①原始凭证名称。

②填制凭证的日期和编号。

③填制凭证单位名称或者填制人姓名。

④对外凭证要有接受凭证单位的名称。

⑤经济业务所涉及的数量、计量单位、单价和金额。

⑥经济业务的内容摘要。

⑦经办业务部门或人员的签章。

（三）原始凭证的种类

1. 按照来源不同分类：外来原始凭证、自制原始凭证

外来原始凭证，是单位与其他单位或个人发生经济往来关系时，从外单位或个人取得的凭证。如单位购买材料时，从供应单位取得的发票。外来原始凭证都是一次凭证。

自制原始凭证，是由本单位的部门或者人员，在执行或完成某项经济业务时填制的原始凭证。如领用材料时的领料单、限额领料单，材料验收入库时的收料单、职工出差填制的差旅费报销单等。以领料单为例，其格式如表5-1所示。

表5-1　领料单

材料批号：　　　　　　发料仓库：　　　　　　领料部门：

编号	类别	材料名称	规格	单位	数量		价格	
					请领	实发	单价	金额

主管：　　　　　　记账：　　　　　　保管人：　　　　　　领料人：

2. 按照内容不同分类：一次凭证、累计凭证和汇总凭证

一次凭证，是指只反映一项经济业务或同时记录若干项同类性质经济业务的原始凭证，其填制手续一次完成。各种外来原始凭证都是一次凭证；自制原始凭证中的领料单、职工借款单、购进材料入库单、材料费用分配表等也是一次凭证。

累计凭证，是指在一定时期内（一般以一月为限）用以多次登记连续发生的同类经济业务的自制原始凭证，其填制手续随着经济业务事项的发生而分次进行。以

限额领料单为例，其格式如表 5-2 所示。

表 5-2　限额领料单

材料批号：　　　　　　　发料仓库：　　　　　　　领料部门：

编号	类别	材料名称	规格	单位	领用限额	单价	金额
日期	请领数量	实发数量	发料人	领料人	限额结余	退库数量	退库单编号
合计							

主管：　　　　　　　　记账：　　　　　　　　保管人：

　　汇总凭证，是指根据一定时期内反映相同经济业务的多张原始凭证，汇总编制而成的自制原始凭证，以集中反映某项经济业务的总括发生情况。汇总原始凭证既可以简化会计核算工作，又便于进行经济业务的分析比较。如工资汇总表、现金收入汇总表、发料凭证汇总表等都是汇总原始凭证。以发料凭证汇总表为例，其格式如表 5-3 所示。

表 5-3　发料凭证汇总表

材料类别：　　　　　　　年　　月　　日　　　　　　附领料单　　　份

用途	领料单位	第一仓库	第二仓库	第三仓库	合计
总计					

主管：　　　　　　　　审核：　　　　　　　　制表：

　　汇总原始凭证只能将同类内容的经济业务汇总填列在一张汇总凭证中。在一张汇总凭证中，不能将两类或两类以上的经济业务汇总填列。汇总原始凭证的优点有：简化核算手续，提高核算工作效率；使核算资料更为系统化，核算过程更为条理化；能够直接提供某些综合指标。因此在大中型企业中使用非常广泛。

　　3. 按照格式不同分类：通用凭证、专用凭证

　　通用凭证是指由有关部门统一负责印制，在一定范围内使用的具有统一格式和使用方法的原始凭证。如某省（市）印制的在该省（市）通用的发货票，由中国人民银行制作的在全国通用的银行转账结算凭证，由国家税务局统一印制的全国通用

的增值税专用发票等。以增值税专用发票为例，其发票联格式如表5-4所示。

表5-4 增值税专用发票

No.07003151

开票日期： 年 月 日

购货单位	名称： 纳税人识别号： 地址、电话： 开户行及账号：		密码区					
货物或应税劳务名称	规格型号	单位	数量	单价	金额	税率	税额	（发票联）
合计								
价税合计			（小写）					
销货单位	名称： 纳税人识别号： 地址、电话： 开户行及账号：		备注					

收款人： 复核： 开票人： 开票单位：（章）

专用凭证是指由单位自行印制，仅在本单位内部使用的原始凭证。如领料单，差旅费报销单，折旧计算表，工资费用分配表等。以差旅费报销单为例，其格式如表5-5所示。

表5-5 差旅费报销单

部门： 年 月 日

出差人							出差事由					
出发				到达				交通费		出差补贴		其他费用	
月	日	时	地点	月	日	时	地点	交通工具	金额	天数	金额	项目	金额
												住宿费	
												市内车费	
												餐饮费	
												其他	
合计													
报销总额				预借差旅费						补领金额			
										退还金额			

主管： 出纳： 审核： 领款人：

4.按照用途不同分类：通知凭证、执行凭证、计算凭证

通知凭证，是指通知、要求、指示或命令单位进行某项经济业务的原始凭证。如缴、付款通知书、罚款通知书等。

执行凭证，是用来证明某项经济业务已经完成的原始凭证，又称为证明凭证。如发货单、领料单、增值税专用发票等。

计算凭证，是指根据其他原始凭证和有关会计核算资料进行相关计算而编制的原始凭证，又称为手续凭证。这类凭证有制造费用分配表、产品成本计算单、工资计算表等。

二、原始凭证的填制要求

（1）记录要真实。原始凭证所填列的经济业务内容和数字必须真实可靠，不得弄虚作假和涂改、挖补。

（2）内容要完整。原始凭证中规定的各项目，必须填写齐全，不能遗漏和简略；需要填一式数联的原始凭证，必须用复写纸套写，各联的内容必须完全相同，联次也不得缺少；业务经办人员必须在原始凭证上签名或盖章，对凭证的真实性和正确性负责。

（3）手续要完备。单位自制的原始凭证必须有经办单位领导人或者其他指定的人员的签名盖章；对外开出的原始凭证必须加盖本单位公章；从外部取得的原始凭证，必须盖有填制单位的公章；从个人取得的原始凭证，必须有填制人员的签名盖章。

（4）书写要清楚。原始凭证要用蓝色或黑色笔书写，字迹清楚、规范；填写支票必须使用碳素笔；属于需要套写的凭证，必须一次套写清楚；各种凭证不得随意涂改、刮擦、挖补，若填写错误，应采用规定方法予以更正。对于重要的原始凭证，如支票以及各种结算凭证，一律不得涂改。对于预先印有编号的各种凭证，在填写错误后，要加盖"作废"戳记，并单独保管。

（5）数字书写要规范。阿拉伯数字应一个一个地写，不得连笔写。合计的小写金额前应加注币值符号，如"¥"、"HK$"、"US$"等；币值符号与阿拉伯金额数字之间不得留有空白；所有以元为单位的阿拉伯金额数字，除表示单价等情况外，一律填写到角分，无角分的，角位和分位可写"0"或符号"—"；有角无分的，分位应写"0"，不得用符号"—"代替。凡阿拉伯数字前写有人民币符号"¥"

的，数字后面不再写"元"字。汉字大写金额数字及单位，一律用正楷字或行书字书写，如壹、贰、叁、肆、伍、陆、柒、捌、玖、拾、佰、仟、万、亿、圆、角、分、零、整等易于辨认、不易涂改的字样。大写金额有分的，后面不加"整"（或"正"）字，其余一律在末尾加"整"（或"正"）字；大写金额前应加注币值单位，注明"人民币"、"美元"、"港币"等字样，且币值单位与金额数字之间，以及各金额数字之间不得留有空隙。阿拉伯金额数字中间有"0"时，汉字大写金额要写"零"字，如101.50，汉字大写金额应写成"人民币壹佰零壹圆伍角整"。阿拉伯金额数字中间连续有几个"0"时，汉字大写金额中可以只写一个"零"字，如1004.56，汉字大写金额应写成"人民币壹仟零肆圆伍角陆分"。阿拉伯金额数字元位是"0"或数字中间连续有几个"0"，元位也是"0"但角位不是"0"时，汉字大写金额可只写一个"零"字，也可不写"零"字，如1320.56，汉字大写金额应写成"人民币壹仟叁佰贰拾圆零伍角陆分"，或"人民币壹仟叁佰贰拾圆伍角陆分"。

（6）编号要连续。如果原始凭证已预先印定编号，在写坏作废时，应加盖"作废"戳记，妥善保管，不得撕毁。

（7）不得涂改、刮擦、挖补。原始凭证有错误的，应当由出具单位重开或更正，更正处应当加盖出具单位印章。原始凭证金额有错误的，应当由出具单位重开，不得在原始凭证上更正。

（8）填制要及时。每笔经济业务发生或完成后，经办业务的有关部门和人员必须及时填制原始凭证，做到不拖延、不积压，并按规定的程序将其送交会计部门。

（9）统一格式。一般情况下，诸如增值税专用发票之类的原始凭证是由税务机关统一印制和监制，一般发票是由财政部门统一印制和监制。

三、原始凭证的审核

（一）审核内容

（1）审核原始凭证的合法性。合法性审核包括原始凭证所记录经济业务是否有违反国家法律法规的情况，是否履行了规定的凭证传递和审核程序，是否有贪污腐化等行为。

（2）审核原始凭证的真实性。真实性审核包括原始凭证日期是否真实、业务内容是否真实、数据是否真实等内容的审查。此外，外来原始凭证必须有填制单位公章和填制员签章；自制原始凭证必须有经办部门和经办人员的签字或盖章；通用原始凭证还应审核凭证本身的真实性，以防假冒。

（3）审核原始凭证的合理性。审核原始凭证所记录的经济内容是否符合单位生产经营的需要，是否符合有关的计划、预算等。

（4）审核原始凭证的完整性。审核原始凭证所填写的项目是否齐全，是否有漏项情况，数字是否清晰，文字是否工整，手续是否完备，有关单位和人员是否盖章、签名，凭证联次是否正确等。

（5）审核原始凭证的正确性。审核原始凭证各项金额的计算及填写是否符合标准；凭证中有书写错误的，是否采用正确的方法更正。

（6）审核原始凭证的及时性。经济业务发生或完成时，应及时填制有关原始凭证。审核时应注意审查凭证的填制日期，尤其是支票、银行汇票、银行本票等时效性较强的原始凭证，更应仔细验证其签发日期。

（二）审核结果处理

（1）对于完全符合要求的原始凭证，应及时编制记账凭证入账。

（2）对于真实、合理、合法但不完整的原始凭证，应退回有关经办人，由其负责将有关凭证补充完整，更正错误或重开后，再办理会计手续。

（3）对于不真实、不合法的原始凭证，会计机构、会计人员有权不予接受，并向单位负责人报告。

第三节　记账凭证及其填制与审核

一、记账凭证的基本内容

（一）记账凭证的概念

记账凭证又称记账凭单，或分录凭单，是会计人员根据审核无误的原始凭证按照经济业务事项的内容加以归类，并据以确定会计分录后所填制的会计凭证。

由于原始凭证来自不同的单位，种类繁多，数量庞大，格式不一，不能清楚地表明应记入的会计科目的名称和方向。为了便于登记账簿，需要根据原始凭证反映的不同经济业务，加以归类和整理，填制具有统一格式的记账凭证，确定会计分录，并将相关的原始凭证附在后面。这样不仅可以简化记账工作、减少差错，而且有利于原始凭证的保管，便于对账和查账，提高会计工作质量。

（二）记账凭证的基本要素

作为记账直接依据的记账凭证应当具备以下基本内容：

（1）记账凭证的名称；

（2）填制记账凭证的日期；

（3）记账凭证的编号；

（4）经济业务事项的内容摘要；

（5）经济业务事项所涉及的会计科目及其记账方向；

（6）经济业务事项的金额；

（7）记账标记；

（8）所附原始凭证张数；

（9）会计主管、记账、审核、出纳、制单等有关人员的签章。

（三）记账凭证的种类

1. 按其适用的经济业务：专用记账凭证、通用记账凭证

专用凭证是用来专门记录某一类经济业务的记账凭证。按其所记录的经济业务是否与现金和银行存款的收付有关，专用凭证又分为收款凭证、付款凭证和转账凭证。

（1）收款凭证。用于记录库存现金和银行存款收款业务的会计凭证。它是根据有关现金和银行存款收入业务的原始凭证填制，是登记现金日记账、银行存款日记账以及有关明细账和总账等账簿的依据，也是出纳人员收讫款项的依据。收款凭证格式如表5-6所示。

表5-6　收款凭证

借方科目　　　　　　　　年　　月　　日　　　　　___字第___号

摘要	贷方科目		过账	金额	附件 张
	总账科目	明细科目			
合　计					

会计主管：　　　　记账：　　　　稽核：　　　　出纳：　　　　制证：

（2）付款凭证。用于记录库存现金和银行存款付款业务的会计凭证。它是根据有关现金和银行存款支付业务的原始凭证填制，是登记现金日记账、银行存款日记账以及有关明细账和总账等账簿的依据，也是出纳人员付讫款项的依据。付款凭证如表5-7所示。

表5-7　付款凭证

贷方科目　　　　　　　　　　年　　月　　日　　　　　　　____字第____号

摘要	借方科目		过账	金额	附件张
	总账科目	明细科目			
合　计					

会计主管：　　　记账：　　　　稽核：　　　　出纳：　　　　制证：

　　收款凭证和付款凭证是用来记录货币收付业务的凭证，既是登记现金日记账、银行存款日记账、明细分类账及总分类账等账簿的依据，也是出纳人员收、付款项的依据。出纳人员不能依据现金、银行存款收付业务的原始凭证收付款项，必须根据会计主管人员或指定人员审核批准的收款凭证和付款凭证收付款项，以加强对货币资金的管理，有效地监督货币资金的使用。

　　（3）转账凭证。用于记录不涉及库存现金和银行存款业务的会计凭证。它是根据有关转账业务的原始凭证填制。转账凭证是登记总分类账及有关明细分类账的依据。转账凭证格式如表5-8所示。

表5-8　转账凭证

年　　月　　日　　　　　　　____字第____号

摘要	总账科目	明细科目	过账	借方金额	贷方金额	附件张
合　计						

会计主管：　　　记账：　　　　稽核：　　　　出纳：　　　　制证：

通用记账凭证是一种适合所有经济业务的记账凭证。通用记账凭证没有将记账凭证按照内容进行分类，而是发生什么样的经济业务就直接做会计分录，不用再进行详细分类。采用通用记账凭证，将经济业务所涉及的会计科目全部填列在一张凭证内，借方在前，贷方在后，将各会计科目所记应借应贷的金额填列在"借方金额"和"贷方金额"栏内，借贷要相等。通用记账凭证一般适用于业务量少、凭证不多的小型企事业单位，其格式与转账凭证基本相同。

2.按其包括的会计科目是否单一：单式记账凭证、复式记账凭证

单项记账凭证，也称单式凭证。将一项经济业务涉及的各个会计科目分别填制凭证，即一张凭证中只填列经济业务事项所涉及的一个会计科目及其金额的记账凭证，其对方科目只供参考，不据以记账。也就是把某一项经济业务的会计分录，按其所涉及的会计科目，分散填制两张或两张以上的记账凭证。单式记账凭证的格式如表5-9、表5-10所示。

表5-9 借项记账凭证

对应科目： 年 月 日 编号

摘要	一级科目	二级或明细科目	金额	记账	附件张

会计主管： 记账： 审核： 出纳： 制单：

表5-10 贷项记账凭证

对应科目： 年 月 日 编号

摘要	一级科目	二级或明细科目	金额	记账

会计主管： 记账： 审核： 出纳： 制单：

单式记账凭证的优点是内容单一，便于记账工作的分工，也便于按科目汇总；其缺点则是凭证张数多，填制工作量大，内容分散，在一张凭证上不能完整地反映一笔经济业务的来龙去脉。因此，在使用这种记账凭证的场合，需要加强凭证的复核、装订和保管工作。

复式记账凭证是将一项经济业务所涉及的应借、应贷的各个会计科目，都集中填列在一张凭证中。复式记账凭证可以集中反映账户的对应关系，因而便于了解经济业务的全貌，了解资金的来龙去脉；便于查账，同时可以减少填制记账凭证的工作量，减少记账凭证的数量；但是不便于汇总计算每一会计科目的发生额，不便于分工记账。收款凭证、付款凭证和转账凭证都是复式记账凭证的格式。

3.按其是否经过汇总：汇总记账凭证、非汇总记账凭证

非汇总记账凭证是指按照每项经济业务或按每项经济业务所涉及的每个会计科目填制的记账凭证。前述收款凭证、付款凭证和转账凭证都属于非汇总凭证，其特点是直接根据原始凭证逐笔编制，而不是定期汇总编制。

汇总记账凭证是指根据非汇总记账凭证定期加以汇总而重新编制的记账凭证。汇总记账凭证按汇总方法不同，可分为分类汇总和全部汇总两种。

（1）分类汇总记账凭证，是定期按照记账凭证的种类分别汇总填制，并据以登记总账的特殊记账凭证。分类汇总的记账凭证可定期按现金、银行存款及转账业务等进行汇总，也可按科目进行汇总。如根据收款凭证汇总填制的"汇总收款凭证"；根据付款凭证汇总填制的"汇总付款凭证"；根据转账凭证汇总填制的"汇总转账凭证"等。也可将汇总收款凭证进一步细分为"现金汇总收款凭证"和"银行存款汇总收款凭证"；将汇总付款凭证进一步细分为"现金汇总付款凭证"和"银行存款汇总付款凭证"。汇总记账凭证的汇总时间一般不超过十天，每月在一张汇总凭证上汇总三次，月终结出各科目的累计汇总数，并据以登记总账。

汇总收款凭证按借方科目（库存现金或银行存款）设置，按其相对应的贷方科目汇总。汇总收款凭证格式如表5-11所示。

表5-11 汇总收款凭证

借方科目：银行存款 　　　　　××年×月

贷方科目	金 额				总账页次	
	1日至10日	11日至20日	21日至31日	合 计	借方	贷方
主营业务收入	28 000	75 200	10 000	113 200		
应交税费	4 760	12 784	1 700	19 244		
其他应收款		2 000		2 000		
营业外收入	100		300	400		
合 计	32 860	89 984	12 000	134 844		

汇总付款凭证按贷方科目（库存现金或银行存款）设置，按其相对应的借方科目汇总。汇总付款凭证格式如表5-12所示。

表5-12 汇总付款凭证

贷方科目：库存现金　　　　　　　　××年×月

借方科目	金　额				总账页次	
	1日至10日	11日至20日	21日至31日	合　计	借方	贷方
应付职工薪酬	140 000			140 000		
制造费用	5 800		6 200	12 000		
管理费用	3 300	1 700	1 000	6 000		
其他应付款	850	300		1 150		
合　计	149 950	2 000	7 200	159 150		

汇总转账凭证一律按贷方科目设置，按其相对应的借方科目汇总。因此，转账凭证上的分录一定要做成简单分录或一贷多借的复合分录。汇总转账凭证的格式如表5-13所示。

表5-13 汇总转账凭证

贷方科目：原材料　　　　　　　　××年×月

借方科目	金　额				总账页次	
	1日至10日	11日至20日	21日至31日	合　计	借方	贷方
生产成本			79 000	79 000		
制造费用			2 800	2 800		
管理费用			4 500	4 500		
其他业务成本			1 730	1 730		
合　计			88 030	88 030		

（2）全部汇总记账凭证，是根据一定期间的记账凭证全部汇总填制的，如"科目汇总表"就是全部汇总记账凭证。其格式如表5-14所示。

表5-14 科目汇总表

　　年　　月　　日—　　日　　　　　　　　　　　第　　号

会计科目	总账页数	本期发生额		记账凭证起讫号数
		借方	贷方	
合　计				

二、记账凭证的填制要求

（一）基本要求

（1）记账凭证应连续编号。填制记账凭证时，应当对记账凭证进行连续编号，即每月从第1号起编，按顺序编至月末，以分清会计业务处理的先后顺序，便于凭证与账簿的核对。使用不同种类的记账凭证，编号的方法有所不同。在使用单一记账凭证时，可将单位发生的经济业务按发生的顺序统一编号；采用收款凭证、付款凭证和转账凭证的，可进行分类编号，即按凭证类别顺序编号，如按收字第×号、付字第×号、转字第×号三类编号；或按现收字第×号、现付字第×号、银收字第×号、银付字第×号、转字第×号五类编号。无论使用哪种记账凭证，都应按月连续进行编号。一笔经济业务需要填制两张以上记账凭证的，可以采用"分数编号法"，如企业发生的第78笔业务需要编制三张凭证，在编号时分别写成78-1/3，78-2/3，78-3/3。

（2）记账凭证的书写应清楚、规范。特别是金额数字的书写要正确规范，与原始凭证相符，记账凭证上所填的金额应是所附原始凭证的合计金额；角、分位不能为空，也不能用"—"代替，应填写"0"。

（3）记账凭证应以原始凭证为依据。除结账和更正错误的记账凭证可以根据账簿记录填制、不附原始凭证外，其他记账凭证必须根据原始凭证填制。收款凭证和付款凭证是根据收、付款的原始凭证编制的。转账凭证是根据有关转账业务的原始凭证或者是账簿记录编制的。记账凭证可以根据每一张原始凭证填制，也可以根据若干张同类原始凭证汇总编制，还可以根据原始凭证汇总表编制。但不得将不同内容和类别的原始凭证编制在一张记账凭证上。

（4）填制记账凭证时若发生错误应当重新填制。已登记入账的记账凭证在当年内发现填写错误时，可以用红字填写一张与原内容相同的记账凭证，在摘要栏注明"冲销某月某日某号凭证"字样，同时再用蓝字重新填制一张正确的记账凭证，注明"订正某月某日某号凭证"字样。如果会计科目没有错误，只是金额错误，也可将正确数字与错误数字之间的差额，另编一张调整的记账凭证，调增金额用蓝字、调减金额用红字。发现以前年度记账凭证有错误的，应当用蓝字填制一张更正的记账凭证。

（5）摘要填写应简明扼要。记账凭证的摘要栏是填写经济业务简要说明的，摘要应与原始凭证内容相一致，正确反映经济业务的主要内容，既要防止简而不明，又要防止过于烦琐，应能使阅读者通过摘要就能了解该项经济业务的性质、特征，判断出会计分录的正确与否，一般不需要再去翻阅原始凭证或询问有关人员。

（6）记账凭证中填制完经济业务事项后，如有空行，应当自金额栏最后一笔金额数字下的空行处至合计数上的空行处画线注销，并在合计数的第一位数字前填写人民币符号"¥"。

（7）记账凭证所附原始凭证的张数，一般应以原始凭证的自然张数为准。如果记账凭证附有原始凭证汇总表，应该把所附的原始凭证和原始凭证汇总表的张数一起计入附件张数之内。对于需要单独保管的原始凭证，应当在记账凭证上注明单独存放的地点。

（8）记账凭证填制完毕，有关人员应该签字或者盖章。

（二）收款凭证的编制要求

凡涉及现金或银行存款增加的业务（现金和银行收款之间划转业务除外），都必须填制收款凭证。收款凭证左上角的"借方科目"按收款的性质填写"现金"或"银行存款"；日期填写的是编制本凭证的日期；右上角填写编制收款凭证的顺序号；"摘要"填写对所记录的经济业务的简要说明；"贷方科目"填写与收入现金或银行存款相对应的会计科目；"记账"是指该凭证已登记账簿的标记，防止经济业务事项重记或漏记；"金额"是指该项经济业务事项的发生额；该凭证右边"附件××张"是指本记账凭证所附原始凭证的张数；最下边分别由有关人员签章，以明确经济责任。

（三）付款凭证的编制要求

付款凭证是用来记录货币资金付款业务的记账凭证，它是根据审核无误的有关现金和银行存款付款业务的原始凭证填制的。在借贷记账法下，付款凭证的设置科目是贷方科目，在付款凭证左上方所列的"贷方科目"应填列"库存现金"或"银行存款"科目；在付款凭证内所反映的借方科目，应填列与付出现金或银行存款相对应的一级科目和二级明细科目；其余各项目的填列方法与收款凭证基本相同。对于涉及"现金"和"银行存款"之间的经济业务，为避免重复一般只编制付款凭证，不编收款凭证。

（四）转账凭证的编制要求

转账凭证是根据转账业务的原始凭证填制的，其填制方法与收款凭证、付款凭证有所不同。转账凭证的科目栏应分别填列应借、应贷的一级账户和所属的明细账户。借方账户应记金额，在借方账户同一行的"借方金额"栏填列；贷方账户应记金额，在贷方账户同一行的"贷方金额"栏填列。借、贷方金额栏合计数应相等。

三、记账凭证的审核

为使记账凭证的填制符合记账要求，正确反映经济业务的内容，登记账簿前，必须由专人对记账凭证进行审核。记账凭证的审核是在对原始凭证审核的基础上所进行的再审核，着重审核记账凭证的填制是否正确、是否符合规定要求。审核的主要内容有以下几点：

（1）审核是否按已审核无误的原始凭证填制记账凭证。审核记账凭证是否附有原始凭证，记录的内容与所附原始凭证是否一致，金额是否相等；所附原始凭证的张数是否与记账凭证所列附件张数相符。记账凭证汇总表与记账凭证的内容是否一致。

（2）审核记账凭证所列会计科目（包括一级科目、明细科目）是否正确，应借、应贷方向和金额是否正确；借贷双方的金额是否平衡；明细科目金额之和与相应的总账科目的金额是否相等。

（3）审核记账凭证摘要是否填写清楚，日期、凭证编号、附件张数以及有关人员签章等各个项目填写是否齐全。若发现记账凭证的填制有差错或者填列不完整、签章不齐全，应查明原因，责令更正、补充或重填。只有经审核无误的记账凭证，才能据以登记账簿。

四、原始凭证与记账凭证的关系

原始凭证与记账凭证之间存在着密切的联系。原始凭证是记账凭证的基础，记账凭证是根据原始凭证编制的。在实际工作中，原始凭证附在记账凭证后面，作为记账凭证的附件；记账凭证是对原始凭证内容的概括和说明；原始凭证有时是登记明细账户的依据。记账凭证和原始凭证同属于会计凭证，但二者存在着以下差别：

（1）原始凭证是由经办人员填制的；记账凭证一律由会计人员填制。

（2）原始凭证是根据发生或完成的经济业务填制；记账凭证则是根据审核后的原始凭证填制。

（3）原始凭证仅用以记录、证明经济业务已经发生或完成；记账凭证要依据会计科目对已经发生或完成的经济业务进行归类、整理。

（4）原始凭证是填制记账凭证的依据；记账凭证是登记账簿的依据。

第四节　会计凭证的传递与保管

一、会计凭证的传递

（一）会计凭证传递的概念

会计凭证的传递，是指各种会计凭证从填制、取得到归档保管为止的全部过程，即在企业、事业和行政单位内部有关人员和部门之间传送、交接的过程。各单位要严格规定各种凭证的填写、传递与凭证份数，规定会计凭证传递的程序、移交的时间和接受与保管的部门。

会计凭证的传递主要包括凭证的传递路线、传递时间和传递手续三个方面的内容。

（1）传递路线。规定各种经济业务应填制何种会计凭证、经济业务发生时由谁填制或取得，交谁接办该项业务，当某项业务由两个以上部门共同办理时，还应规定凭证应传递到哪些环节及其先后顺序。如果一项经济业务需要填制或取得数联会计凭证时，还应为每一联会计凭证分别规定其用途和传递路线。各种会计凭证的传递路线应根据它所记录的经济业务的特点、本单位机构的设置、岗位分工以及经济管理的需要等情况具体规定，但要避免通过不必要的环节，以提高办事效率。

（2）传递时间。会计凭证的传递时间，应考虑各部门和有关人员的工作内容和工作量在正常情况下完成的时间，明确规定各种凭证在各个环节上停留的最长时间，不能拖延和积压会计凭证，以免影响会计工作的正常程序。一切会计凭证的传递和处理，都应在报告期内完成，不允许跨期，否则将影响会计核算的准确性和及时性。

（3）传递手续。会计凭证的传递手续是指在凭证传递过程中的衔接手续。应该做到既完备严密，又简便易行。凭证的收发、交接都应按一定的手续制度办理，以保证会计凭证的安全和完整。

（二）会计凭证传递的意义

正确组织会计凭证的传递，对于及时处理和登记经济业务，明确经济责任，实行会计监督，具有重要作用。会计凭证传递的实质是在单位内部经营管理各部门之间、各环节之间搭建桥梁，起着协调和组织的作用。会计凭证传递程序是单位管理规章制度重要的组成部分，传递程序的科学与否，反映一个单位管理的科学程度。会计凭证传递的意义如下：

（1）有利于及时反映各项经济业务的发生或完成情况。通过确定会计凭证传递程序和时间，能把有关经济业务的完成情况及时反映给有关部门和人员，以保证会计凭证按时送到财务会计部门，及时记账、结账，按规定编制会计报表。

（2）有利于正确组织经济活动，贯彻经济责任制。通过正确的组织会计凭证的传递，能把本单位各有关部门和人员的活动紧密联系起来，明确分工协作关系，强化各工作的监督和制约作用，体现经济责任制度的执行情况。

（3）有利于加强会计监督。会计凭证实际上起着相互牵制、监督的作用，可以督促各有关部门和人员及时正确地完成各项经济业务，并按规定办理好各种凭证手续，从而加强各部门岗位责任制，有助于发挥会计的监督作用。

（三）会计凭证传递的要求

（1）要根据经济业务的特点，单位内部机构的设置和人员分工情况，以及经营管理上的需要，恰当地规定各种会计凭证的联数和所流经的必要环节，做到既要使各有关部门和人员能利用凭证了解经济业务情况，并按照规定手续进行处理和审核，又要避免凭证传递通过不必要的环节，影响传递速度。

（2）要根据有关部门和人员对经济业务办理必要手续（如计量、检验、审核、登记等）的需要，确定凭证在各个环节停留的时间，保证业务手续的完成。但又要避免不必要的耽搁，从而使会计凭证以最快速度传递，以充分发挥它及时传递经济信息的作用。

（3）建立凭证交接的签收制度。为了确保会计凭证的安全和完整，在各个环节中都应指定专人办理交接手续，做到责任明确，手续完备、严密、简便易行。

二、会计凭证的保管

（一）概念

会计凭证的保管是指会计凭证记账后的整理、装订、归档和存查工作。

会计凭证是记录经济业务、明确经济责任、具有法律效力的证明文件，又是登记账簿的依据，所以，它是重要的经济档案和历史资料。任何单位在完成经济业务手续和记账之后，必须按规定立卷归档，形成会计档案资料，妥善保管，以便日后随时查阅。

（二）保管要求

（1）会计凭证应定期装订成册，防止散失。从外单位取得的原始凭证遗失时，应取得原签发单位盖有公章的证明，并注明原始凭证的号码、金额、内容等，由经办单位会计机构负责人、会计主管人员和单位负责人批准后，才能代作原始凭证。若确实无法取得证明的，如车票丢失，则应由当事人写明详细情况，由经办单位会计机构负责人、会计主管人员和单位负责人批准后，代作原始凭证。

（2）会计凭证封面应注明单位名称、凭证种类、凭证张数、起止号数、年度、月份、会计主管人员、装订人员等有关事项，会计主管人员和保管人员应在封面上签章。

（3）会计凭证应加贴封条，防止抽换凭证。原始凭证不得外借，其他单位如有特殊原因确实需要使用时，经本单位会计机构负责人、会计主管人员批准，可以复制。向外单位提供的原始凭证复制件，应在专设的登记簿上登记，并由提供人员和收取人员共同签名、盖章。

（4）原始凭证较多时，可单独装订，但应在凭证封面注明所属记账凭证的日期、编号和种类，同时在所属的记账凭证上应注明"附件另订"及原始凭证的名称和编号，以便查阅。

（5）每年装订成册的会计凭证，在年度终了时可暂由单位会计机构保管一年，期满后应当移交本单位档案机构统一保管；未设立档案机构的，应当在会计机构内部指定专人保管。出纳人员不得兼管会计档案。

（6）严格遵守会计凭证的保管期限要求，期满前不得任意销毁。

（三）保管期限

会计凭证的保管期限，应按会计制度规定执行。会计凭证的保管期限分为永久和定期保管两种。除年度财务报表及某些涉外的会计凭证、会计账簿属于永久保管，其他属于定期保管，期限为3年、5年、10年、15年和25年五种。

（1）原始凭证、记账凭证的保管期限为15年，其中涉及外来和对私改造的会计凭证属于永久保管。

（2）银行存款余额调节表的保管期限为3年。

本章小结

会计凭证是记录经济业务、明确经济责任、按一定格式编制的据以登记会计账簿的书面证明。会计凭证按其编制程序和用途的不同，分为原始凭证和记账凭证。填制、审核会计凭证的意义为：记录经济业务的发生和完成情况，为会计核算提供原始依据；检查经济业务的真实性、合法性和合理性，为会计监督提供重要依据；明确经济责任，为落实岗位责任制提供重要文件；监督经济活动，控制经济运行。

原始凭证又称单据，是在经济业务发生或完成时取得或填制的，用以记录或证明经济业务的发生或完成情况的文字凭据。填制原始凭证要做到：记录真实、内容完整、手续完备、书写规范、编号连续、不得涂改、刮擦、挖补、及时填制。

记账凭证又称记账凭单，或分录凭单，是会计人员根据审核无误的原始凭证按照经济业务事项的内容加以归类，并据以确定会计分录后所填制的会计凭证。专用凭证按其所记录的经济业务与现金和银行存款的收付有无关系，又分为收款凭证、付款凭证和转账凭证三种。

会计凭证是记录经济业务、明确经济责任、具有法律效力的证明文件，又是登记账簿的依据，所以，它是重要的经济档案和历史资料。会计凭证传递的实质是在单位内部经营管理各部门之间、各环节之间起着协调和组织的作用。通过会计传递，有利于及时地反映各项经济业务的发生或完成情况，正确地组织经济活动，贯彻经济责任制，加强会计监督。任何单位在完成经济业务手续和记账之后，必须按规定立卷归档，形成会计档案资料，妥善保管，以便日后随时查阅。

思考题

（1）填制与审核会计凭证有何意义？

（2）会计凭证如何分类？每种凭证有何作用？

（3）原始凭证有哪些填制要求？

（4）填制记账凭证时应遵循哪些要求？

（5）何谓会计凭证传递？会计凭证传递应包括哪些具体环节？

练习题

一、单选题

（1）下列属于外来原始凭证的有（　　）。

　　A.本单位开具的销售发票

　　B.供货单位开具的发票

　　C.职工出差取得的飞机票和火车票

　　D.银行收付款通知单

（2）如果单位取得的原始凭证出现金额错误，应采取（　　）。

　　A.由本单位在错误处更改

　　B.由出具单位更正并加盖出具单位印章

　　C.必须由出具单位重开

　　D.由本单位在错误处更改，但必须盖章

（3）记账凭证的填制是重要的会计工作，下列人责中应作为填制记账凭证的人员是（　　）。

　　A.出纳人员　　　　　　　　　　B.经办人员

　　C.会计人员　　　　　　　　　　D.财务总监

（4）下列业务中应该编制收款凭证的是（　　）。

　　A.购买原材料用银行存款支付

　　B.收到销售商品的款项

　　C.购买固定资产，款项尚未支付

　　D.销售商品，收到商业汇票一张

（5）关于会计凭证的保管，下列说法不正确的是（　　）。

　　A.会计凭证应定期装订成册，防止散失

　　B.会计主管人员和保管人员应在封面上签章

　　C.原始凭证不得外借，其他单位如有特殊原因确实需要使用时，经本单位会计机构负责人、会计主管人员批准，可以复制

　　D.经单位领导批准，会计凭证在保管期满前可以销毁

二、多选题

（1）下列属于原始凭证的有（　　）。

　　A.差旅费报销单　　　　　　　　B.销售发票

C. 制造费用分配表　　　　　　　　D. 银行对账单

（2）下列选项中属于各种原始凭证必须具备的基本内容包括（　　）。

A. 凭证名称、填制日期和编号

B. 应借、应贷会计科目名称和有关人员签章

C. 经济业务的基本内容

D. 填制和接受凭证单位的名称

（3）下列说法正确的是（　　）。

A. 记账凭证上的日期指的是经济业务发生的日期

B. 对于涉及"库存现金"和"银行存款"之间的经济业务，一般只编制收款凭证

C. 出纳人员不能直接依据有关收、付款业务的原始凭证办理收、付款业务

D. 出纳人员必须根据经会计主管或其指定人员审核无误的收、付款凭证办理收、付款业务

（4）记账凭证的审核是单位重要的会计工作之一。下列各项中，属于记账凭证审核内容的有（　　）。

A. 内容是否真实　　　　　　　　B. 项目是否齐全

C. 科目是否正确　　　　　　　　D. 金额是否正确

（5）下列说法正确的是（　　）。

A. 已经登记入账的记账凭证，在当年内发现填写错误时，直接用蓝字重新填写一张正确的记账凭证即可

B. 发现以前年度记账凭证有错误的，可以用红字填写一张与原内容相同的记账凭证，再用蓝字重新填写一张正确的记账凭证

C. 如果会计科目没有错误只是金额错误，也可以将正确数字与错误数字之间的差额，另填制一张调整的记账凭证，调增金额用蓝字，调减金额用红字

D. 发现以前年度记账凭证有错误的，应当用蓝字填制一张更正的记账凭证

三、判断题

（1）原始凭证是登记日记账和明细账的依据。（　　）

（2）更正错账和结账的记账凭证，可以不附原始凭证。（　　）

（3）当单位从银行提取现金时，应编制现金收款凭证。（　　）

（4）记账凭证后附原始凭证的目的是防止原始凭证遗失，并便于与记账凭证进行核对。（　　）

（5）会计凭证的传递应保证传递程序的合理化、制度化和传递时间的节约。（　　）

四、实务题

瑞海公司 20×× 年 12 月份发生下列经济业务。

总分类账：

库存现金	10 000	短期借款	400 000
银行存款	120 000	应付账款	312 000
应收账款	80 000	应付职工薪酬	60 000
原材料	180 000	应交税费	18 000
库存商品	150 000	实收资本	500 000
生产成本	50 000	盈余公积	240 000
固定资产	800 000	未分配利润	300 000
累计折旧	80 000		
合　计	1 470 000	合　计	1 470 000

明细分类账：

生产成本：A 产品 30 000 元

　　　　　 B 产品 20 000 元

向供应单位购进下列材料已运到仓库，但款项尚未支付。其中：

甲材料 500 千克 4 元 / 千克，共计 2 000 元。

乙材料 1 500 千克 2 元 / 千克，共计 3 000 元。

丙材料 200 台 5 元 / 台，共计 1 000 元。

合计 6 000 元。

购入材料进项税额 1 020 元。

以银行存款支付甲、乙两种材料运费 400 元（按两种材料重量比例分配）；丙材料运费 100 元。

以银行存款归还前欠某单位购材料款 5 000 元。

购入甲材料 200 千克，每千克 4 元，运费 40 元，进项税额 136 元，共计 976 元，以银行存款支付，材料尚在运输途中。

向供应单位购进下列材料，已经运达企业，但款项尚未支付。其中：

乙材料 500 千克 2 元 / 千克，共计 1 000 元。

丙材料 300 台 5 元 / 件，共计 1 500 元。

合计 2 500 元。

购入材料进项税额 425 元。

上述各种材料已运达瑞海公司，以银行存款支付材料的运费和装卸费：

甲材料运费和装卸费 80 元。

乙材料运费和装卸费 400 元。

丙材料运费和装卸费 200 元。

合计 680 元。

上述材料均已验收入库，按其实际成本转换（前面各题如已结转了成本，以下数据仅供核对，不再编制会计分录）：

甲材料 700 千克 3 496 元。

乙材料 2 000 千克 5 380 元。

丙材料 500 件 3 225 元。

合计 12 101 元。

瑞海公司 20×× 年 12 月份只生产 A、B 两种产品，仓库本月发出材料汇总表如下：

	甲材料		乙材料		丙材料		合计（元）
	数量（千克）	金额	数量（千克）	金额	数量（千克）	金额	
用于生产A产品	400	2 000	200	540	100	650	3 190
用于生产B产品	300	1 500	100	270	50	325	2 095
车间一般耗用			100	270			270
办公区管理耗用			80	216			216
合　计	700	3 500	480	1 296	150	975	5 771

用银行存款支付本月电费 3 000 元（6 000 度，每度电 0.5 元）。其中，A 产品用电 3 000 度，B 产品用电 1 500 度，车间照明用电 1 000 度，办公区管理部门用电 500 度。

本月发生的应付职工工资，按其用途汇总如下：

生产车间工人工资：

A 产品生产工人工资 20 000 元。

B 产品生产工人工资 18 000 元。

车间管理人员工资 10 000 元。

办公区管理人员工资 20 000 元。

合计 68 000 元。

从银行提取现金 68 000 元，发放当月职工工资。

用现金 68 000 元，发放当月职工工资。

按工资总额的 14%，提取职工福利费。

计提当月固定资产折旧 80 000 元，其中生产车间应负担 60 000 元，厂部管理部门应负担 20 000 元。

摊销上季度已预付应由本月负担的财产保险费 3 200 元。

用现金支付本月份银行借款利息 2 000 元。

以银行存款支付下年度的报纸杂志费 3 000 元。

生产部员工李华外出开会，预支差旅费 1 000 元，以现金支付。

以银行存款支付董事会费用 1 200 元。

以现金支付车间办公费 400 元，办公区办公费 800 元。

员工李华回到公司后报销差旅费 1 200 元，差额部分补付现金。

以银行存款支付管理部门业务咨询费 500 元。

将本月发生的制造费用分配并转入"生产成本"账户，按 A、B 两种产品生产工时比例分配（A 产品 400 工时，B 产品 200 工时）。

A 产品投产 200 件，月末已经全部完工，B 产品投产 150 件，完工 100 件。经过测算，剩余 50 件在产品的成本占全部 150 件总成本（到现在为止）的 20%，在计算的基础上结转瑞海公司完工产品的制造成本。

20×× 年 12 月份售出下列产品，货款存入银行。专用发票列示：

产品销售收入 8 000 元，其中：

A 产品 80 件 60 元/件，共计 4 800 元。

B 产品 40 件 80 元/件，共计 3 200 元。

应收取增值税销项税额 1 360 元。

以银行存款支付上述售出产品的运杂费 720 元。

销售给建兴公司 B 产品 200 件，单位售价 80 元，共计 16 000 元，销项税额 2 720 元，款项尚未收到。

销售给新华公司 A 产品 100 件，单位售价 120 元，共计 12 000 元，销项税额 2 040 元，款项暂欠。

通过银行转账支付产品展销费 1 500 元。

月末，结转已售 A、B 两种产品的销售成本（按照 A、B 两种产品的单位生产成本来计算）。

无法支付的应付账款 5 000 元，经批准转作营业外收入。

存放产成品的仓库遭受非常损失 15 000 元，经上级同意转作营业外支出。

出售积压库存甲材料一批，共计 5 000 元，应交增值税销项税额 850 元，款项已存入银行。

结转上述已出售的积压库存材料的成本 4 000 元。

将自己持有的每股面值 100 元的股票（交易性金融资产）250 股，按每股 250 元转让，收回的 62 500 元已存入银行账户。

月终，汇总当月增值税的销项税额和进项税额（进项税额从第 3 笔经济业务开始汇集，销项税额从第 35 笔经济业务开始汇集），并按应交纳增值税额的 7% 提取城建税，按 3% 提取教育费附加，按 2% 提取地方教育附加。

月末，将主营业务收入、其他业务收入、营业外收入、投资收益转入"本年利润"账户，同时将主营业务成本、其他业务成本、营业税金及附加、营业外支出、销售费用、管理费用、财务费用转入"本年利润"账户。

根据当月实现的利润总额，按规定税率 25% 计算应交所得税。

按税后利润的 10% 提取盈余公积。

经研究决定本月应付给投资者利润 12 000 元。

要求：根据上述经济业务填制相应记账凭证。

案例分析

王某是单位的财务负责人，一次在复核时发现，由于会计李某不小心丢了三张记账凭证，王某在经过审核原始凭证后，批评李某工作太马虎，同时让他重新编制三张记账凭证。另外一次王某在复核时发现陈某编制的银行存款付款凭证所附 20 万元的现金支票存根丢失，同时发现还有几张现金付款凭证所附原始凭证与凭证所注张数不符，王某马上让陈某停止工作，并且与他一起回忆、追查这张支票的去向。陈某对此非常不满，认为王某小题大做，故意整他，偏向李某。你如何看待这件事？

第六章　会计循环（二）：
会计账簿的设置与登记

★ 理解会计账簿的概念和设置意义。

★ 掌握日记账、分类账的设置和登记方法。

★ 理解会计账簿的启用和登记规则，熟悉错账更正的方法。

★ 理解对账的要求，掌握结账的方法。

★ 了解账簿的更换与保管要求。

【引导案例】

2×03年4月，ABC超市经工商核准设立，股东为DEF公司和XYZ超市商业公司（后更名为XYZ超市股份有限公司）。ABC超市的公司章程约定：ABC超市应当在每一年度终了时编制财务会计报告，经会计师事务所审验后，十天内送交各股东及政府有关部门，并接受其监督；股东有权自行聘请审计师、会计师查阅公司账簿，查阅时，公司应当提供方便。

2×11年3月23日，DEF公司向XYZ超市出具承诺函一份，承诺放弃在ABC超市中对A的经营管理权、利润分配权、表决权等一切股东权利，该承诺在ABC超市存续期内持续有效。

ABC超市提供给DEF公司的2×13年3月31日资产负债表记载，期末股东权益为12 243 880.16元，经汇洪会计师事务所有限公司审计调整后的期末股东权益为8 835 166元。即ABC超市出具的资产负债表反映的净资产额与以同一日为评估基准日所进行的评估结果汇总表反映的净资产额存在较大差距。

DEF公司因无法知悉具体情况而对ABC超市会计账簿的真实性存有怀疑。2×14年9月至2×15年8月，DEF公司多次向ABC超市发函，要求ABC超市向其提供经营和资产情况报告及会计师事务所的年度审计报告。ABC超市收函后，或以DEF公司要求过于广泛为由拒绝，或以有关审计报告和资产评估报告已经提供并得到确认为由拒绝。DEF公司遂向法院提起诉讼，请求判令ABC超市提供2×06年1月至起诉当月止的公司月度、年度会计报告、会计账簿及原始凭证供其查阅、复制。

根据上述资料，请思考：会计账簿在会计循环中的意义是什么？会计账簿能否随意查阅？何种情况下可以查阅会计账簿？

第一节　会计账簿的意义与分类

一、会计账簿的概念及分类

（一）概念

会计账簿简称账簿，是由具有一定格式、相互联系的账页所组成，用来序时、分类、全面地记录一个单位经济业务事项的会计簿籍。

填制会计凭证后之所以还要设置和登记账簿，是由于二者虽然都是用来记录经济业务，但二者的作用不同。在会计核算中，对每一项经济业务，都必须取得和填制会计凭证，因而会计凭证数量很多，又很分散，而且每张凭证只能记载个别经济业务的内容，所提供的资料是零星的，不能全面、连续、系统地反映和监督一个单位在一定时期内某一类和全部经济业务活动情况，且不便于日后查阅。因此，为了给经济管理提供系统的会计核算资料，各单位都必须在凭证的基础上设置和运用登记账簿的方法，把分散在会计凭证上的大量核算资料，加以集中和归类整理，生成有用的会计信息，从而为编制会计报表、进行会计分析以及审计提供主要依据。

需要注意的是，账户存在于账簿之中，账簿中的每一账页就是账户的存在形式和载体，没有账簿，账户就无法存在；账簿序时、分类地记载经济业务，是在个别账户中完成的。因此，账簿只是一个外在形式，账户才是它的真实内容。账簿与账户的关系是形式和内容的关系。

（二）分类

1.按用途不同：序时账簿、分类账簿和备查账簿

（1）序时账簿。又称日记账，是按照经济业务发生或完成时间的先后顺序逐日逐笔进行登记的账簿。在我国，大多数单位一般只设现金日记账和银行存款日记账。按其记录的内容不同，序时账簿分为普通日记账和特种日记账两种。

普通日记账是用来登记全部经济业务发生情况的日记账，通常把每天发生的经济业务按业务发生的先后顺序记入账簿中，依次作为登记分类账的依据，故又称分录日记账。

特种日记账是专门用来记录某一特定项目经济业务发生情况的日记账。将该类

经济业务，按其发生的先后顺序记入账簿中，反映这一特定项目的详细情况。特种日记账的设置，应根据业务特点和管理需要而定，特别是那些发生繁琐、需严加控制的项目，应予以设置。例如：普通日记账、现金日记账、银行存款日记账。

（2）分类账簿。对全部经济业务事项按照会计要素的具体类别而设置的分类账户进行登记的账簿。分类账簿有总分类账簿和明细分类账簿两种。按照总分类账户分类登记经济业务事项的是总分类账簿，简称总账。按照明细分类账户分类登记经济业务事项的是明细分类账簿，简称明细账，是根据明细分类科目开设账户，用来登记某一类经济业务，进行明细分类核算，提供明细核算资料的分类账簿。总分类账提供总括的会计信息，明细分类账提供详细的会计信息，两者相辅相成，互为补充。

（3）备查账簿。又称辅助账簿，是对某些在序时账簿和分类账簿等主要账簿中都不予登记或登记不够详细的经济业务事项进行补充登记时使用的账簿。相对于序时账簿和分类账簿这两种主要账簿而言，备查账簿属于辅助性账簿，它可以为经营管理提供参考资料，如委托加工材料登记簿、租入固定资产登记簿等。

2. 按账页格式不同：两栏式、三栏式、多栏式、数量金额式和横线登记式

（1）两栏式账簿。在账页中只设两个金额栏的账簿。它按经济业务引起资金数量的增加和减少的两种变化，设置借方和贷方两个金额栏，不设余额栏。各种收入、费用类账户都可以采用两栏式账簿。

（2）三栏式账簿。三栏式账簿是设有借方、贷方和余额三个基本栏目的账簿。各种日记账、总分类账以及资本、债权、债务明细账都可采用三栏式账簿。三栏式账簿又分为设对方科目和不设对方科目两种，区别是在"摘要"栏和"借方科目"栏之间是否有一栏"对方科目"。有"对方科目"栏的，称为设对方科目的三栏式账簿；无"对方科目"栏的，称为不设对方科目的三栏式账簿。日记账、总分类账、资本、债权、债务明细账一般采用三栏式账簿。

（3）多栏式账簿。多栏式账簿是根据经济业务的特点和经营管理的需要，在一张账页的借方栏或贷方栏设置若干专栏，集中反映有关明细项目的核算资料。它主要适用于只记金额、不记量，而且在管理上需要了解其构成内容的费用、成本、收入、利润账户，如"生产成本"、"制造费用"、"管理费用"、"主营业务收入"等账户的明细分类账。"本年利润"、"利润分配"和"应交税费——应交增值税"等科目所属明细科目则需采用借、贷方均为多栏式明细账。

（4）数量金额式账簿。数量金额式账簿的借方、贷方和余额三个栏目内，都分设数量、单价和金额三小栏，借以反映财产物资的实物数量和价值量。原材料、库

存商品等明细账一般都采用数量金额式账簿。

（5）横线登记式账簿。在同一张账页的同一行，记录某一项经济业务从发生到结束的相关内容，即将每一相关的业务登记在一行，从而可依据每一行各个栏目的登记是否齐全来判断该项业务的进展情况。该明细分类账适用于登记材料采购业务、应收票据和一次性备用金业务。

3. 按外形特征不同：订本账、活页账和卡片账

（1）订本式账簿，又称订本账。是在账簿启用之前就把若干顺序编号的、具有专门格式的账页固定装订成册的账簿。这种账簿的主要优点是可以避免账页散失，防止随意抽换账页，比较安全。但是，由于账页已经固定，在使用时必须为每一账户预留账页，可能会出现某些账户预留账页不足，而有些账账户预留账页过多，影响记账工作的连续性或造成浪费；另外，订本账在同一时间只能由一人负责登记，不便于分工。订本账簿主要适用于总分类账和现金、银行存款日记账。

（2）活页式账簿，又称活页账。是把若干张零散的账页，根据业务需要，自行组合成的账簿。采用活页式账簿，账页不固定地装订在一起，可以根据实际需要，随时将空白账页加入账簿，在同一时间里，可由多人分工登录。但活页式账簿中的账页容易散失和被抽换，空白账页在使用时必须顺序编号并装置在账夹内，在更换新账后，要装订成册或予以封扎，并妥善保管。活页式账簿主要适用于各种明细账。

（3）卡片式账簿，简称卡片账。是将一定数量的卡片式账页存放于专设的卡片箱中，账页可以根据需要随时增添的账簿。卡片账一般适用低值易耗品、固定资产等的明细核算。在我国一般只对固定资产明细账采用卡片账形式。

二、会计账簿的意义

从原始凭证到记账凭证，按照一定的会计科目和复式记账法，将大量的经济信息转化为会计信息记录在记账凭证上。但是，这些记录在会计凭证上的信息还是分散的，不系统的。为了把分散在会计凭证中的大量核算资料加以集中并分类反映，为经营管理提供系统、完整的核算资料，并为编报会计报表提供依据，就必须设置和登记账簿。设置和登记账簿是会计核算的专门方法之一，账簿的设置和登记，对于全面、系统、序时、分类反映各项经济业务，充分发挥会计在经济管理中的作用，具有重要意义。

（1）通过账簿的设置和登记，可以系统地归纳和积累会计核算资料，为改善企

业经营管理，合理使用资金提供资料。通过账簿的序时核算和分类核算，把单位经营活动情况、收入的构成和支出情况，财物的购置、使用、保管情况，全面、系统地反映出来，用于监督计划和核算的执行情况及资金的合理有效使用，促使单位改善经营管理。

（2）通过设置和登记账簿，可以为计算财务成果编制会计报表提供依据。根据账簿记录的费用、成本和收入、成果资料，可以计算一定时期的财务成果，检查费用、成本、利润计划的完成情况。经核对无误的账簿资料，及其加工的数据为编制会计报表提供总括和具体的资料，是编制会计报表的主要依据。

（3）通过设置和登记账簿，为财产清查的进行提供依据。通过设置和登记账簿，能够在账簿中连续反映各项产物资的增减变动及结存情况，并通过财产清查等方法，确定财产物资的实际结存情况，账簿记录控制实存物资，以保证财产物资的安全完整。

（4）通过设置和登记账簿，为开展财务分析和会计检查提供依据。通过对账簿资料的检查、分析，可以了解单位贯彻有关方针、政策和制度的情况，可以考核各项计划的完成情况；另外，通过对账簿资料的检查、分析，能够对资金使用是否合理，费用开支是否符合标准，经济效益有无提高，利润的形成与分配是否符合规定等做出分析、评价，从而找出差距，挖掘潜力，提出改进措施。

第二节　会计账簿的设置与登记

一、会计账簿的设置

会计账簿的设置包括确定账簿的种类，设计账页的格式、内容和规定账簿登记的方法等。根据《中华人民共和国会计法》（以下简称《会计法》）规定，各单位发生的各项经济业务事项应当在依法设置的会计账簿上统一登记、核算，不得违反《会计法》和国家统一的会计制度的规定私设会计账簿登记、核算。

（一）设置原则

任何单位都应当根据本单位经济业务的特点和经济管理的要求，设置相应的账簿。一般情况下，设置账簿应遵循以下基本原则：

1. 全面性

账簿设置应能保证全面地反映和监督经济活动情况，既要能为经济管理提供总括的数据信息资料，又要能提供一些详细具体的数据信息资料，满足单位管理部门和各方面信息使用者对各类经济技术指标的需求。

2. 清晰性

应结合各单位的经济活动特点，按所记录的经济业务内容和所提供的核算指标的要求设置账簿，明确账簿的种类、账页的格式、内容及登记方法；明确账簿体系中不同账户的特定的经济内容，明确账簿的登记责任。

3. 系统性

账簿设置必须做到组织严密、层次分明，账簿之间保持内在联系和勾稽关系，起到相互制约的作用，有关账簿应能科学地联系在一起，共同构成一个完整的账簿体系，全面、系统地反映生产经营活动，为经济管理提供全面系统、各种各样的经济活动信息，还应防止过分复杂或简化。

4. 衔接性

会计报表是根据会计账簿记录编制的，报表中的有关指标应能直接从有关总分类账户或明细分类账户中取得和填列，以加速会计报表的编制，而尽量避免从几个账户中取得资料进行加减运算来填报。

（二）基本内容

各种账簿所记录的经济内容不同，账簿的格式又多种多样，不同账簿格式所包括的具体内容也不尽一致，但各种账簿应具备一些基本要素，这些基本要素主要包括以下三项内容：

1. 封面

主要标明账簿的名称，如总分类账簿、现金日记账、银行存款日记账。除订本账不另设封面以外，各种活页账都应设置封面和封底，并登记单位名称、账簿名称和所属会计年度。

2. 扉页

在启用新会计账簿时，应首先填写在扉页上印制的"账簿启用及交接表"中的启用说明，其中包括单位名称、账簿名称、账簿编号、起止日期、单位负责人、主管会计、审计人员和记账人员等项目，并加盖单位公章。在会计人员发生变更时，应办理交接手续并填写"账簿启用及交接表"中的交接说明。

3. 账页

账簿用来记录经济业务事项的载体，其格式反映经济业务内容的不同而有所不同。

二、会计账簿的登记

登记账簿简称记账或过账，是会计核算工作的一项重要内容，账簿作为重要的会计档案资料和会计信息的主要储存工具，为保证账簿记录的正确、完整和及时，账簿的登记必须遵循一定的规则来进行。

（一）日记账的登记

日记账可以用来连续记录全部经济业务的完成情况，也可以用来连续记录某类经济业务的完成情况。为了逐日反映现金和银行存款的收付情况，各单位一般应设置特种日记账，通过现金日记账和银行存款日记账分别记录现金和银行存款的收入、支出及结存情况。有条件的单位还可以采用普通日记账形式登记全部经济业务的完成情况。

1. 普通日记账的登记

普通日记账一般只设借方和贷方两个金额栏，以便分别记入各项经济业务所确定的账户名称及借方和贷方的金额，也称为两栏式日记账，或叫分录簿。

普通日记账由记账员根据原始凭证按照经济业务发生的时间顺序逐日逐笔序时进行登记。"日期"栏填写经济业务发生的时间；"凭证号数"栏填写登记账簿的依据；"摘要"栏对经济业务进行简要说明；"对应账户"栏按照先借后贷的顺序填写该笔经济业务应借或应贷的账户名称；"金额"栏填写对应账户的借方金额和贷方金额；"过账页码"栏填写根据普通日记账中应借或应贷的账户名称和金额过入对应账簿的页次。普通日记账格式如表6-1所示。

表6-1　普通日记账

20××年		凭证		会计科目	摘要	借方金额	贷方金额	过账
月	日	字	号					

2. 特种日记账的登记

现金日记账和银行存款日记账是专门用于记录货币资金收支情况的特种日记账，必须采用订本式账簿，其账页格式一般采用三栏式，在同一张账页分设"借方"、"贷方"和"余额"三栏。为了清晰地反映现金和银行存款收付业务的具体内容，在"摘要"栏后，还专设"对方科目"栏，登记对方科目名称。为了便于与银行对账，也便于反映银行存款收付所采用的结算方式，并突出各单位支票的管理，银行存款日记账还专设了"结算凭证种类和号数"栏或专设"现金支票号数及转账支票号数"。

（1）现金日记账的登记。

现金日记账是用来核算和监督库存现金每天的收入、支出和结存情况的账簿，其格式有三栏式和多栏式两种。无论采用三栏式还是多栏式现金日记账，都必须使用订本账，均应根据与现金收、支有关的记账凭证来登记现金日记账，并在每日业务终了，结出现金日记账的余额，与库存现金实有额进行核对，发生差错，应该及时查明原因，做出处理。对于超出库存现金限额的现金应该按照规定送存银行。三栏式现金日记账格式如表6-2所示。

表6-2　现金日记账

20××年		凭证		摘要	对方科目	借方金额	贷方金额	余额	√
月	日	字	号						

日期栏登记记账凭证日期，通常应与现金实际收付日期一致；凭证栏登记收、付款凭证的种类和编号。如"现金收款凭证"简写为"现收"；"摘要"栏根据收付款凭证的摘要，简明地记入经济业务的内容；根据收付款凭证上所列的对方科目，在"对方科目"栏填写上对应账户的名称，目的在于了解经济业务的来龙去脉；收入、支出栏登记现金实际收付的金额；每日终了，应分别计算现金收入和支出的合计数，根据"上日余额＋本日收入－本日支出－本日余额"的公式，逐日结出现金余额，并与库存现金实存数核对，以检查每日现金收付是否有误，即通常称为"日清"。月末时，在本月末最后一行记载内容下面的"摘要"栏里写上"本月发生额及月末余额"，"收入"栏数额为本月收入的合计数，"支出"栏数额为本月支出的合计数，用月初余额加本月收入合计减去本月支出合计为本月末结存现金余额，即"月结"。

现金日记账也可以在"收入"、"支出"栏下再按与其"收入"、"支出"相对应的账户分设若干专栏，形成多栏式现金日记账。多栏式现金日记账格式见表6-3。

表6-3　现金日记账

20××年		凭证号数	摘要	收入（贷记下列科目）				支出（借记下列科目）					结余
月	日			银行存款	主营业务收入	……	收入合计	银行存款	生产成本	管理费用	……	支出合计	

（2）银行存款日记账的登记。

由于银行存款的业务都是根据特定的银行结算凭证进行的，因此，为了便于和银行对账，应根据银行存款收付所依据的结算凭证的种类和号数登记"结算凭证种类和编号"栏，如转账支票、现金支票、信汇、电汇、银行汇票、银行本票等结算凭证的号数后四位数字填写。银行存款日记账通常由出纳员根据审核无误的银行存款收款凭证、银行存款付款凭证或通用凭证逐日逐笔顺序登记。三栏式银行存款日记账格式如表6-4所示。

表6-4　银行存款日记账

20××年		凭证		摘要	对方科目	借方金额	贷方金额	余额	√
月	日	字	号						

日期栏，按记账凭证所记的银行存款实际收付的日期登记；凭证栏，按入账的收付款凭证的分类及编号或通用凭证"字"、"号"填列，如"银行存款收（付）款凭证"，简写为"银收（付）"，并标明号数。对于将现金存入银行的业务，根据现金付款凭证登记银行存款日记账。摘要栏，简要说明入账的经济业务的内容，文字要简练。借方栏或收入栏一般根据银行存款收款凭证登记，贷方栏或支出栏一般根据银行存款付款凭证登记。

多栏式银行存款日记账格式如表6-5所示。

表6-5　银行存款日记账

存款种类：

20××年		凭证号数	摘要	收入（贷记下列科目）				支出（借记下列科目）				结余
月	日			实收资本	应收账款		合计	材料采购	库存现金		合计	

无论采用何种格式的银行存款日记账，均应根据与银行存款收、支有关的记账凭证来登记，每日业务终了，应结出余额，并定期与银行核对账目。

对于有外币收支业务的涉外企业，银行存款日记账可以按照种类设置，在设计格式时，应加入币种、汇率、外币金额栏。

需要说明的是，对于将现金存入银行的业务，为了避免重复，一般只填制现金付款凭证，不再填制银行存款收款凭证。因此，这种业务应根据现金付款凭证登记银行存款日记账的借方栏。每日银行存款收付款项逐笔登记完毕后，应分别计算银行存款增加和银行存款减少的合计数并结出账面余额，以便定期与银行存款对账单核对。

（二）分类账的登记

分类账，是按类别登记全部经济业务或某类经济业务的概括或明细资料的账簿。在会计核算中，为了适应经营管理上的需要，既要求会计提供概括的核算指标，又需要提供详细具体的核算指标。因此，一切经济业务发生以后，一方面要按类别进行总括登记，为编制会计报表提供依据；另一方面又要在每一类中按层次进行明细登记，以补充反映总分类账各构成要素的增减变化和结果。

1.总分类账的登记

（1）格式。

总分类账是按照总分类账户分类登记以提供总括会计信息的账簿。总分类账一般采用订本式账簿。总分类账的账页格式，一般采用"借方"、"贷方"、"余额"三栏式，根据实际需要，也可以在"借方"、"贷方"两栏内增设"对方科目"栏。总分类账的账页格式，也可以采用多栏式格式，如把序时记录和总分类记录结合在一起联合账簿，即日记总账。总分类账的登记依据和方法，主要取决于所采用的会计核算形式。总分类账格式如表6-6所示。

表6-6 总分类账

会计科目或编号：

20××年		凭证		摘要	对方科目	借方金额	贷方金额	借或贷	余额	√
月	日	字	号							

（2）登记方法。

总分类账可以根据记账凭证逐笔登记，也可以根据经过汇总的科目汇总表或汇总记账凭证等登记。登记总账的基本方法是逐笔过账法，即依据记账凭证，把经济业务逐笔从记账凭证转记到总分类账的各个账户之中去。过账内容包括将记账凭证所记载的每笔经济业务的日期、凭证的种类、号数、摘要、借方金额和贷方金额分别过入总分类账的各有关账户的有关各栏，并结出余额。摘要栏的登记原则上应按记账凭证摘要栏内容照抄，但记账凭证的摘要栏主要是说明该项经济业务的内容和性质，而账户的摘要栏则主要是说明有关账户的金额增减变动情况，因而可以有较细微的差别。在每一笔经济业务过入分类账后，要检查过账有无错误，复核无误后，在记账凭证上注明分类账页码、账户编号或做"√"过账标记。每一账户应在每一行计算出一个账户余额，或者同一天的账项计算出余额。如账户余额为"0"应在"借或贷"栏填写"平"字，并在余额栏记入"0"。

2. 明细分类账的登记

明细分类账是根据二级账户或明细账户开设账页，分类、连续地登记经济业务以提供明细核算资料的账簿，其格式有三栏式、多栏式、数量金额式和横线登记式（或称平行式）等多种。

（1）格式。

①三栏式明细分类账。三栏式明细分类账是设有借方、贷方和余额三个栏目，用以分类核算各项经济业务，提供详细核算资料的账簿，其格式与三栏式总账格式相同，适用于只进行金额核算的账户。三栏式明细分类账格式如表 6-7 所示。

表 6-7　明细分类账

会计科目：
明细科目：

20××年		凭证		摘要	借方金额	贷方金额	借或贷	余额	√
月	日	字	号						

②多栏式明细分类账。多栏式明细分类账是根据经济业务的特点和经营管理的需要，在一张账页的借方栏或贷方栏设置若干专栏，集中反映有关明细项目的核算资料。它主要适用于只记金额、不记数量，而且在管理上需要了解其构成内容的费用、成本、收入、利润账户，如"生产成本"、"制造费用"、"管理费用"、"主营业务收入"等账户的明细分类账。"本年利润"、"利润分配"和"应交税费——应交增值税"等科目所属明细科目则需采用借、贷方均为多栏式明细账。多栏式明细分类账格式如表 6-8 所示。

表6-8　明细分类账

会计科目：
明细科目：

记账凭证				合计							
20××年		凭证		金额	金额	金额	金额	金额	金额	金额	金额
月	日	字	号	金额							

多栏式明细账的格式视管理需要而呈多种多样。它在一张账页上，按明细科目分设若专栏，集中反映有关明细项目的核算资料。如"制造费用明细账"，它在借方栏下，可分若干专栏，如工资和福利费、折旧费、修理费、办公费等。多栏式明细分类账是由会计人员根据审核无误的记账凭证或原始凭证，按照经济业务发生的时间先后顺序逐日逐笔进行登记的，对于成本费用类账户，只在借方设专栏，平时在借方登记费用、成本发生额，贷方登记月末将借方发生额一次转出的数额。平时如发生贷方发生额，应用"红字"在借方有关栏内登记，表示应从借方发生额中冲减。同样，对于收入、成果类账户，只在贷方设专栏，平时在贷方登记收入的发生额，借方登记月末将贷方发生额一次转让"本年利润"的数额，若平时发生退货，应用"红字"在贷方有关栏内登记。

③数量金额式明细分类账。数量金额式明细分类账其借方（收入）、贷方（发出）和余额（结存）都分别设有数量、单价和金额三个专栏，以分别登记实物的数量和金额，适用于既要进行金额核算又要进行数量核算的账户。如"原材料"、"产成品"等账户的明细核算。它能提供各种财产物资收入、发出、结存等的数量和金额资料，便于开展业务和加强管理的需要。数量金额式明细分类账格式如表6-9所示。

表6-9　明细分类账

会计科目：
明细科目：

记账凭证				摘要	借方			贷方			余额		
20××年		凭证			数量	单价	金额	数量	单价	金额	数量	单价	金额
月	日	字	号										

（2）登记方法。

不同类型经济业务的明细分类账可根据管理需要，依据记账凭证、原始凭证或汇总原始凭证逐日逐笔或定期汇总登记。固定资产、债权、债务等明细账应逐日逐笔登记；库存商品、原材料、产成品收发明细账以及收入、费用明细账可以逐笔登记，也可定期汇总登记。

（三）辅助性账簿的设置和登记

辅助性账簿一般没有固定的格式，其登记依据应视具体业务而定，如租入的固定资产，由于其产权并不属于企业，但它又参加了企业的生产经营活动，为了核算租金的需要，同时保证租入固定资产的安全，有必要设置"租入固定资产登记簿"进行核算。"租入固定资产登记簿"格式见表6-10。

表6-10　租入固定资产登记簿

固定资产名称及规格	租约号数	出租单位	租入日期	使用部门		归还日期	租金	备注
				日期	单位			

第三节　会计账簿的启用与登记规则

一、会计账簿的启用规则

为了保证账簿记录的合法性和账簿所记录资料的完整性，保证会计核算工作的质量，明确记账责任，必须按照一定的规则启用账簿。

启用新的会计账簿时，应当在账簿封面上写明单位名称和账簿名称，并填写账簿扉页上的"启用表"，注明启用日期、账簿起止页数（活页式账簿，可于装订时填写起止页数）、记账人员和会计机构负责人、会计主管人员姓名等，并加盖名章和单位公章。当记账人员或者会计机构负责人、会计主管人员调动工作时，也要在"启用表"上注明交接日期、接办人员和监交人员姓名，并由交接双方签字或者盖章。这样做是为了明确有关人员的责任，加强有关人员的责任感，维护会计账簿记录的严肃性。具体要求如下：

（1）设置账簿的封面与封底。除订本账不另设封面以外，各种活页账都应设置封面和封底，并登记单位名称、账簿名称和所属会计年度。

（2）填写账簿启用及经管人员一览表。在启用新会计账簿时，应首先填写在扉页上印制的"账簿启用及交接表"中的启用说明，其中包括单位名称、账簿名称、账簿编号、起止日期、单位负责人、主管会计、审核人员和记账人员等项目，并加盖单位公章。会计人员发生变更时，应办理交接手续并填写"账簿启用及交接表"中的交接说明。账簿启用及交接表格式如表6-11所示。

表6-11　账簿启用及交接表

单位名称							公章		
账簿名称				（第　册）					
账簿编号									
账簿页数		本账簿共计　　页							
启用日期		公元　　年　　月　　日							
经管人员	单位主管		财务主管		复核		记账		
	姓名	盖章	姓名	盖章	姓名	盖章	姓名	盖章	
交接记录	经管人员		接管				交出		
	职位	姓名	年	月	日	盖章	年	月	日	盖章
备注									

（3）填写账户目录。总账应按照会计科目顺序填写科目名称及启用页号。在启用活页式明细分类账时，会计人员应按照所属会计科目填写科目名称和页码，在年度结账后，撤去空白账页，填写使用页码。

（4）粘贴印花税票。印花税票应粘贴在账簿的右上角，并且画线注销；使用缴款书缴纳印花税时，会计人员应在右上角注明"印花税已缴"及缴款金额。

二、会计账簿的登记规则

各种账簿应由记账人员按规定的记账方法，根据审核无误的记账凭证进行登记。

（一）登记规则

1. 登记账簿的依据

为了保证账簿记录的真实、正确，必须根据审核无误的会计凭证登账。各单位每天发生的各种经济业务，都要记账，记账的依据是会计凭证。

2. 登记账簿的时间

各种账簿应当每隔多长时间登记一次，没有统一规定。但是，一般的原则是：总分类账要按照单位所采用的会计核算形式及时登账；各种明细分类账，要根据原始凭证、原始凭证汇总表和记账凭证每天进行登记，也可以定期（三天或五天）登记。但是现金日记账和银行存款日记账，应当根据办理完毕的收付款凭证，随时逐笔顺序进行登记，最少每天登记一次。

3. 登记账簿的规范要求

（1）登记账簿时，应当将会计凭证日期、编号、业务内容摘要，金额和其他有关资料逐项记入账内，同时记账人员要在记账凭证上签名或者盖章，并注明已经登账的符号（如打"√"），防止漏记、重记和错记情况的发生。

（2）各种账簿要按账页顺序连续登记，不得跳行、隔页。如发生跳行、隔页，应将空行、空页画线注销，或注明"此行空白"或"此页空白"字样，并由记账人员签名或盖章。

（3）登记账簿时，要用蓝黑墨水或者碳素墨水书写。不得用圆珠笔（银行的复写账簿除外）或者铅笔书写。红色墨水只能用于制度规定的按红字冲账的记账凭证、在不设减少金额栏的多栏式账页中，登记减少数、在三栏式账户的余额栏前，如未印明余额方向的，在余额栏内登记负数金额。

（4）记账要保持清晰、整洁，记账文字和数字要端正、清楚、书写规范，一般应占账簿格距的二分之一，以便留有改错的空间。

（5）凡需结出余额的账户，应当定期结出余额。现金日记账和银行存款日记账必须每天结出余额。结出余额后，应在"借或贷"栏内写明"借"或"贷"的字样。没有余额的账户，应在该栏内写"平"字并在余额栏"元"位上用"0"表示。

（6）每登记满一张账页结转下页时，应当结出本页合计数和余额，写在本页最后一行和下页第一行有关栏内，并在本页的摘要栏内注明"转后页"字样，在次页的摘要栏内注明"承前页"字样。

（7）定期打印。实行会计电算化的单位，由于在以机器或其他磁性介质储存的状态下，各种资料或数据的直观性不强，而且信息处理的过程不明，不便于进行某些会计操作和进行内部或外部审计，对会计信息的安全和完整也不利，因此要求定期打印总账和明细账。

（二）错账更正

账簿记录应做到整洁，记账应力求正确，如果账簿记录发生错误，应按规定的方法进行更正。更正错账的方法有：画线更正法、红字更正法、补充登记法。

1. 画线更正法

在结账以前，如果发现账簿记录有错误，而记账凭证没有错误，仅属于记账时文字或数字上的笔误，应采用画线更正法。更正的方法是：先将错误的文字或数字用一条红色横线划去，表示注销；再在画线的上方用蓝色字迹写上正确的文字或数字，并在画线处加盖更正人图章，以明确责任。但要注意划掉错误数字时，应将整笔数字划掉，不能只划掉其中一个或几个写错的数字，并保持被划去的字迹仍可清晰辨认。如将"2015"写成"2051"，不应该只划去"15"，应该将"2015"全划去，然后在画线的上方写上"2051"。

2. 红字更正法

红字更正法是指由于记账凭证错误而使账簿记录发生错误，而用红字冲销原记账凭证，以更正账簿记录的一种方法。红字更正法适用于以下两种情况：

（1）记账以后，如果发现账簿记录的错误，是因记账凭证中的应借、应贷会计科目或记账方向有错误而引起的，应用红字更正法进行更正。更正的方法是：先用红字金额填写一张会计科目与原错误记账凭证完全相同的记账凭证，在"摘要"栏中写明"冲销错账"以及错误凭证的号数和日期，并据以用红字登记入账，以冲销原来错误的账簿记录；然后，再用蓝字或黑字填写一张正确的记账凭证，在"摘要"栏中写明"更正错账"以及冲账凭证的号数和日期，并据以用蓝字或黑字登记入账。

【例6-1】某单位以转账支票支付水电费5 000元。会计人员在填制记账凭证时误记入"销售费用"科目，并以登记入账，其错误记账凭证所反映的会计分录为：

借：销售费用　　　　　　5 000
　　贷：银行存款　　　　　5 000

该项分录应借记"管理费用"科目。在更正时，应用红字金额编制如下记账凭证：

①用红字编制一张与原错误记账凭证一样的凭证，然后用红字据此入账，冲销原来的错误记录（注：方框内的数字代表红字）：

借：销售费用 　　　　　$\boxed{5\ 000}$

　　贷：银行存款 　　　　　　$\boxed{5\ 000}$

②用蓝字编制一张正确的记账凭证：

借：管理费用 　　　　　5 000

　　贷：银行存款 　　　　　　5 000

（2）记账以后，如果发现记账凭证和账簿记录的金额有错误（所记金额大于应记的正确金额），而应借、应贷的会计科目没有错误，应用红字更正法进行更正。更正的方法是：将多记的金额用红字填制一张记账凭证，而应借、应贷会计科目与原错误记账凭证相同，在"摘要"栏写明"冲销多记金额"以及原错误记账凭证的号数和日期，并据以登记入账，以冲销多记的金额。

【例6-2】某单位以现金2 260元存入银行，在填制记账凭证时，误将金额填写为2 620元，并已登记入账。

编制的原记账凭证如下：

借：银行存款 　　　　　2 620

　　贷：库存现金 　　　　　2 620

更正时，应将多记的金额360元用红字编制一张与原记账凭证内容相同的记账凭证并登记入账，以冲减多记金额：

借：银行存款 　　　　　$\boxed{360}$

　　贷：库存现金 　　　　　$\boxed{360}$

3. 补充登记法

记账以后，如果发现记账凭证和账簿记录的金额有错误（所记金额小于应记的正确金额），而应借、应贷的会计科目没有错误，应用补充登记法进行更正。更正的方法是：将少记的金额用蓝字或黑字填制一张应借、应贷会计科目与原错误记账凭证相同的记账凭证，在"摘要"栏中写明"补充少记金额"以及原错误记账凭证的号数和日期，并据以登记入账，以补充登记少额。

【例6-3】某公司由于短期经营需求，于20×5年6月1日向银行借入短期借款200 000元，在填制记账凭证时，误做了如下会计分录，并已登记入账：

借：银行存款 　　　　　20 000

　　贷：短期借款 　　　　　20 000

更正时，将少记的金额用蓝字重新填制一张与原错误记账凭证账户名称相同、记账方向一致的记账凭证，并据以登记入账，补记少记的金额：

借：银行存款　　　　　　　180 000

贷：短期借款　　　　　　　180 000

第四节　对账与结账

登记账簿作为会计核算的方法之一，它除了包括记账外，还包括对账和结账两项工作。

一、对账

（一）概念

在会计工作中，由于主客观因素影响，难免会发生一些差错和账实不符情况。例如，填制记账凭证的差错，记账或过账的差错，以及财产物资的盘盈盘亏等。而发生的这些差错，有的是可以避免的，如工作疏忽或存在不正常行为的原因而引起的；有的却是不可避免的，如财产物资本身的性质或自然原因所造成的。因此，从单位来讲，为了保证账簿记录的正确与完整，如实反映和监督单位经济活动，为编制财务报告提供真实可靠的数据资料，在结账前有必要核对各种账簿记录，做好对账工作。

对账就是指在本期内对账簿记录所进行核对。为了保证各种账簿记录的完整和正确，为编制会计报表提供真实可靠的数据资料，必须做好对账工作。

（二）基本内容

1.账证核对

账证核对，月终要对账簿记录和会计凭证进行核对，以发现错误之处，并进行更正，这也是保证账账、账实相符的基础。核对账证是否相符的主要方法如下：

（1）看总账与记账凭证汇总表是否相符；

（2）看记账凭证汇总表与记账凭证是否相符；

（3）看明细账与记账凭证及所涉及的支票号码及其他结算票据种类等是否相符。

应将原始凭证、记账凭证与账簿记录中的各项经济业务进行核对，核对其时间、凭证字号、内容、数量、金额和会计账户是否相符，记账方向是否相符。可根据业务量的大小，或者逐笔核对，或者抽查核对。如发现有差错应逐步查到最初的根据，直至查出差错的原因为止。

2. 账账核对

账账核对，是指各种账簿之间的有关数字进行核对。主要包括：

（1）总分类账簿有关账户的余额核对。总分类账各账户本月借方发生额合计数与贷方发生额合计数是否相等；期末借方余额合计数与贷方余额合计数是否相等，以检查总分类账户的登记是否正确。

（2）总分类账簿与所属明细分类账簿核对。各明细分类账的本期借、贷方发生额合计数及期末余额合计数与总分类账应该分别核对相符，以检查各明细分类账的登记是否正确。

（3）总分类账簿与序时账簿核对。现金日记账和银行存款日记账的本期借、贷方发生额合计数及期末余额合计数与总分类账应该分别核对相符，以检查日记账的登记是否正确。

（4）会计部门的总账、明细账与有关职能部门的账、卡核对。会计部门有关财产物资的明细分类账结存数，应该与财产物资保管或使用部门的有关保管账的账存数核对相符，以检查双方记录是否正确。

3. 账实核对

账实核对，是指各种财产物资的账面余额与实存数额相核对，一般应采取财产清查的方法。具体内容包括：

（1）现金日记账账面余额与实地盘点的库存现金实有数相核对。

（2）银行存款日记账账面余额与开户银行账目（银行对账单）相核对。

（3）各种财产物资明细分类账账面余额与其清查盘点后的实存数相核对。

（4）各种应收、应付款明细分类账账面余额与有关债务、债权单位的账目相核对。账实核对一般是通过财产清查进行的。对此，将在财产清查一讲中做详细说明。

二、结账

（一）概念

为了定期总结某一会计期间（月度、季度、年度）的经济活动情况，考核经营成果，使各种账簿记录保持完整与正确，为编制财务会计报告做好准备，各单位应当按照规定定期进行结账工作。另外，单位因撤销、合并而办理账务交接时，也需要办理结账。

结账是指在将本期内所发生的经济业务全部登记入账的基础上，于会计期末按照规定的方法结算账目，包括结算出本期发生额和期末余额。

（二）程序

（1）结账前，必须将本期内发生的各项经济业务全部登记入账。不得把将要发生的经济业务提前入账，也不得把已经在本期发生的经济业务延至下期入账。为了确保结账的正确，在本期发生的各项经济业务全部入账的基础上，按照会计核算原则的要求，将有关的转账事项编制记账凭证，并据以记入有关账簿。

（2）实行权责发生制的单位，按照权责发生制的要求，进行账项调整的账务处理，并在此基础上，进行其他有关转账业务的账务处理，以计算确定本期的成本、费用、收入和利润。

①收入和费用的调整。本期已经发生但尚未收到相应款项的收入，应确认为本期的收入；已经在本期发生但未实际支付的费用，应确认为本期的费用。

②收入分摊和成本分摊的调整。收入分摊是指单位未完成全部商品的销售，但是已经收取相关全部款项，因而需要在期末按照已完成销售的比例，分摊确认本期收入的金额。成本分摊是指单位已经发生支出，且该支出能使若干个会计期间受益，因此要将这些支出在其受益的会计期间进行分摊。

需要说明的是，不能为了赶编报表而提前结账，也不能先编财务报表后结账。

（3）将损益类科目转入"本年利润"科目，结平所有损益类科目。

（4）结账时，应结出现金日记账、银行存款日记账以及总分类账和明细分类账各账户的本期发生额和期末余额，并将期末余额结转下期。

（三）方法

会计分期一般实行日历制，月末进行计算，季末进行结算，年末进行决算。结账于各会计期末进行，所以，可以分为月结、季结和年结。

1.月结

其方法是计算出"本月发生额"和"月末余额"，即在账簿中最后一笔经济业务记录的下一行，在摘要栏中注明"本月合计"字样，并在月结上下行线上各画一道红线。需要结出本年累计发生额的，在月结的下一行进行，在"摘要"栏内注明"本年累计"字样，并算出本年累计发生额，分别记入借方和贷方，并于该行下画一条红线；对于本月份未发生金额变化的账户，不进行月结。

2. 季结

季结的结账方法与月结基本相同，通常在每季度的最后一个月月结的下一行，在"摘要"栏内注明"本季合计"或"本季度发生额及余额"，同时结出借、贷方发生总额及季末余额。然后，在这一行下面画一条通栏单红线，表示季结的结束。需要结出本年累计发生额的，在季结的下一行进行。

3. 年结

办理年结时，应在12月份月结下面（需办理季结的，应在第四季度的季结下面）结算填列全年12个月的月结发生额和年末余额，如果没有余额，在余额栏内写上"平"或"0"符号，并在摘要栏内注明"本年合计"或"年度发生额及余额"字样；然后，将年初借（贷）方余额抄列于下一行的借（贷）方栏内，并在摘要栏内注明"年初余额"字样，同时将年末借（贷）方余额再列入下一行的贷（借）方栏内，在摘要栏内注明"结转下年"字样；最后，分别加计借贷方合计数，并在合计数下面画通栏双红线表示封账，完成了年结工作。需要更换新账的，应在新账有关账户的第一行摘要栏内注明"上年结转"或"年初余额"字样，并将上年的年末余额以相同方向记入新账中的余额栏内。

结账举例见表6-12。

表6-12　总　账

会计科目：银行存款

20×5年		凭证		摘要	借方	贷方	借或贷	余额
月	日	字	号					
1	1			上年结转			借	468 000
				略				
1	31			月结	612 500	743 600	借	336 900
2	28			月结	586 000	321 400	借	601 500
3	31			月结	743 100	986 500	借	358 100
3	31			季结	1 941 600	2 051 500	借	358 100
6	30			季结	1 314 700	1 581 600	借	91 200
9	31			季结	1 960 000	1 273 000	借	778 200

20×5年		凭证		摘要	借方	贷方	借或贷	余额
月	日	字	号					
12	31			季结	861 400	1 337 500	借	302 100
12	31			年结	6 077 700	6 243 600	借	302 100
				上年余额	468 000			
				结转下年		302 100		
				总计	6 545 700	6 545 700		

年度结账后总账和日记账应当更换新账，明细账一般也应更换。但有些明细账，如固定资产明细账等可以连续使用，不必每年更换。年终时，要把各账户的余额结转到下一会计年度，只在摘要栏注明"结转下年"字样，结转金额不再抄写。如果账页的"结转下年"行以下还有空行，应当自余额栏的右上角至日期栏的左下角用红笔画对角斜线注销。在下一会计年度新建有关会计账簿的第一行余额栏内填写上年结转的余额，并在摘要栏注明"上年结转"字样。

（四）注意事项

（1）对于需按月统计发生额的账户，在期末结账时，要在最后一笔业务记录下面的借方栏开始到余额栏为止画通栏单红线，结出本月发生额和余额，在摘要栏内盖"本月合计"戳记，在"本月合计"栏下面再画一条同样的通栏红线。

（2）对于需要结计本年累计发生额的账户每月结账时，应在"本月合计"栏下结出自年初至本月末止的累计发生额，登记在月份发生额下面，在摘要栏写明"本年累计"字样，在栏下再画一条通栏红线，12月末的"本年累计"就是全年累计发生额，应在全年累计发生额下面画通栏双红线。

（3）对于不需按月结计发生额的账户，如应收应付、财产物资明细账，每登记一次，就要随时结出余额，每月最后一笔余额就是月末余额，月末结账时，只需在最后一笔业务记录下面自借方栏至余额栏画通栏红线即可。

（4）对于总账账户只需结出月末金额即可，但在年终结账时，为了总括反映单位财务状况和经营成果全貌，核对账目，需将所有总账账户结出全年发生额和年末余额，在摘要栏内注明"本年合计"字样，并在合计栏下画通栏红线。

（5）单位在年度终了，会计人员需要结账。凡有余额的账户，应将其余额结转下年，即将所有有余额的账户余额直接过入新账余额栏内，而不需专门编制记账凭证，也不需要将余额再记入各账户的借方，使本年余额为零。

第五节　账簿的更换与保管

一、会计账簿的更换

会计账簿的更换是在会计年度末，将本年度旧账更换为下年度新账，并将上年度的会计账簿归档保管，目的是保持会计资料的连续性。

（1）总账、日记账、明细账在年度终了时应更换新账簿，并将各账户的余额结转到新的年度。

（2）对于个别采用卡片式的明细账，如固定资产卡片明细账，可以跨年度使用，不必每年更换新账。

（3）备查账簿可以连续使用。

需要注意的是，在更换会计账簿时，会计人员需要将上年度各账户的余额直接过入到新年度会计账簿相应的账户中，并在旧账簿中各账户余额栏加盖"结转下年"戳记。与此同时，在新账簿中相应账户的第一行摘要栏加盖"结转上年"戳记。进行年度结转时，会计人员不必依据记账凭证，即不用编制记账凭证。

二、会计账簿的保管

（一）概念

会计账簿是会计工作的重要历史资料，也是重要的经济档案，在经营管理中具有重要作用，因此，每一个会计主体都应按照国家有关规定，加强对会计账簿的管理，做好会计账簿的管理工作。

会计账簿在更换新账后除跨年使用的账簿外，其他账簿应按时整理归入会计档案保管。对账簿的管理包括日常管理和归档保管。

在日常管理中，各种账簿要分工明确，指定专人管理。账簿经管人员既要负责记账、对账、结账等工作，又要负责保证账簿的安全、完整，防止任意涂改、毁坏账簿等问题的发生。会计账簿未经领导和会计负责人或者有关人员批准，不能随意交给其他人员管理，非批准不能随意翻阅查看、摘抄和复制等。会计账簿除需要与外单位核对外，一般不能携带外出，对需要携带外出的账簿，通常由单位负责人或会计主管人员指定专人负责。

会计人员应在年度终了，将各种账户在结转下年、建立新账后，装订成册，加上封面，统一编号，归档保管。会计账簿暂由本单位财务会计部门保管一年，期满之后，由财务会计部门编造清册移交本单位的档案部门保管。

（二）归档保管程序

（1）首先按账簿启用表的使用页数核对账户是否相符，账页是否齐全，序号排列是否连续；然后，按会计账簿封面、账簿启用表、账户目录和排序整理好的账页顺序装订。

（2）将账页填写齐全，去除空白页和账夹，并加具封底封面；多栏式活页账、三栏式活页账、数量金额式活页账等不得混装，应按同类业务、同类账页装订在一起；在装订账页的封面上填写好账簿的种类，编好卷号，由会计主管人员、装订人或经办人签章。

（3）会计账簿应牢固、平整，不得有折角、缺角、错页、掉页、加空白纸的现象；会计账簿的封口要严密，封口处要加盖印章；封面应齐全、平整，并注明所属年度及账簿名称、编号，编号要一年一编，编号顺序是总账、现金日记账、银行存款日记账、明细分类账；旧账装订完毕后，按规定要求进行保管。

（三）保管期限

日记账一般为 15 年，而现金日记账和银行存款日记账为 25 年，固定资产卡片在固定资产报废清理后保存 5 年，其他账簿（总账、明细账和辅助账簿）一般应保存 15 年。涉外和对私改造的账簿要永久保存。

（四）销毁

保管期满后，会计主体要按照会计档案管理办法的规定，由财会部门和档案部门共同鉴定，报经批准后进行处理。合并、撤销单位的会计账簿，要根据不同情况，分别移交给并入、撤销单位、上级主管部门或主管部门指定的其他单位接受保管，并由交接双方在移交清册上签名或盖章。

本章小结

会计账簿是由具有一定格式、相互联系的账页所组成，用来序时、分类、全面记录一个单位、单位经济业务事项的会计簿籍。通过账簿的设置和登记，可以系统

地归纳和积累会计核算资料，为改善企业经营管理，合理使用资金提供资料，

为计算财务成果编制财务报表提供依据，为财产清查的进行提供依据，为开展财务分析和会计检查提供依据。

会计账簿的设置包括确定账簿的种类，设计账页的格式、内容和规定账簿登记的方法等。登记账簿是会计核算工作的一项重要内容，为了保证账簿记录的正确、完整和及时，账簿的登记必须遵循一定的规则来进行。主要包括日记账和分类账的登记。

启用新的会计账簿主要包括设置账簿的封面与封底、填写账簿启用及经管人员一览表、填写账户目录以及粘贴印花税票。各种账簿应由记账人员按规定的记账方法，根据审核无误的记账凭证进行登记。错账更正的方法主要包括画线更正法、红字更正法和补充登记法。

对账就是指在本期内对账簿记录所进行核对。基本内容包括账证核对、账账核对、账实核对。结账是指在将本期内所发生的经济业务全部登记入账的基础上，于会计期末按照规定的方法结算账目，包括结算出本期发生额和期末余额。

会计账簿的更换是在会计年度末，将本年度旧账更换为下年度新账，并将上年度的会计账簿归档保管。会计账簿在更换新账后除跨年使用的账簿外，其他账簿应按时整理归入会计档案保管。对账簿的管理包括日常管理和归档保管。

思考题

（1）设置账簿有何意义？

（2）记账应遵循哪些原则？

（3）如何进行结账？

（4）总分类账簿与明细分类账簿有何关系？

（5）账簿更换和保管要注意哪些问题？

练习题

一、单选题

（1）按账簿的用途分类，日记账属于（   ）。

    A. 备查账   B. 序时账   C. 订本账   D. 分类账

（2）银行存款日记账通常是由出纳员根据审核后的有关银行存款收、付款凭证。
（　　）。

    A.逐日逐笔顺序登记　　　　　　　　B.月末集中登记

    C.逐月汇总登记　　　　　　　　　　D.核对账时登记

（3）（　　）账户期末一般无余额。

    A.制造费用　　　　　　　　　　　　B.银行存款

    C.应交税费　　　　　　　　　　　　D.主营业务收入

（4）总账和明细账进行平行登记后，会产生一定的数量关系。下列各项中，以此
数量关系作为理论依据的是（　　）。

    A.总账与明细账的核对　　　　　　　B.总账与总账的核对

    C.明细账与明细账的核对　　　　　　D.账簿记录与实存数的核对

（5）下列各项中，不符合账簿平时管理的具体要求的是（　　）。

    A.各种账簿应分工明确，指定专人管理

    B.会计账簿只允许在财务室随意翻阅查看

    C.会计账簿除需要与外单位核对外，一般不能携带外出

    D.会计账簿不能随意交与其他人员管理

二、多选题

（1）出纳人员可以登记和保管的账簿有（　　）。

    A.银行存款日记账　　　　　　　　　B.银行存款总账

    C.现金日记账　　　　　　　　　　　D.现金总账

（2）明细分类账的登记依据有（　　）。

    A.汇总原始凭证　　　　　　　　　　B.原始凭证

    C.记账凭证　　　　　　　　　　　　D.汇总记账凭证

（3）（　　）一般采用订本式账簿。

    A.现金日记账　　　　　　　　　　　B.银行存款日记账

    C.原材料明细账　　　　　　　　　　D.总分类账

（4）适用多栏式明细账的账户有（　　）。

    A.管理费用　　　　　　　　　　　　B.营业费用

    C.银行存款　　　　　　　　　　　　D.生产成本

（5）在账簿登记中，红色墨水只能用于（　　）。

    A.采用红字更正，冲销错误记录

    B.在不设借方或贷方专栏的多栏式账页中，登记减少金额

C. 期末结账时画通栏红线

D. 三栏式账户余额栏前，如果未说明余额方向，在余额栏内登记负数余额

三、判断题

（1）新的会计年度开始，必须更换全部账簿，不得只更换总账、现金日记账和银行存款日记账。（　　）

（2）生产成本明细账可以采用数量金额式格式。（　　）

（3）每月将银行存款日记账的账面余额与银行对账单进行核对，是账实核对的主要内容之一。（　　）

（4）登记账簿时，发生的空行、空页一定要补充书写，不得注销。（　　）

（5）卡片账簿，一般适用于固定资产、低值易耗品等资产的明细分类账。（　　）

四、实务题

参照第五章实务题资料，设置并且登记瑞海公司库存现金和银行存款日记账、生产成本明细账以及总分类账。

案例分析

刘某应聘一家公司的会计，发现这家公司与其他公司不同，具体表现为：

（1）公司的所有账簿均采用活页式账簿，理由是活页式账簿便于改错；

（2）公司的往来账采用抽单核对（将两联原始凭证对应上，标明该项业务完成）核对的方法，直接用会计凭证控制，不再记账；

（3）在记账发生错误时允许使用涂改液，但是强调必须由有关责任人签字；

（4）经理要求刘某在登记现金总分类账的同时也要负责出纳工作。

请问该公司在会计处理方面存在什么问题？

第七章 会计循环（三）：财产清查

★ 了解财产清查的目的、意义和种类。
★ 理解财产清查的具体内容及基本程序。
★ 掌握实物资产、货币资金的清查方法。
★ 掌握财产清查结果的账务处理程序。

【引导案例】

美华公司出纳员小李由于刚参加工作不久，对于货币资金业务管理和核算的相关规定不甚了解。在 2016 年 6 月 8 日和 10 日两天的现金业务结束后例行的现金清查中，分别发现现金短缺 50 元和现金溢余 20 元的情况，对此小李经过反复思考也弄不明白原因。为了保全自己的面子和息事宁人，同时又考虑到两次账实不符的金额很小，他决定采取下列办法进行处理：现金短缺 50 元，自掏腰包补齐；现金溢余 20 元，暂时收起。

请结合上述案例思考：现金清查的目的是什么？小李对于现金短缺和现金溢余的处理方法是否恰当？

第一节　财产清查的意义与种类

单位发生的日常经济业务都要相应填制或者取得原始凭证、编制记账凭证、登记账簿，所以，账簿记录会反映出各种财产物资的增减及结存情况。但在实际工作中，可能会有种种原因使各项财产物资的账面结存数与实际结存数之间出现差异，造成账实不符。因此，运用财产清查的手段对各种财产物资进行定期或不定期的核对和盘点，具有十分重要的意义。

一、财产清查的概念

财产清查也叫财产检查，是通过盘点实物、核对账目等方法对货币资金、实物资产和往来款项进行盘点或核对，确定各项财产物资、货币资金和往来款项的实际结存数和账面结存数是否相符的一种专门方法。

单位通过填制与审核会计凭证、登记与核对会计账簿，将各种资产的增减变动和结存情况反映在账簿体系中。准确反映财产物资和债权、债务的真实情况，既是会计核算的基本原则，也是经济管理的客观要求。但在具体会计工作中，即使是在账证相符、账账相符的情况下，资产的账面结存数与实际结存数仍然可能不相一致，具体原因主要包括：

（1）在财产收发时，由于制度不健全，计量检验不准确而发生了品种、数量或质量上的差错。

（2）在财产增减变动时没有及时填制凭证、登记入账；或者在填制财产收、发凭证、登记财产账目时，发生了计算上或登记上的错误。

（3）在运输、保管过程中，由于受到各种自然条件（如霉烂、干耗等）和一些其他因素（如毁损、泼洒等）的影响，发生了数量上或质量上的差异。

（4）由于管理不善或工作失职而发生的财产损坏、变质或短缺，以及其他原因使账存数或实存数产生的差异或混乱。

（5）由于不法分子的营私舞弊、贪污盗窃而发生财产的数量上或质量上的损失。

（6）由于自然灾害和意外事故发生，如火灾、水灾、风灾和地震等造成财产物资的破坏或损失。

（7）未达账项引起的账账、账实不符等。

因此，为了正确掌握各项财产物资的真实情况，保证会计资料的准确可靠，有必要在账簿记录的基础上，对各项财产物资进行定期或不定期的盘点和核对，做到账实相符。《会计法》中规定："各单位应当建立财产清查制度，保证账簿记录与实物款项相符"，为财产清查工作提供了明确的法律依据。

二、财产清查的意义

为了保证会计账簿记录真实、可靠，单位在编制会计报表以前，会对各项财产物资进行清查。特别是在编制年度财务报表之前必须进行财产清查，对账实不符的问题根据有关规定进行会计处理。财产清查作为一项专门的会计核算方法，在会计核算过程中具有重要意义。

1. 保证会计核算资料的真实性

通过财产清查，确定各项财产物资的实有数，并将实存数与账存数进行对比，确定各项财产的盘盈、盘亏，并及时调整账簿记录，做到账实相符，以保证账簿记录的真实、可靠，提高会计信息的质量。

2. 挖掘财产潜力，加速资金周转

通过财产清查，揭示各项财产物资的储备和使用情况，改善经营管理，挖掘各项财产物资的潜力。对储备不足的，应及时补充，以保证生产的需要；对超储、积压呆滞和不配套的，应及时进行处理，避免损失浪费，以充分挖掘财产物资潜力，加速资金周转，提高经济效益。

3. 改进保管工作，维护财经纪律

通过财产清查，查明各项财产物资的储备和保管情况以及各种责任制度的建立和执行情况，揭示各项财经制度和结算纪律的遵守情况，促使财产物资保管人员加强责任感，保证各项财产物资的安全完整，促使经办人员自觉遵守财经制度和结算纪律，及时结清债权债务，避免发生坏账损失。

4. 保护财产的安全和完整

通过财产清查，查明各项财产物资的保管情况，有无因管理不善造成的短缺、霉烂变质、损失浪费以及贪污盗窃等情况，以便堵塞漏洞，改进工作，建立和健全各项责任制度，以确保财产的安全和完整。

三、财产清查的种类

（一）按清查对象和范围分为全面清查和局部清查

1. 全面清查

全面清查，是指对全部财产进行盘点和核对。其清查对象主要包括：原材料、在产品、自制半成品、库存商品、现金、短期存（借）款、有价证券及外币、在途物资、委托加工物资、往来款项、固定资产等。全面清查的内容全面，清查的范围广泛，能够全面核实会计主体所有的财产物资、货币资金和债权债务的情况；但全面清查需要投入的人力多，花费时间长。

2. 局部清查

局部清查，是指根据需要对一部分财产进行的清查，其清查的主要对象是流动性较大的财产。虽然局部清查范围小、内容少、工作量小，但专用性较强。如现金应每日清点一次；银行存款每月至少同银行核对一次；债权债务每年至少核对一两次。相对于全面清查而言，局部清查的范围较小，需要投入的人力比较少，花费的时间也较短，但清查结果不能反映会计主体整体的情况。

（二）按清查时间分为定期清查和不定期清查

1. 定期清查

定期清查，是指按照预先计划安排的时间对财产物资、货币资金、往来款项进行的清查。定期清查一般在月末、季末、半年末、年末结账前进行，它既可以是对财产物资、货币资金、往来账款进行的全面清查，也可以是只对其中某些部分进行的局部清查。如每天营业终了时对库存现金的清点，每月按规定时间对原材料、库存商品等的清查，都属于定期清查。

2. 不定期清查

不定期清查，是指根据实际需要对财产所进行的临时清查。一般适应于以下几种情况：

（1）有关财产物资、货币资金的保管人员变更时，要对其负责保管的财产物资、货币资金进行清查、核对，以明确各自的责任；

（2）发生自然损失和意外损失后，要对受损财产进行清查，以查明损失情况；

（3）上级主管单位、财政部门、银行及审计部门进行检查和审计时，应根据需要，依检查的要求进行清查，以验证会计核算资料的可靠性；

（4）会计主体隶属关系改变时，要对所有财产物资、债权债务、货币资金进行清查，以摸清家底。

（三）按清查的执行单位分为内部清查和外部清查

1. 内部清查

内部清查，是指由本单位有关领导和职工组成清查小组，对本单位的财产物资、货币资金及债权、债务所进行的清查。

2. 外部清查

外部清查，是指由单位外部的有关部门或人员根据有关规定对本单位财产所进行的清查。

（四）按清查项目分为实物资产清查、货币资产清查和往来款项清查

1. 实物资产清查

实物资产清查主要是对各项实物资产，包括原材料、包装物、产成品、库存商品、固定资产等的清查。由于实物的形态、体积、重量、码放方式等不同，采用的清查方法也不同，主要有实地盘点法和技术推算法。实地盘点法是指在财产物资存放现场逐一清点数量或用计量仪器确定其实存数的一种方法，此方法数字准确可靠，但工作量较大；技术推算法是指利用技术方法推算财产物资实存数的方法，此方法盘点数字不够准确，但工作量较小，适用于煤炭、砂石等大宗物资的清查。

2. 货币资产清查

货币资金的清查主要是对现金和银行存款的清查。其中对于现金采用实地盘点的方法进行清查，对于银行存款则采用与银行核对账目的方法进行清查。

3. 往来款项清查

往来款项是指各种债权债务结算款项，主要包括应收款项、应付款项和预收、预付款项等。往来款项的清查一般采用发函询证的方法进行核对。

第二节　财产清查的内容及其方法

一、财产清查的具体内容和基本程序

（一）具体内容

财产清查不仅包括实物的清点，而且也包括各种债权、债务等往来款项的查询核对。另外，财产清查范围不仅包括存放于本单位的各项财产物资，也包括属于但未存放于本单位的财产物资（也可以包括存放但不属于本单位的财产物资）。

财产清查的具体内容主要包括如下：

（1）货币资金的清查，包括现金、银行存款、其他货币资金的清查；

（2）存货的清查，包括各种材料、在产品、半成品、库存商品等的清查；

（3）固定资产的清查，包括房屋、建筑物、机器设备、工器具、运输工具等的清查；

（4）在建工程的清查，包括自营工程和出包工程的清查；

（5）对金融资产投资的清查，包括交易性金融资产、可供出售金融资产、持有至到期投资、长期股权投资等的清查；

（6）无形资产和其他资产的清查；

（7）应收、应付款项的清查，包括应收账款、其他应收款、应付账款和其他应付款等的清查。

（二）基本程序

1. 组织准备

成立财产清查领导小组，在单位负责人的领导下，由相关部门的主管人员、会计人员、专业技术人员以及保管人员等组成的。它的主要任务是：制定财产清查步骤，确定财产清查的对象、范围和进度，配备具体工作人员，检查财产清查工作的质量，研究和解决财产清查中出现的问题，提出财产清查工作的处理意见等。

2. 业务准备

（1）会计人员应将有关账目结算清楚，做到账证、账账相符，为清查工作提供可靠依据；

（2）财产物资保管人员和有关部门在清查截止日，应将全部业务填好凭证，登记入账并结出余额，对所保管的财产物资进行整理以便盘点查对；

（3）清查人员应准备好各种计量器具，并准备好清查盘点用的单据和表格。

3. 实施财产清查

在财产清查过程中，实物保管人员必须在场并参加盘点工作，盘点结果由清查人员填写盘存单，详细说明各项财产物资的编号、名称、规格、计量单位、数量、单价、金额等，并由盘点人员和实物保管人员分别签字或盖章。

4. 财产清查结果的处理

盘点完毕，会计部门应根据盘存单上所列物资的实际结存数与账面结存记录进行核对，对于账实不符的，编制实存账存对比表，确定财产物资盘盈或盘亏的数量，并进行账务处理。

二、财产清查的方法

（一）基本方法

由于不同种类的财产物资的实物形态、用途、性能、存放方式各不相同，在财产清查时应选择不同的清查方法。基本的清查方法主要包括：

1. 实地盘点法

实地盘点法就是运用度、量、衡等工具，通过点数，逐一确定被清查实物实有数的一种方法。这种方法数字准确可靠，适应范围较广，大多数财产物资都可采取这种方法，但这种方法工作量较大。实地盘点法的局限性是只适用于能直接查清数量的财产，对于应收账款等项目则不适用。

2. 抽样盘点法

抽样盘点法是对某些价值小、数量多，不便逐一清点的财产，采用从总体或总量中抽取少量的样本，确定其样品数量，然后再推算总体数量的方法。按抽取样品方式不同，抽样盘点法又分为随机抽样、机械抽样和分层抽样等方法。

3. 核对法

核对法，指将两种或两种以上的书面资料相互对照，以验证其内容是否一致的方法。银行存款的清查即可用此法。

4. 查询法

查询法，指通过调查征询的方式，取得必要资料，以查明其实际情况，适用于往来账的清查。具体又有面询法和函询法两种。函询法就是发函给有关单位或个人，让对方通过函件来说明经济业务的实际情况，作为判断问题的依据。面询法是直接找有关个人进行面谈。

（二）实物资产的清查方法

1. 实物资产的盘存制度

财产物资的盘存制度有永续盘存制和实地盘存制两种。各单位可根据经营管理的需要和财产物资品种的不同，分别采用不同的方法。

（1）永续盘存制，亦称账面盘存制，是根据会计凭证在账簿中连续记录存货的增加和减少，并随时根据账簿记录结出账面结存数量的一种存货核算方法。要求对存货的日常记录既登记收入数，又登记发出数。计算公式如下：

$$期末存货结存数量 = 期初存货结存数量 + 本期增加存货数量 - 本期发出存货数量$$

$$期末存货结存金额 = 期初存货结存金额 + 本期增加存货金额 - 本期发出存货金额$$

采用永续盘存制，能从账簿资料中及时了解企业各项财产物资的收发和结存状况，以便加强财务管理，且核算手续严格，是各企业单位普遍采用的一种盘存制度。

（2）实地盘存制，亦称以存计销制或盘存计销制。对于各实物资产的增减变化，平时在账簿上只登记其增加数，而不记其减少数，期末通过实地盘点确定财产物资的结存数后，倒算出本期减少数并登记入账的一种方法。计算公式如下：

本期减少数 = 账面期初余额 + 本期增加数 - 期末实际结存数

期初存货 + 本期购货 - 期末存货 = 销货成本

采用实地盘存制，平时核算工作比较简便，但不能及时反映财产物资的发出和结存情况，手续也不够严密，不利于加强核算和管理。所以，除了品种杂、价值低的商品和损耗大的鲜活商品外，一般不宜采用。

综上所述，由于客观上存在着账实不符的情况，无论采用哪种盘存制度，对财产物资都必须定期或不定期地进行清查。

2. 实物资产清查的具体方法

不同类的实物资产，由于其实物形态、重量、体积等方面不同，所采用的清查方法也有所不同。常用的几种实物资产清查方法如下：

（1）实地盘点法，指通过点数、过磅、量尺等方式，确定财产物资的实有数量。该方法适用范围较广且易于操作，大部分实物资产均可采用。

（2）技术推算法，指通过技术推算（如量方、计尺等）测定财产物资实有数量的方法。该方法从本质上讲，是实地盘点法的一种补充方法。

（3）抽样盘存法。这是指对于量多、重量均匀的实物资产，可以用科学的方法进行抽样，选取其中的一部分来进行清查，以估计总体数额的一种方法。

为了明确经济责任和便于查阅，进行财产物资的盘点时，有关实物保管人员与盘点人员必须同时在场清查。清查盘点的结果，应及时登记在"盘存单"上，由盘点人和实物保管人同时签章。盘存单既是记录实物盘点结果的书面文件，也是反映资产实有数的原始凭证。盘存单的格式如表7-1所示。

表7-1 盘存单

单位名称：　　　　　　　　盘点时间：　　　　　　　　存放地点：

编号	类别	名称	单价	计量单位	实存数量	金额	备注

盘点人：　　　　　　　　保管人：

为了进一步查明账存实存是否相符，确定盘盈或盘亏情况，还应根据"盘存单"和有关账簿记录，编制"实存账存对比表"（又称"盘盈盘亏报告表"）。该表是一种非常重要的原始凭证，既是经批示后调整账簿记录的依据，也是分析差异原因，明确经济责任的依据。实存账存对比表格式如表7-2所示。

表7-2 实存账存对比表

单位名称：　　　　　　　　××年×月×日　　　　　　　　单位：元

编号	类别	名称	计量单位	单价	实存		账存		对比结果			
					数量	金额	数量	金额	盘盈		盘亏	
									数量	金额	数量	金额

会计：　　　　　　　　主管会计：　　　　　　　　单位负责人：

（三）货币资金的清查方法

货币资金的清查包括库存现金的清查和银行存款的清查。

1. 库存现金的清查方法

库存现金的清查是通过实地盘点的方法，确定库存现金的实存数，再与现金日记账的账面余额进行核对，以查明盈亏情况。库存现金的盘点，应由清查人员会同现金出纳人员共同负责。

盘点前，出纳人员应先将现金收、付款凭证全部登记入账，并结出余额；盘点时，出纳人员必须在场，现金应逐张清点，如发现盘盈、盘亏，必须会同出纳人员核实清楚。

盘点时，除查明账实是否相符外，还要查明有无违反现金管理制度规定，有无以"白条"抵充现金，现金库存是否超过银行核定的限额，有无坐支现金等。

盘点结束后，应根据盘点结果，填制"库存现金盘点表"，并由检查人员和出纳人员签名或盖章。此表具有双重性质，既是盘存单又是账存实存对比表，既是反映现金实存数调整账簿记录的重要原始凭证，也是分析账实发生差异原因，明确经济责任的依据。库存现金盘点表格式如表7-3所示。

表7-3　库存现金盘点表

单位名称　　　　　　　　　　　××年×月×日　　　　　　　　　　单位：元

实存金额			账存金额	
面值	张数	金额	项目	金额
100			现金余额	
50			加：收入未记账	
20			减：支出未记账	
10			调整后现金余额	
5				
1				
0.5				
0.1				
实存金额			账存金额	
对比结果				
差异原因				

盘点人：　　　　　　　　　　　　　　　　出纳：

2. 银行存款的清查方法

银行存款的清查，是采用与银行核对账目的方法来进行的。即将单位的银行存款日记账与从银行取得的对账单逐笔核对，以查明银行存款的收入、付出和结余的记录是否正确。

"银行对账单"是开户银行记录存款单位一定时期内在该行存款的增减和结存情况复写的账页。存款单位收到"对账单"后，应与银行存款日记账逐笔核对其发生额和余额，如果双方账目的结存余额不一致，除某一方（尤其是存款单位）账簿登记发生差错外，大多情况是由"未达账项"所造成。银行对账单格式如表7-4所示。

表7-4　××银行对账单

户名：

账号：

日期	交易类型	账单号	凭证员	借方	贷方	余额	方向
××年×月1日	期初余额						
××年×月×日							
××年×月×日	期末余额						

所谓未达账项，主要是指存款单位与开户银行之间因结算凭证传递时间的差别，发生的一方已经记账，而另一方尚未接到有关凭证没有记账的款项。

未达账项的四种情况：

（1）单位已记收款而银行未记收款的账项。单位已收银行未收是指单位根据有关收款的原始凭证编制了记账凭证，并据以登记了银行存款日记账，此时单位的银行存款增加；由于银行没有收到有关原始凭证，因此银行没有进行登记而形成了银行未达账项。此项未达账项使单位银行存款日记账上的金额大于银行对账单上的金额。

（2）单位已记付款而银行未记付款的账项。单位已付银行未付是指单位根据有关付款的原始凭证编制了记账凭证，并据以登记了银行存款日记账，此时单位的银行存款减少；由于银行没收到有关原始凭证，因此银行没有进行登记而形成了银行未达账项。此项未达账项使单位银行存款日记账的金额小于银行对账单的金额。

（3）银行已记收款而单位未记收款的账项。银行已收单位未收是指银行已根据有关收款的原始凭证进行了登记，但由于单位没有收到有关原始的凭证，因此单位没有进行登记而形成了单位未达账项。此项未达账项使单位银行存款日记账的金额小于银行对账单上的金额。

（4）银行已记付款而单位未记付款的账项。银行已付单位未付是指银行已根据有关付款凭证进行了登记，由于单位没有收到有关的原始凭证，因此单位没有进行登记而形成了单位未达账项。此项未达账项使单位银行存款日记账金额大于银行对账单上的金额。

为了查明银行存款的实有数，检查双方有无差错，首先应该根据资料编制"银行存款余额调节表"以消除未达账项的影响。如果双方都没有错漏情况，记载准确，则调节后的单位银行存款余额会等于开户银行对账单的余额。需要注意的是，对于银行已经入账而单位未入账的未达账项，单位不能根据银行存款余额调节表来编制会计分录、登记入账，必须在有关凭证收到后才能登记入账。下面举例说明银行存款余额调节表的编制方法。

【例7-1】20×6年3月31日，某企业银行存款日记账的账面余额为12 000元，银行对账单余额为13 600元，经逐笔核对，查明有下列未达账项：①企业收到转账支票5 000元已入账，银行尚未转账；②企业开出转账支票2 750元已入账，持票人尚未到银行办理转账手续；③银行收到外地托收货款4 200元已入账，而企业尚未收到收款通知；④银行代付企业电费350元已入账，而企业尚未收到付款通知。

根据上述未达账项，调节双方账面余额，编制"银行存款余额调节表"，如表7-5所示。

表7-5　银行存款余额调节表

编制单位：××企业　　　　　　20×6年×月×日　　　　　　单位：元

项目	金额	项目	金额
单位账面存款余额	12 000	银行对账单的存款余额	13 600
加：银行已收、单位未收	4 200	加：单位已收、银行未收	5 000
减：银行已付、单位未付	350	减：单位已付、银行未付	2 750
调节后的存款余额	15 850	调节后的存款余额	15 850

（四）往来款项的清查方法

往来款项一般采取"函证法"进行清查。发送函件前，本单位应检查各往来款项账目记录是否正确、完整，经确认无误后再填制对账单，分送有关单位进行核对。清查单位按每一个经济往来单位编制"往来款项对账单"（一式两份，其中一份作为回联单）送往各经济往来单位，对方经过核对相符后，在回联单上加盖公章退回，表示已核对；如果经核对数字不相符，对方应在回联单上注明情况，或另抄对账单退回本单位，进一步查明原因，再行核对，直到相符为止。往来款项对账单格式如表7-6所示。

表 7-6　往来款项对账单

××单位：

　你单位于××年×月×日从我单位购入 A 产品 2 000 台，已付货款 4 000 元，尚有 6 000 元货款尚未支付，请核对后将回联单寄回。

清查单位：（盖章）

××年×月×日

沿此虚线剪下，将回联单寄回！

往来款项对账单（回联单）

××清查单位：

(1) 你单位寄来的"往来款项对账单"已收到，经核对相符无误。

(2) 经核对，我单位的往来款项与你单位送达的对账单金额不符，我单位账面金额如下：

×单位（盖章）

××年×月×日

　　往来账项核对以后，应根据核对结果编制"往来账项清查报告单"，对有争议的款项以及无法收回或者无须支付的款项等，都应填列在报告单上，并详细说明核对情况。往来账项清查报告单的一般格式如表 7-7 所示。

表 7-7　往来账项清查报告单

年　　月　　日

总分类账户		明细分类账户		清查结果		核对不符账项原因分析				备注
名称	金额	名称	金额	核对相符金额	核对不符金额	未达账项金额	争执账项金额	无法收回（支付）的金额	其他	

清查人：　　　　　　　　　　　　　　经管人：

　　通过往来账项的清查，要及时催收该收回的账款，偿还该偿付的账款，坏账和有争执的问题也应及时研究处理。

第三节　财产清查结果的处理

　　财产清查后，如果发现实存数与账存数不一致，表现为三种情况：①实存数大于账存数，称为盘盈；②实存数小于账存数，称为盘亏；③实存数与账存数一致，但实存的财产物资存在质量问题，不能按正常的财产物资使用，称为毁损。不论是盘盈还是盘亏、毁损，都需要进行账务处理。

一、财产清查结果的处理程序

（一）调整账簿记录，使账存数与实存数一致，保证账实相符

　　在核准数字，查明原因的基础上，根据"实存账存对比表"，编制记账凭证，并据以登记账簿，使各项财产物资做到账实相符。盘盈时，调整账存数增加，使其与实存数一致；盘亏或毁损时，调整账存数减少，使其与实存数一致。

（二）报批处理

　　盘盈、盘亏或毁损等都说明单位在经营管理、财产物资的保管中存在着一定的问题。因此，一旦发现账存数与实存数不一致，应进一步分析形成差异的原因，明确经济责任，并提出相应的处理意见。有关领导对所呈报的财产清查结果签字并提出处理意见后，应根据会计制度的要求，编制会计凭证，登记有关账簿。

二、财产清查结果的账务处理

（一）设置账户

　　为了全面反映财产的盈亏和处理情况，会计核算中需要设置"待处理财产损溢"账户。"待处理财产损溢"是资产类账户，专门用来核算企业在财产清查过程中查明的各种财产物资的盘盈、盘亏和毁损的价值。该账户借方登记待处理的盘亏、毁损数，及经批准后待处理财产盘盈的转销数；贷方登记待处理的盘盈数，及经批准后的待处理财产盘亏、毁损的转销数。在对待"处理财产损溢"报经批准后，该账户一般无月末余额。其账户内容、结构可用表 7-8 表示。

表 7-8　待处理财产损溢

借方	贷方
资产盘亏、毁损数 转销已核批的盘盈数	资产盘盈数 转销已核批的盘亏、损毁数

该账户按资产类别设置"待处理固定资产损溢"和"待处理流动资产损溢"两个明细账户，进行明细分类核算。

（二）账务处理

1. 库存现金清查结果的账务处理

财产清查中，发现现金短缺，应按实际短缺的金额，借记"待处理资产损溢"科目，贷记"库存现金"科目；属于现金溢余，按实际溢余的金额，借记"库存现金"，贷记"待处理资产损溢"科目。待查明原因后做出如下处理：

（1）如为现金短缺，属于应由责任人赔偿或保险公司赔偿的部分，计入其他应收款；属于无法查明的其他原因，计入管理费用。

（2）如为现金溢余，属于应支付给有关人员或单位的，计入其他应付款；属于无法查明原因的，计入营业外收入。

【例 7-2】20×6 年 3 月 A 公司清查库存现金发现短缺 500 元。

①根据库存现金盘点报告单，做如下会计分录：

借：待处理资产损溢——待处理流动资产损溢　　　　　　500

　　贷：库存现金　　　　　　　　　　　　　　　　　　　　500

②经查，上述库存现金短缺原因不明，经批准计入当期管理费用，做如下会计分录：

借：管理费用　　　　　　　　　　　　　　　　　　　500

　　贷：待处理资产损溢——待处理流动资产损溢　　　　　500

【例 7-3】某单位于 20×6 年 6 月进行财产清查时，发现库存现金比账面余额多 700 元，经查，其中 300 元属于应付给李某的差旅费，其余 400 元无法查明原因。

①根据库存现金盘点报告单，做如下会计分录：

借：库存现金　　　　　　　　　　　　　　　　　　　700

　　贷：待处理财产损溢——待处理流动资产损溢　　　　　700

②经上级批示，400 元无法查明原因的现金溢余作为营业外收入处理，编制会计分录如下：

借：待处理财产损溢——待处理流动资产损溢　　　　　700

　　贷：其他应付款——李某　　　　　　　　　　　　　　300

　　　　营业外收入——现金溢余　　　　　　　　　　　　400

2. 存货清查结果的账务处理

（1）存货盘盈的账务处理。

首先应将已查明的存货盘盈数，根据存货盘点报告单等，按照实际成本或估计价值，借记"原材料"、"库存商品"等科目，贷记"待处理资产损溢——待处理流动资产损溢"科目，以保证账实相符。其次在月末结算前查明原因，在按规定手续报经批准后，冲减当期的管理费用，借记"待处理资产损溢——待处理流动资产损溢"科目，贷记"管理费用"科目。造成存货盘盈的原因主要有在保管过程可能发生的自然增量；记录时可能发生的错记、漏记或计算上的错误；在收发领退过程中发生的计量、检验不准确等。

【例 7-4】A 公司在财产清查中盘盈甲材料 10 吨，价值 20 000 元。经查，这项盘盈材料是因计量仪器不准造成生产领用少付多算。

①根据实存账存对比表的记录，编制会计记录：

借：原材料——甲材料　　　　　　　　　　　　　　20 000

　　贷：待处理财产损溢——待处理流动资产损溢　　　　　　20 000

②经批准，收发计量方面的错误冲减本月管理费用，编制会计分录如下：

借：待处理财产损溢——待处理流动资产损溢　　　　20 000

　　贷：管理费用　　　　　　　　　　　　　　　　　　　20 000

（2）存货盘亏、毁损的账务处理。

首先应将已查明的存货盘亏或毁损数，根据存货盘点报告单等，按照实际成本或估计价值，借记"待处理资产损溢——待处理流动资产损溢"科目，贷记"原材料"、"库存商品"等科目，以保证账实相符。其次按盘亏、毁损产生的原因和报经批准的结果，根据不同的情况分别进行处理：属于保管过程中发生的自然损耗，计入管理费用；属于计量收发差错和管理不善等原因造成的存货短缺或毁损，应先扣除残料价值、可以收回的保险赔款和过失人的赔偿，然后将净损失计入管理费用；属于自然灾害或意外事故等非常原因造成的存货毁损，应先扣除残料价值、可以收回的保险赔款和过失人的赔偿，然后将净损失计入营业外支出。

【例 7-5】某单位在财产清查中，盘亏乙材料 5 吨，价值 10 000 元。

①报经批准前，根据实存账存对比表的记录，编制会计记录：

借：待处理财产损溢——待处理流动资产损溢　　　　10 000

　　贷：原材料——乙材料　　　　　　　　　　　　　　　10 000

②如果属于管理人员过失造成，则应由过失人赔偿，编制会计分录如下：

借：其他应收款——×××　　　　　　　　　　　　10 000

　　贷：待处理财产损溢　　　　　　　　　　　　　　　　10 000

③如果属于收发计量方面的错误，经批准计入管理费用，编制会计分录如下：

借：管理费用　　　　　　　　　　　　　　　10 000

　　贷：待处理财产损溢　　　　　　　　　　　　10 000

④如果属于非自然灾害造成的损失，经批准列作营业外支出，编制会计分录如下：

借：营业外支出　　　　　　　　　　　　　　10 000

　　贷：待处理财产损溢——待处理流动资产损溢　10 000

3. 固定资产清查结果的账务处理

（1）固定资产盘盈的账务处理。

盘盈的固定资产，按同类或类似资产的市场价格，减去按该项资产的新旧程度估计的价值损耗后的余额，或在同类或类似固定资产不存在活跃市场时，按该项固定资产的预计未来现金流量现值，借记"固定资产"科目，贷记"待处理财产损溢"科目。报批后，作为前期差错处理，借记"待处理财产损溢"科目，贷记"以前年度损益调整"科目。

【例7-6】某企业在固定资产清查过程中，发现没有入账的设备一台，其重置完全价值为50 000元，约七成新。先入账待查，有关会计分录如下：

借：固定资产　　　　　　　　　　　　　　　35 000

　　贷：待处理财产损溢——待处理固定资产损溢　35 000

报批后，做如下分录：

借：待处理财产损溢——待处理固定资产损溢　35 000

　　贷：以前年度损益调整　　　　　　　　　　　35 000

（2）固定资产盘亏的账务处理。

盘亏的固定资产，按其账面价值，借记"待处理财产损溢"科目，按已提折旧，借记"累计折旧"科目，按固定资产原价，贷记"固定资产"科目。在报批后，按盘亏固定资产的净额，借记"营业外支出"科目，贷记"待处理财产损溢"科目。

【例7-7】A公司在财产清查中发现盘亏设备一台，初始价值为100 000元，已提折旧30 000元。

①报经批准前，根据实存账存对比表的记录，编制会计记录：

借：待处理财产损溢——待处理固定资产损溢　70 000

　　累计折旧　　　　　　　　　　　　　　　30 000

　　贷：固定资产　　　　　　　　　　　　　　100 000

②经查，该设备是在自然灾害中发生毁损的，保险公司同意赔款30 000元，其余损失经批准列入营业外支出。编制会计记录如下：

借：营业外支出　　　　　　　　　　　　　　　40 000

　　其他应收款——保险公司　　　　　　　　　　30 000

　贷：待处理财产损溢——待处理固定资产损溢　　70 000

本章小结

　　财产清查是指通过对货币资金、实物资产和往来款项的盘点或核对，确定其实存数，查明账存数与实存数是否相符的一种专门方法。财产清查作为一项专门的会计核算方法，在会计核算过程中具有重要意义：保证会计核算资料的真实性，挖掘财产潜力，加速资金周转，改进保管工作，维护财经纪律。

　　财产清查不仅包括实物的清点，而且也包括各种债权、债务等往来款项的查询核对。另外，财产清查范围不仅包括存放于本单位的各项财产物资，也包括属于但未存放于本单位的财产物资（也可以包括存放但不属于本单位的财产物资）。基本的清查方法主要包括：实地盘点法、抽样盘点法、核对法和查询法。

　　财产清查后，如果实存数与账存数一致，账实相符，不必进行账务处理。当实存数大于账存数时，称为盘盈；当实存数小于账存数时，称为盘亏。对于盘盈、盘亏的财产要查明原因，分清责任，并进行账务处理。

思考题

（1）财产清查的意义是什么？

（2）造成单位财产账实不符的主要原因是什么？

（3）永续盘存制与实地盘存制有什么区别？

（4）什么是未达账项？单位与开户银行之间的未达账项主要有哪几种？

（5）盘盈、盘亏的资产如何处理？

练习题

一、单选题

（1）单位撤销、合并或改变隶属关系时，对财产物资一般需要进行（　　）。

　　A.全面清查　　　　B.局部清查　　　　　C.定期清查　　　　D.不定期清查

（2）对现金清查采用的方法是（ ）。

　　A.实地盘点　　　　　　　　　B.估算法

　　C.推算　　　　　　　　　　　D.抽样盘点法

（3）原材料盘亏，经分析是由于正常原因造成的，则处理结果最终应记入（ ）科目。

　　A.销售费用　　　　　　　　　B.管理费用

　　C.营业外收入　　　　　　　　D.其他业务收入

（4）采用永续盘存制时，平时对账簿的记录应该是（ ）。

　　A.只记录增加，不记录减少　　B.同时记录增加和减少

　　C.不记录增加，只记录减少　　D.只记录增加，倒挤出减少

（5）下列记录可以作为调整账面数字的原始凭证的是（ ）。

　　A.盘存单　　　　　　　　　　B.实存账存对比表

　　C.银行存款余额调节表　　　　D.往来款项对账单

二、多选题

（1）造成账实不符的原因主要有（ ）。

　　A.财产物资的毁损、被盗　　　B.财产物资收发计量错误

　　C.会计账簿记录有误　　　　　D.财产物资的自然损耗

（2）全面清查是指对单位的全部财产进行盘点和核对，包括属于本单位和存放在本单位所有财产物资、货币资金和各项债权债务。其中的财产物资包括（ ）。

　　A.在本单位的所有固定资产、库存商品、原材料、包装物、低值易耗品、在产未完工程等

　　B.属于本单位但在途中的各种在途物资

　　C.委托其他单位加工、保管的材料物资

　　D.存放在本单位的代销商品、材料物资等

（3）实物财产的清查方法包括（ ）。

　　A.抽样盘存法　　　　　　　　B.技术推算法

　　C.实地盘点法　　　　　　　　D.函证核对法

（4）关于库存现金的清查，下列说法正确的是（ ）。

　　A.库存现金应该每日清点一次

　　B.库存现金应该采用实地盘点法

　　C.在清查过程中可以用借条、收据充抵库存现金

　　D.要根据盘点结果编制"库存现金盘点报告表"

（5）关于"待处理财产损溢"账户的下列说法中，正确的有（　　）。

    A. 期末无余额

    B. 借方登记盘亏、毁损数额及报经批准转销的盘盈数额

    C. 借方大于贷方的净额为尚未处理的各种财产物资的净损失

    D. 贷方登记盘盈数额及报经批准转销的盘亏、毁损数额

三、判断题

（1）局部清查一般适用于流动性较大的财产物资和货币资金的清查。（　　）

（2）采用永续盘存制的单位，对财产物资一般不需要进行实地盘点。（　　）

（3）现金的长款和短款都记入"管理费用"账户。（　　）

（4）如果银行对账单与单位银行存款日记账账面余额不相符，说明其中一方记账有误。（　　）

（5）单位根据发生差异的原因和性质以及审批的意见，进行差异处理，调整账簿记录。（　　）

四、业务分析与处理

1. 练习银行存款余额调节表的编制。

资料：大华公司 20×5 年 12 月银行存款日记账和银行送来的对账单的内容如下：

银行存款日记账

20×5年		凭证		摘要	结算凭证		收入	支出	结余
月	日	字	号		种类	号数			
12	1			余额					34 000
12	26	银付	215	付购料款	转支	486013		27 520	
	26	银付	216	付运杂费	转支	486014		640	
	28	银收	102	收销货款	转支		31 200		
	29	银付	217	归还应付款	转支	486015		18 800	
	31	银收	103	收销货款	转支		23 700		
	31	银付	218	付修理费	转支	486016		400	41 540

银行对账单

20×5年		摘　要	结算凭证		存入	支出	余额
月	日		种类	号数			
12	1	余额					34 000
12	28	支付购料款	转支	486013		27 520	
	29	转收销货款			31 200		
		代付电费				2 140	
		付运杂费	转支	486014		640	
	30日	存款利息			580		
		代收销货款			11 500		
	31日	归还应付款	转支	486015		18 800	28 180

要求：（1）根据上述资料核对银行存款日记账和银行对账单，确定未达账项；（2）编制大华公司 2015 年 12 月 31 日银行存款余额调节表。

2. 2015 年 12 月 25 日，A 公司财务总监提出需要进行财产清查，为编制财务报表做准备。经过管理层审议通过，财务部会同物资保管部门、生产部门一起组织了财产清查，在清查过程中发现如下情况：

（1）某单位在财产清查中，发现账外设备一台，其重置完全价值为 80 000 元，估计已提折旧额 20 000 元。

（2）某单位在财产清查中，发现盘亏设备一台，其原价为 200 000 元，累计折旧为 50 000 元。

（3）应收某单位货款 50 000 元，经清查，确属无法收回，经批准转作坏账损失。

（4）在财产清查中，单位将无法支付的应付账款 20 000 元经批准予以转销。

要求：对清查结果进行有关的账务处理。

第八章 会计循环（四）：财务报表 ①

★ 理解财务报表的意义及其构成。

★ 掌握解资产负债表、利润表的结构。

★ 掌握资产负债表、利润表的编制方法。

★ 了解财务报表的报送、汇总和审核。

---

① 如未加说明，本章以企业为例，对其财务报表的相关内容进行说明。

【引导案例】

CFN 建设股份有限公司主要从事国际工程承包和有色金属矿产资源开发。目前，该公司旗下控股多个公司，涉及矿业、冶炼、稀土、能源电力等领域。以下数据来自于其 20×3 年至 20×5 年度资产负债表。

项目	2015 年比 2014 年		2014 年比 2013 年	
	增减额（元）	百分比（%）	增减额（元）	百分比（%）
流动资产	383 378 047.26	9.62	293 415 176.38	6.72
固定资产	−73 984 612.87	−5.83	659 535 120.82	55.22
资产总计	635 381 749.64	8.00	773 248 957.59	9.02
负债	632 858 797.28	13.74	311 238 842.83	5.94
股东权益	2 522 952.36	0.08	462 010 114.76	18.88

由上表可知，CFN 公司的资产规模呈逐年上升趋势。从负债率及股东权益的变化可以看出，虽然股东权益的绝对数额每年都在增长，但是其增长幅度明显小于负债的增长幅度，该公司负债累计增长了 20.49%，而股东权益仅增长了 13.96%，说明该公司资金实力的增长依靠了较多的负债增长，进而反映出该公司采用相对高风险、高回报的财务政策，一方面利用负债扩大企业资产规模，另一方面增大了该企业的风险。

从资产的变化来看，20×5 年度比上年度增长了 8%，流动资产较上年度增长了 9.02%；该公司的固定资产投资在 20×4 年度有着巨大增长，说明该年度有大的建设发展项目。总体来看，该公司的资产是在增长的，说明该企业的未来前景很好。

请结合上述资料考虑：编制财务报表有什么重要意义？编制财务报表应当注意哪些事项？

第一节 财务报表概述

　　财务报表是对企业财务状况、经营成果和现金流量的结构性表述。财务报表由企业会计部门根据经过审核的会计账簿记录和有关资料编制并对外提供，反映企业某一特定日期财务状况和某一会计期间经营成果、现金流量及所有者权益变动情况等信息。财务报表是会计核算过程中最后提出的结果，也是会计核算工作的总结。

一、财务报表的意义

　　按照《企业会计准则——基本准则》第四条的规定："财务会计报告的目标是向财务会计报告使用者提供与企业财务状况、经营成果和现金流量等有关的会计信息，反映企业管理层受托责任履行情况，有助于财务会计报告使用者做出经济决策。财务报表作为财务会计报告的重要组成部分，其编制目的是满足包括投资者、债权人、政府及其有关部门和社会公众等对财务信息的需求，最终为合理配置社会资源提供所需的会计信息。"

　　1.为投资者和债权人的投资、贷款决策提供必要的信息资料

　　各企业的投资者包括国家、法人、职工个人、其他经营单位等。投资者关心投资报酬和投资风险，财务报表可以全面、系统地向投资者提供其所需要的信息资料，投资者根据财务报表可以了解企业的资金状况和经济活动情况，也可以了解企业的经营成果、资金使用状况以及支付资金报酬的情况等资料。潜在的投资者也可以通过财务报表对企业经营状况及盈利能力进行相应的比较和评估以做出是否投资的决策。

　　贷款人是商品经济条件下企业的重要债权人，包括银行、非银行金融机构、债券购买者等，他们需要反映企业能按时支付利息和偿还债务的资料。商业债权人是商品经济条件下企业又一重要的债权人，他们通过供应材料、设备及劳务等交易成为企业的债权人，需要企业有关偿债能力的资料。财务报表可以提供以上资料，以供债权人了解企业的信用基础、偿债能力，做出扩大或收回对企业的债权以及放宽或紧缩对企业的信用政策的决策。

2.为企业加强经济管理提供必要的信息资料

各企业的经营管理者，需要经常不断考核、分析企业财务、成本状况，评价企业的经济工作；总结经验，查明问题存在的原因、不断改进经营管理工作、提高管理水平、预测经济远景、进行经营决策。财务报表可以为其提供管理活动过程及结果的全面、完整、系统的数据资料，以便各企业的经营管理者做出正确的结论，使企业的生产经营活动良性发展。

此外，企业内部职工、职工代表大会及工会组织也可以利用会计报告提供的资料，了解企业的盈利情况和稳定性，从而评估企业可能提供的劳动报酬、福利待遇和就业机会以及发展空间，更好地参与企业的经营管理活动。

3.为有关行政管理部门实施管理和监督提供各项信息资料

企业主管部门利用财务报表，考核所属企业的业绩以及各项经济政策贯彻执行情况，并通过各企业同类指标的对比分析，及时总结成绩，推广先进经验；对所发现的问题分析原因，采取措施，克服薄弱环节。财政、税务部门可以利用财务报表所提供的资料，了解企业资金的筹集运用是否合理、检查企业税收、利润计划的完成与解缴情况，以及有无违反税法和财经纪律的现象，更好地发挥财政、税收的监督职能。银行可以利用财务报表考察企业流动资金的利用情况，分析企业银行借款的物资保证程度，研究企业流动资金的正常需要量，了解银行借款的归还以及信贷纪律的执行情况，充分发挥银行经济监督和经济杠杆作用。通过逐级汇总财务报表，还可以为国家提供全面、综合的会计信息，为进行国民经济核算和宏观经济管理提供基础资料，便于国家了解、控制和调整国民经济的发展速度，进行重大的经济决策，从而保证社会主义经济健康有效地运行。

4.为审计机关检查、监督各企业的生产经营活动，提供必要的信息资料

审计机关的审计工作是从财务报表审计开始的，财务报表为财务审计和经济效益审计工作提供详尽、全面的数据资料，审计部门可以利用财务报表了解企业财务状况和经营情况及财经政策、法令和纪律的执行情况。

二、财务报表的组成

企业对外提供的财务报表至少应当包括下列组成部分：（1）资产负债表；（2）利润表；（3）现金流量表；（4）所有者权益（或股东权益，下同）变动表；（5）附注。

资产负债表是反映企业在某一特定日期财务状况的报表。利润表是反映企业在一

定会计期间经营成果的报表。现金流量表是反映一家公司在一定时期现金流入和现金流出动态状况的报表。所有者权益变动表是反映公司本期（年度或中期）内截至期末所有者权益变动情况的报表。企业对外提供的财务报表的编号、编报期如表8-1所示：

表8-1 财务报表编号、名称及编报期

编号	财务报表名称	编报期
会企01表	资产负债表	中期报告、年度报告
会企02表	利润表	中期报告、年度报告
会企03表	现金流量表	中期报告、年度报告
会企04表	所有者权益变动表	年度报告

此外，企业在编制年度财务报表时，还要编制一些附表，如资产负债表的附表，有应交增值税明细表、资产减值准备明细表等。

附注是对在资产负债表、利润表、现金流量表和所有者权益变动表等报表中列示项目的文字描述或明细资料，以及对未能在这些报表中列示项目的说明等。附注应当披露财务报表的编制基础，相关信息应当与资产负债表、利润表、现金流量表和所有者权益变动表等报表中列示的项目相互参照。附注一般应当按照下列顺序披露：

（1）财务报表的编制基础；

（2）遵循企业会计准则的声明；

（3）重要会计政策的说明，包括财务报表项目的计量基础和会计政策的确定依据等；

（4）重要会计估计的说明，包括下一会计期间内很可能导致资产、负债账面价值重大调整的会计估计的确定依据等；

（5）会计政策和会计估计变更以及差错更正的说明；

（6）对已在资产负债表、利润表、现金流量表和所有者权益变动表中列示的重要项目的进一步说明，包括终止经营税后利润的金额及其构成情况等；

（7）或有和承诺事项、资产负债表日后非调整事项、关联方关系及其交易等需要说明的事项。

三、财务报表的种类

财务报表可以根据需要，按照不同的标准进行分类。

（一）财务报表按其服务对象，分为外部报表和内部报表

外部报表是指企业对外报送的报表，包括报送财税部门、开户银行、主管部

门、其他企业和个人的报表，如资产负债表、利润表、现金流量表等。

内部报表是用来反映经济活动和财务收支的具体情况，为管理者进行决策提供信息而不对外公开的财务报表。内部报表作为信息反馈过程中的载体，在管理控制系统中使企业能够更好地进行沟通、控制决策以及业绩评价。这类报表一般不需要统一规定的格式，也没有统一的指标体系。相较外部报表，内部报表具有灵活性和针对性。

（二）财务报表按其编制时间，分为年度报表和中期报表

年度报表是年度终了以后编制的，全面反映企业财务状况、经营成果、现金流量、所有者权益变动情况等的报表。年度报表要求揭示完整、反映全面。

中期报表是指按短于一年的会计期间编制的财务报表，如半年度报表、季报、月报。其中月度报表要求简明扼要、及时反映；季度报表、半年度报表在会计信息的详细程度方面，介于月度报表和年度报表之间。

（三）财务报表按其编制企业，分为单位报表、汇总报表和合并报表

单位报表是由独立核算的会计主体在自身会计核算的基础上，对账簿记录进行加工而编制的财务报表，用以反映该主体的财务状况和经营成果。汇总报表是由上级主管部门、专业公司根据基层所属单位报送的财务报表，连同本单位财务报表汇总编制的综合性报表。合并报表是由母公司编制的，将整个企业集团看作一个统一的经济实体，反映整个集团财务状况、经营成果、现金流量等的财务报表，一般包括所有子公司财务报表的数据。

（四）财务报表按其反映财务活动方式，分为静态报表和动态报表

静态财务报表是指反映一个企业在某一时点的资产总额、负债总额和所有者权益总额的报表。如资产负债表是反映企业在某个特定日期的资产总额和权益总额，从资产总量方面反映企业的财务状况，从而反映资产的变现能力和偿债能力。

动态财务报表是指反映一个企业在某个时间段的资金耗费和资金收回情况的报表。如利润表反映的是企业在一定时期的经营成果，现金流量表反映的是企业在一定时期的现金流入和流出情况。

四、财务报表的编制要求

编制和提供财务报表的最终目的，是达到社会资源的合理配置，因此，财务报表所提供的信息应能真实、公允地反映企业的财务状况、经营成果和现金流量。财务报表的真实可靠、相关可比、全面完整和便于理解，是会计信息的质量要求，财务报表及时提供给使用者是会计信息的基本要求。为了保证财务会计报告的质量，实现财务会计报告的目标，充分发挥其作用，企业编制的财务会计报告应当真实完整、相关可比、编报及时、便于理解。

1. 财务报表应以持续经营为基础编制

企业应当以持续经营为基础，根据实际发生的交易和事项，按照《企业会计准则——基本准则》和其他各项会计准则的规定进行确认和计量，在此基础上编制财务报表。持续经营是会计的基本前提，是会计确认、计量及编制财务报表的基础。一般而言，企业如果存在以下情况之一，通常表明其处于非持续经营状态：（1）企业已在当期进行清算或停止营业；（2）企业已经正式决定在下一个会计期间进行清算或停止营业；（3）企业已确定在当期或下一个会计期间没有其他可供选择的方案而将被迫进行清算或停止营业。此时，企业应当按照其他基础编制财务报表。

2. 相关可比

财务会计报告提供的信息必须与财务会计报告使用者的决策相关，同时便于同一时期不同企业及不同时期同一企业之间进行横向和纵向的比较。只有提供相关可比的信息，才能使财务会计报告使用者分析企业在同行业中的地位，分析和判断企业过去、现在的情况，预测其未来的发展趋势，为报告使用者的决策提供相关的服务。

3. 真实完整

会计信息真实完整是使用者对财务报表的基本要求，是其他要求的基础。财务报表提供的信息应能如实反映企业的经营情况及其结果。要保证财务报表提供真实信息，就要做到账簿记录正确。在编制报表前要进行账证核对、账账核对、账实核对，不得任意以估计数或计划数甚至编造的数字来编制报表，也不得为赶制报表提前结账，影响本期及以后期间的信息真实性。内容真实还要求财务报表提供的资料内容完整。故意和无意的漏编、漏报都会影响报表信息的真实性。财务报表中各项指标和数据是相互联系、相互补充的，必须按规定填列齐全、完整。不论主表、附表或补充资料，都不能漏填、漏报。各财务报表之间、项目之间凡有对应关系的项目的数据，应该相互一致，做到表表相符。

4. 重要性

重要性是指财务报表某项目的省略或错报会影响使用者据此做出经济决策的，该项目具有重要性。重要性应当根据企业所处环境，从项目的性质和金额大小两方面予以判断。其中：项目的性质应当考虑该项目是否属于企业日常活动、是否对企业的财务状况和经营成果具有较大影响等因素；项目金额大小的重要性，应当通过单项金额占资产总额、负债总额、所有者权益总额、营业收入总额、净利润等直接相关项目金额的比重加以确定。性质或功能类似的项目，其所属类别具有重要性的，应当按其类别在财务报表中单独列报。性质或功能不同的项目，应当在财务报表中单独列报，但不具有重要性的项目除外。

5. 编报及时

企业财务会计报告所提供的信息资料具有很强的时效性。会计信息的报告如果不适当地拖延，就可能失去其效用。所以，财务报表必须按规定的期限和程序，及时编制，及时报送，以便报表使用者及时了解编报企业的财务状况和经营成果等。月度财务会计报告应当于月度终了后 6 天内对外提供，季度财务会计报告应当于季度终了后 15 天内对外提供，半年度财务会计报告应当于年度中期结束后 60 天内对外提供，年度财务会计报告应当于年度终了后 4 个月内对外提供。

6. 便于理解

便于理解是指财务会计报告所提供的会计信息应当清晰明了，便于使用者理解和利用，便于使用者据以做出准确的判断。这一要求建立在财务报表使用者具有一定阅读财务报表能力的基础之上。

第二节　资产负债表

资产负债表是反映企业在某一特定日期财务状况的报表，是企业经营活动的静态体现，根据"资产＝负债＋所有者权益"这一平衡公式，依照一定的分类标准和一定的次序，将某一特定日期的资产、负债、所有者权益的具体项目予以适当的排列编制而成。它表明权益在某一特定日期所拥有或控制的经济资源、所承担的现有义务和所有者对净资产的要求权。

一、资产负债表的内容和作用

（一）资产负债表的内容

资产负债表主要反映以下三个方面的内容：

（1）在某一特定日期企业所拥有的经济资源，即某一特定日期企业所拥有或控制的各项资产的余额，包括流动资产、长期股权投资、固定资产、无形资产和其他资产。

（2）在某一特定日期企业所承担的债务，包括各项流动负债和长期负债。

（3）在某一特定日期企业投资者在企业资产中享有的经济利益，包括投资者投入的资本、资本公积、盈余公积和未分配利润。

（二）资产负债表的作用

通过编制资产负债表，可以反映有关企业或组织的资产总额及其配置状况，进而分析该企业或组织在某一日期所拥有的资产总额、负债总额、所有者权益总额及其构成情况，帮助报表使用者较全面地了解有关企业或组织的财务状况。

（1）可以反映企业某一日期资产的总额及其构成状况，信息使用者据此分析企业在某一日期所拥有的经济资源及其分布情况。

（2）可以反映企业某一日期负债的总额及其结构，揭示公司的资金来源，表明企业未来需用多少资产或劳务清偿债务。

（3）可以反映企业所有者权益的情况，表明投资者在企业资产中所占有的份额，了解企业所有者权益的结构状况，投资者和债权人据此可以分析企业资本结构的合理性及其所面临的财务风险。

（4）通过资产负债表，可以解释、评价和预测企业的短期偿债能力。

（5）通过资产负债表，可以解释、评价和预测企业的长期偿债能力和资本结构。

（6）通过资产负债表，可以解释、评价和预测企业的财务弹性。

（7）通过资产负债表，可以解释、评价和预测企业的绩效，帮助管理部门做出合理的经营决策。

（8）通过资产负债表对不同时期相同项目进行比较，可以了解企业财务状况变动情况，预测企业未来财务状况的发展趋势。

二、资产负债表的结构

资产负债表一般有表头、正表两部分。其中，表头概括地说明报表名称、编制单位、编制日期、报表编号、货币名称、计量单位等。正表是资产负债表的主体，列示了用以说明企业财务状况的各个项目。

资产负债表的正表按资产、负债、所有者权益三大项目排列方法的不同，一般有两种格式：报告式资产负债表和账户式资产负债表。报告式资产负债表也称竖式资产负债表，是上下结构，上半部列示资产，下半部列示负债和所有者权益。具体排列形式又有两种：一种是按"资产 = 负债 + 所有者权益"的原理排列；另一种是按"资产 − 负债 = 所有者权益"的原理排列。账户式资产负债表也称横式资产负债表，是左右结构，左边列示资产，右边列示负债和所有者权益。不管采取什么格式，资产各项目的合计等于负债和所有者权益各项目的合计。

我国企业的资产负债表采用账户式结构。

账户式资产负债表分左右两方。左方为资产项目，按资产的流动性大小或变现能力强弱，自上而下排列，变现能力最强的排在最上边，变现能力最弱的排在最后一行。右方为负债和所有者权益项目，负债项目按清偿时间的先后顺序排列；所有者权益项目按可供企业使用的永久程度加以排列，越能供企业永久使用的项目越排列在前面。账户式资产负债表采用资产总额等于负债加所有者权益总额的对照结构，反映资产、负债和所有者权益之间的内在关系，达到资产负债表左方和右方的平衡。

（1）资产类项目。资产类项目按资产的流动性大小或按资产的变现能力强弱分为流动资产和非流动资产两类，并分项列示。流动资产项目包括货币资金、交易性金融资产、应收票据、应收账款、预付账款、应收利息、其他应收款、存货等；非流动资产项目包括长期股权投资、固定资产、无形资产、长期待摊费用和其他长期资产等。

（2）负债类项目。负债类项目按要求清偿时间分为流动负债和非流动负债两类。流动负债是指将在一年或一个营业周期内到期的负债，包括短期借款、交易性金融负债、应付票据、应付账款、预收账款、应付职工薪酬、应交税费、应付利息、应付股利、其他应付款等；非流动负债主要包括长期借款、应付债券、长期应付款等。

（3）所有者权益类项目。按其来源分为实收资本（股本）、资本公积、盈余公积和未分配利润等项目。

我国的资产负债表又称比较资产负债表，采用前后两期对比方式编列，表中各项目既列出了期末数，又列示了年初数，利用期末数与年初数的比较，可以了解有关企业财务状况的变动情况及其变化发展趋势。

资产负债表格式如表 8-2 所示。

表 8-2　资产负债表

编制单位：××公司　　　　　　20××年×月×日　　　　　　单位：元

资产	期末余额	年初余额	负债和所有者权益	期末余额	年初余额
流动资产：			流动负债：		
货币资金			短期借款		

续表

资产	期末余额	年初余额	负债和所有者权益	期末余额	年初余额
交易性金融资产			交易性金融负债		
应收票据			应付票据		
应收账款			应付账款		
预付款项			预收款项		
应收利息			应付职工薪酬		
应收股利			应交税费		
其他应收款			应付利息		
存货			应付股利		
一年内到期的非流动资产			其他应付款		
其他流动资产			一年内到期的非流动负债		
流动资产合计			其他流动负债		
非流动资产：			**流动负债合计**		
可供出售金融资产			非流动负债：		
持有至到期投资			长期借款		
长期应收款			应付债券		
长期股权投资			长期应付款		
投资性房地产			专项应付款		
固定资产			预计负债		
在建工程			递延所得税负债		
工程物资			其他非流动负债		
固定资产清理			非流动负债合计		
生产性生物资产			**负债合计**		
油气资产			所有者权益：		
无形资产			实收资本（或股本）		
开发支出			资本公积		
商誉			减：库存股		
长期待摊费用			盈余公积		
递延所得税资产			未分配利润		
其他非流动资产			**所有者权益合计**		
非流动资产合计					
资产总计			**负债和所有者权益总计**		

三、资产负债表的编制方法

资产负债表中"年初余额"栏的数字通常根据上年度对应项目的"期末数"栏内所列数字填列，且应该和上年末资产负债表的"期末余额"栏一致。企业在首次执行新《企业会计准则》时，应该按照要求对当年的"年初余额"栏及其相关项目进行调整；以后期间，如果企业变更会计政策、更正前期差错时，也应该对"年初余额"栏中的有关项目进行相应的调整。此外，若企业本年度资产负债表规定的各项目的名称及内容同上年度不一致，则应该对上年末资产负债表各项目的名称和数字按本年度的规定进行调整，填入"年初余额"栏内。

资产负债表"期末数"可为月末、季末或年末的数字。"期末数"栏内的数字，一般应该根据对应的会计账簿记录直接填列，即根据资产、负债、所有者权益类科目的期末余额填列。如果企业在编制资产负债表前编制了工作底稿，可根据工作底稿中的"资产负债表"栏内各项目的金额填列。资产负债表不是对账户余额的简单移植，报表项目与会计科目内容并不完全一致，有些项目需要经过分析、计算后得出。"期末数"各项目的填列方法如下：

（1）根据总账科目余额直接填列。如"交易性金融资产"项目，根据"交易性金融资产"总账科目的期末余额直接填列；"短期借款"项目，根据"短期借款"总账科目的期末余额直接填列。此外，"工程物资"、"递延所得税资产"、"短期借款"、"交易性金融负债"、"应付票据"、"应付职工薪酬"、"递延所得税负债"、"预计负债"、"实收资本"、"资本公积"、"盈余公积"等，都在此项之内。

（2）根据总账科目余额计算填列。资产负债表中某些项目需要根据若干总账科目的期末余额计算填列，如"货币资金"项目，根据"库存现金"、"银行存款"、"其他货币资金"三个总账科目的期末余额合计数计算填列。

（3）根据有关明细科目余额计算填列。资产负债表中某些项目需要根据有关总账科目所属的相关明细科目的期末余额计算填列，如"应收账款"项目，应根据"应收账款"、"预收账款"两个科目所属的有关明细科目的期末借方余额扣除计提的减值准备后计算填列；"应付账款"项目，根据"应付账款"、"预付账款"科目所属相关明细科目的期末贷方余额计算填列。

（4）根据总账科目和明细科目余额分析计算填列。如"长期借款"项目，根据"长期借款"总账科目期末余额，扣除"长期借款"科目所属明细科目中反映的、将于一年内到期的长期借款部分，分析计算填列。

（5）根据有关科目余额减去其备抵项目后的净额填列。如"固定资产"项目，根据"固定资产"科目的期末余额，减去"固定资产减值准备"与"累计折旧"备抵科目余额后的净额填列。又如，"无形资产"项目，根据"无形资产"科目的期末余额，减去"无形资产减值准备"与"累计摊销"备抵科目余额后的净额填列。

（6）综合运用上述填列方法分析填列。如"存货"项目，需要根据"原材料"、"材料采购"、"材料成本差异"、"库存商品"等总账科目的期末余额的分析汇总数，再减去"存货跌价准备"备抵科目余额后的净额填列。

四、资产负债表各项目的填列说明

（一）资产项目的填列说明

（1）"货币资金"项目，反映企业库存现金、银行结算户存款、外埠存款、银行汇票存账款、银行本票存款、信用卡存款、信用证保证金存款等的合计数。本项目应根据"库存现金"、"银行存款"、"其他货币资金"三个总账科目的期末余额合计数填列。

（2）"交易性金融资产"项目，反映企业持有的以公允价值计量且其变动计入当期损益的为交易目的所持有的债券投资、股票投资、基金投资等金融资产。本项目应根据"交易性金融资产"账户的期末余额填列。

（3）"应收票据"项目，反映的是企业因销售商品、提供劳务而收到的商业汇票，包括商业承兑汇票和银行承兑汇票。本项目应根据"应收票据"总账科目余额，减去"坏账准备"科目中有关应收票据计提的坏账准备期末余额后的金额填列。

（4）"应收账款"项目，反映企业因销售商品、提供劳务等经营活动应向购买企业收取的各种款项。本项目应根据"应收账款"和"预收账款"科目所属各明细科目的期末借方余额合计减去"坏账准备"科目中有关应收账款计提的坏账准备期末余额后的金额填列。如"应收账款"科目所属明细科目期末有贷方余额，应在资产负债表"预收账款"项目内填列。

（5）"预付款项"项目，反映企业按照购货合同规定预付给供应单位的款项。本项目应根据"预付账款"和"应付账款"科目所属各明细科目的期末借方余额合计数，减去"坏账准备"科目中有关预付账款计提的坏账准备期末余额后的金额填列。如"预付账款"科目所属有关明细科目期末有贷方余额的，应在资产负债表"应付账款"项目内填列。如"应付账款"科目所属明细科目有借方余额的，也应包括在本项目内。

（6）"应收利息"项目，反映企业因债权投资而应收取的利息。本项目应根据"应收利息"科目的期末余额，减去"坏账准备"科目中有关应收利息计提的坏账准备期末余额后的金额填列。企业购入到期还本付息债券应收利息，不包括在本项目内。

（7）"应收股利"项目，反映企业因股权投资而应收取的现金股利，企业应收其他单位的利润，也包括在本项目内。本项目应根据"应收股利"科目的期末余额，减去"坏账准备"科目中有关应收股利计提的坏账准备期末余额后的金额填列。

（8）"其他应收款"项目，反映企业除应收票据、应收账款、预付账款、应收利息、应收股利等经营活动以外的其他各种应收、暂付的款项。本项目应根据"其他应收款"和"其他应付款"科目所属各明细科目的期末借方余额合计数，减去"坏账准备"科目中有关其他应收款计提的坏账准备期末余额后的金额填列。

（9）"存货"项目，反映企业期末在库、在途和在加工中的各项存货的可变现净值，包括各种材料、商品、在产品、半成品、包装物、低值易耗品、分期收款发出商品、委托代销商品、受托代销商品等。本项目应根据"材料采购（在途物资）"、"原材料"、"库存商品"、"周转材料"、"生产成本"、"分期收款发出商品"、"委托加工物资"、"委托代销商品"、"受托代销商品"等科目的期末余额合计，减去"代销商品款"、"存货跌价准备"科目期末余额后的金额填列。材料采用计划成本核算，以及库存商品采用计划成本或售价核算的企业，还应按加或减材料成本差异、商品进销差价后的金额填列。

（10）"一年内到期的非流动资产"项目，反映企业将于一年内到期的非流动资产。本项目应根据有关科目的期末余额分析计算填列。

（11）"其他流动资产"项目，反映企业除以上流动资产项目外的其他流动资产，本项目应根据有关科目的期末余额填列。如其他流动资产价值较大的，应在财务报表附注中披露其内容和金额。

（12）"可供出售金融资产"项目，反映企业持有的划分为可供出售金融资产的证券。本项目根据"可供出售金融资产"科目的期末余额填列。

（13）"持有至到期投资"项目，反映企业持有的划分为持有至到期投资的证券。本项目根据"持有至到期投资"科目的期末余额减去"持有至到期投资减值准备"科目的期末余额后填列。

（14）"长期应收款"项目，反映企业持有的长期应收款的可收回金额。本项目应根据"长期应收款"科目的期末余额，减去"坏账准备"科目所属相关明细科目期末余额，再减去"未确认融资收益"科目期末余额后的金额分析计算填列。

（15）"长期股权投资"项目，反映企业持有的对子公司、联营企业和合营企业的长期股权投资。本项目应根据"长期股权投资"科目的期末余额，减去"长期股权投资减值准备"科目余额后的金额填列。

（16）"投资性房地产"项目，反映企业持有的投资性房地产。本项目应根据"投资性房地产"科目的期末余额，减去"投资性房地产累计折旧"、"投资性房地产减值准备"科目期末余额后的金额分析计算填列。

（17）"固定资产"项目，反映企业各种固定资产原价减去累计折旧和固定资产减值准备后的净额。本项目应根据"固定资产"科目的期末余额，减去"累计折旧"、"固定资产减值准备"科目期末余额后的金额填列。

（18）"工程物资"项目，反映企业各项工程尚未使用的工程物资的实际成本。本项目应根据"工程物资"科目的期末余额填列。

（19）"在建工程"项目，反映企业期末各项未完工程的实际支出，包括交付安装的设备价值，以及未完建筑安装工程已经耗用的材料、工资和费用支出、预付出包工程的价款、已经建筑安转完毕但尚未交付使用的工程等的可收回金额。本项目应根据"在建工程"科目的期末余额，减去"在建工程减值准备"科目的期末余额后的金额填列。

（20）"固定资产清理"项目，反映企业因出售、毁损、报废等原因转入清理但尚未清理完毕的固定资产的账面价值，以及固定资产清理过程中所发生的清理费用和变价收入等各项金额的差额。本项目应根据"固定资产清理"科目的期末借方余额填列；如"固定资产清理"科目期末为贷方余额，以"—"号填列。

（21）"无形资产"项目，反映企业持有的无形资产。本项目应根据"无形资产"科目的期末余额，减去"累计摊销"、"无形资产减值准备"科目期末余额后的金额填列。

（22）"递延所得税资产"项目，反映企业确认的递延所得税资产。本项目应根据"递延所得税资产"科目期末余额填列。

（23）"其他非流动资产"项目，反映企业除以上资产以外的其他长期资产。本项目应根据有关科目的期末余额填列。如其他长期资产价值较大的，应在财务报表附注中披露其内容和金额。

（二）负债项目的填列说明

（1）"短期借款"项目，反映企业向银行或其他金融机构等借入的期限在一年以下（含一年）的借款。本项目应根据"短期借款"科目的期末余额填列。

（2）"交易牲金融负债"项目，反映企业为交易而发生的金融负债，包括以公允价值计量且其变动计入当期损益的金融负债。本项目应根据"交易性金融负债"等科目的期末余额分析填列。

（3）"应付票据"项目，反映企业因购买材料、商品和接受劳务等开出、承兑的商业汇票，包括银行承兑汇票和商业承兑汇票。本项目应根据"应付票据"科目的期末余额填列。

（4）"应付账款"项目，反映企业购买原材料、商品和接受劳务供应等经营活动而应付给供应企业的款项。本项目应根据"应付账款"、"预付账款"科目所属各有关明细科目的期末贷方余额合计填列；如"应付账款"科目所属各明细科目期末有借方余额，应在资产负债表"预付账款"项目内填列。

（5）"预收款项"项目，反映企业按照购销合同规定预收购买单位的款项。本项目应根据"预收账款"、"应收账款"科目所属各有关明细科目的期末贷方余额合计填列。如"预收账款"科目所属有关明细科目有借方余额的，应在资产负债表"应收账款"项目内填列；如"应收账款"科目所属明细科目有贷方余额的，也应包括在本项目内。

（6）"应付职工薪酬"项目，反映企业根据有关规定应付给职工的工资、职工福利、社会保险费、住房公积金、工会经费、职工教育经费、非货币性福利、辞退福利等各种薪酬。企业（外商）按规定从净利润中提取的职工奖励及福利基金，也在本项目列示。本项目应根据"应付职工薪酬"科目期末贷方余额填列。如"应付职工薪酬"科目期末为借方余额；以"—"号填列。

（7）"应交税费"项目，反映企业期末未交、多交或未抵扣的各种税费。本项目应根据"应交税费"科目的期末贷方余额填列；如"应交税费"科目期末为借方余额，以"—"号填列。

（8）"应付利息"项目，反映企业应付未付的利息。本项目应根据"应付利息"科目的期末贷方余额填列。

（9）"应付股利"项目，反映企业分配的现金股利或利润。企业分配的股票股利不通过本项目列示。本项目应根据"应付股利"科目的期末余额填列。

（10）"其他应付款"项目，反映企业所有应付和暂收其他企业和个人的款项。本项目应根据"其他应付款"科目的期末余额填列。

（11）"一年内到期的非流动负债"项目，反映企业除应付票据、应付账款、预收账款、应付职工薪酬、应付股利、应付利息、应交税费等经营活动以外的其他各项应付、暂收的款项。本项目应根据"其他应付款"和"其他应收款"科目所属的各明细科目期末贷方余额合计数填列。如"其他应付款"科目所属明细科目出现借方余额的，应在资产负债表"其他应收款"项目内填列。

（12）"其他流动负债"项目，反映企业除以上流动负债以外的其他流动负债。本项目应根据有关科目的期末余额填列。如其他流动负债价值较大，应在财务报表附注中披露其内容及金额。

（13）"长期借款"项目，反映企业向银行或其他金融机构借入的期限在一年以上（不含一年）的各项借款。本项目应根据"长期借款"科目的期末余额，减去"长期借款"科目中将于一年内到期的长期借款后的金额填列。

（14）"应付债券"项目，反映企业发行的尚未偿还的各种长期债券的本金和利息。本项目应根据"应付债券"科目的期末余额填列。

（15）"长期应付款"项目，反映企业除长期借款和应付债券以外的其他各种长期应付款。本项目应根据"长期应付款"科目的期末余额，减去"未确认融资费用"科目期末余额后的金额填列。

（16）"预计负债"项目，反映企业确认的对外提供担保、未决诉讼、产品质量保证、重组义务、亏损性合同等预计负债。本项目应根据"预计负债"科目的期末余额填列。

（17）"递延所得税负债"项目，反映企业确认的应纳税暂时性差异产生的所得税负债。本项目应根据"递延所得税负债"科目的期末余额填列。

（18）"其他非流动负债"项目，反映企业除长期借款、应付债券等负债以外的其他非流动负债。本项目应根据有关科目的期末余额减去将于一年内（含一年）到期偿还数后的余额填列。非流动负债各项目中将于一年内（含一年）到期的非流动负债，应在"一年内到期的非流动负债"项目内单独反映。

（三）所有者权益项目的填列说明

（1）"实收资本（或股本）"项目，反映企业各投资者实际投入的资本（或股本）总额。本项目应根据"实收资本"（或"股本"）科目的期末余额填列。

（2）"资本公积"项目，反映企业资本公积的期末余额。本项目应根据"资本公积"科目的期末余额填列。

（3）"盈余公积"项目，反映企业盈余公积的期末余额。本项目应根据"盈余公积"科目的期末余额填列。

（4）"未分配利润"项目，反映企业尚未分配的利润。本项目应根据"本年利润"科目和"利润分配"科目的余额计算填列。未弥补的亏损在本项目内以"—"号填列。

五、资产负债表编制举例

【例 8-1】美华有限公司 20×5 年 12 月 31 日有关科目的余额如表 8-3 所示。

表 8-3　科目余额表

20×5 年 12 月 31 日　　　　　　　　　　　　　　　单位：元

科目名称	借方余额	科目名称	借方余额
库存现金	2 000	短期借款	400 000
银行存款	61 480		
应收账款 ——甲公司 ——乙公司 ——丙公司	106 800 6 800 250 000 −150 000	应付账款 ——A公司 ——B公司 ——C公司	400 000 200 000 300 000 −100 000
坏账准备	−534	其他应付款	80 000
其他应收款	5 000	应付职工薪酬	220 000
材料采购	200 000	应交税费	60 000
原材料	250 000	长期借款	500 000
库存商品	1 800 000	实收资本	3 000 000
长期股权投资	100 000	资本公积	200 000
固定资产	2 900 000	盈余公积	300 000
累计折旧	−580 000	利润分配	−30 254
在建工程	110 000		
无形资产	200 000		
累计摊销	−50 000		
长期待摊费用	25 000		
合　计	5 129 746	合　计	5 129 746

注：表中"坏账准备"科目借方余额 −534 元，实际为贷方余额 534 元，全部为应收账款计提的坏账准备；"累计折旧"科目借方余额 −580 000 元，实际为贷方余额 580 000 元；"累计摊销"科目借方余额 −50 000 元，实际为贷方余额 50 000 元；"应收账款——丙公司"科目借方余额 −150 000 元，实际为贷方余额 150 000 元；"应付账款——C公司"科目贷方余额 −100 000 元，实际为借方余额 100 000 元。

根据上述资料，编制美华有限公司 20×5 年 12 月 31 日的资产负债表期末数栏如表 8-4 所示。

表8-4 资产负债表   会企01

编制单位：美华有限公司   20×5年12月31日   单位：元

资产	期末余额	年初余额	负债和所有者权益	期末余额	年初余额
流动资产：			流动负债：		
货币资金	63 480		短期借款	400 000	
交易性金融资产			交易性金融负债		
应收票据			应付票据		
应收账款	256 266		应付账款	500 000	
预付款项	100 000		预收款项	150 000	
应收利息			应付职工薪酬	220 000	
应收股利			应交税费	60 000	
其他应收款	5 000		应付利息		
存货	2 250 000		应付股利		
一年内到期的非流动资产			其他应付款	80 000	
其他流动资产			一年内到期的非流动负债		
流动资产合计	2 674 746		其他流动负债		
非流动资产：			流动负债合计	1 410 000	
可供出售金融资产			非流动负债：		
持有至到期投资			长期借款	500 000	
长期应收款			应付债券		
长期股权投资	100 000		长期应付款		
投资性房地产			专项应付款		
固定资产	2 320 000		预计负债		
在建工程	110 000		递延所得税负债		
工程物资			其他非流动负债		
固定资产清理			非流动负债合计	500 000	
生产性生物资产			负债合计	1 910 000	
油气资产			所有者权益：		
无形资产	150 000		实收资本（或股本）	3 000 000	
开发支出			资本公积	200 000	
商誉			减:库存股		
长期待摊费用	25 000		盈余公积	300 000	
递延所得税资产			未分配利润	-30 254	
其他非流动资产			所有者权益合计	3 469 746	
非流动资产合计	2 705 000				
资产总计	5 379 746		负债和所有者权益总计	5 379 746	

第三节　利润表

利润表是反映企业在一定会计期间经营成果的财务报表。编制利润表主要是把企业在某一经营期间的收入、费用和成本以及由此所配比计算出的盈亏情况报告给信息使用者。所以，利润表是一种动态性的报表。有时，利润表也称为损益表、收益表。

利润表把一定期间的收入与其同一会计期间相关的费用进行配比，以计算出企业一定时期的净利润（或净亏损）。通过利润表反映的收入、费用等情况，能够反映企业生产经营的收益和成本耗费情况，表明企业生产经营成果；同时，通过利润表提供的不同时期的比较数字（本月数、本年累计数、上年数），可以分析企业今后利润的发展趋势及获利能力，并据以判断资本保值、增值情况。将利润表中的信息与资产负债表中的信息相结合，还能够提供财务分析的基本资料，便于财务报表使用者判断企业未来的发展趋势，做出经济决策。

一、利润表的内容和作用

（一）利润表的内容

我国企业利润表主要反映以下几个方面的内容：

（1）构成营业利润的各项要素。营业利润是在营业收入的基础上减营业成本、营业税金及附加、销售费用、管理费用、财务费用、资产减值损失，加投资收益后得出。即

$$\underset{\text{利润}}{\text{营业}} = \underset{\text{收入}}{\text{营业}} - \underset{\text{成本}}{\text{营业}} - \underset{\text{及附加}}{\text{营业税金}} - \underset{\text{费用}}{\text{销售}} - \underset{\text{费用}}{\text{管理}} - \underset{\text{费用}}{\text{财务}} - \underset{\text{值损失}}{\text{资产减}} + \underset{\text{收益}}{\text{投资}}$$

（2）构成利润总额（或亏损总额）的各项要素。利润总额（或亏损总额）在营业利润的基础上，加减营业外支出后得出。即

利润总额 = 营业利润 + 营业外收入 - 营业外支出

（3）构成净利润（或净亏损）的各项要素。净利润（或净亏损）在利润总额

（或亏损总额）的基础上，减去本期计入损益的所得税后得出。即

净利润 = 利润总额 − 所得税费用

（4）每股收益的内容。包括基本每股收益和稀释每股收益。

"基本每股收益"项目，反映企业普通股股东持有每一股份所能享有企业的利润或承担企业的亏损。计算公式为：

基本每股收益 = 当期净利润 ÷ 发行在外普通股加权平均数

"稀释每股收益"项目，反映企业存在具有稀释性潜在普通股的情况下，以基本每股收益的计算为基础，考虑稀释性潜在普通股影响的每股收益。

（二）利润表的作用

利润是企业经营业绩的综合体现，因此，利润表是财务报表中的主要报表。

（1）可据以解释、评价和预测企业的经营成果和获利能力。通过比较和分析同一企业在不同时期，或不同企业在同一时期的资产收益率、成本收益率等指标，能够揭示企业利用经济资源的效率；通过比较和分析收益信息，可以了解某一企业收益增长的规模和趋势。根据利润表所提供的经营成果信息，股东、债权人和管理部门可解释、评价和预测企业的获利能力。

（2）可据以解释、评价和预测企业的偿债能力。财务报表使用者通过对利润表的分析，可以了解企业的盈利能力，从而反映企业的投资报酬和偿付能力，测试投资者和债权人的风险程度。

（3）企业管理人员可据以做出经营决策。比较和分析收益表中各种构成要素，可知悉各项收入、成本、费用与收益之间的消长趋势，发现各方面工作中存在的问题，揭露缺点，找出差距，改善经营管理，努力增收节支，杜绝损失的发生，做出合理的经营决策。

（4）可据以评价和考核管理人员的绩效。比较前后期利润表上各项收入、费用、成本及收益的增减变动情况，并查考其增减变动的原因，可以较为客观地评价各职能部门，各生产经营企业的绩效，以及这些部门和人员的绩效与整个企业经营成果的关系，以便评判各部门管理人员的功过得失，及时做出采购、生产销售、筹资和人事等方面的调整，使各项活动趋于合理。

二、利润表的结构

利润表一般有表头、正表两部分。其中表头说明报表名称、编制单位、编制日

期、报表编号、货币名称、计量单位等；正表是利润表的主体，反映形成经营成果的各个项目和计算过程。

利润表正表的格式一般有单步式和多步式两种。单步式利润表是将当期所有的收入列在一起，然后将所有的费用列在一起，两者相减得出当期净损益。多步式利润表是通过对当期的收入、费用、支出项目按性质加以归类，按利润形成的主要环节列示一些中间性利润指标，如营业利润、利润总额、净利润等，分步计算当期净损益。

在我国，单步式利润表主要适用于那些业务比较单纯的服务咨询行业和某些实行企业化管理的业务比较简单的事业单位。企业会计准则规定的企业利润表应当采用多步式结构，并要求按照各项收入、费用以及构成利润的各个项目分类分项列示，便于使用者理解企业经营成果的不同来源。

我国一般企业多步式利润表格式如表 8-5 所示。

表 8-5 利润表

编制单位：××公司　　　　　　　××年××月　　　　　　　单位：元

项目	本期金额	上期金额
一、营业收入		
减：营业成本		
营业税金及附加		
销售费用		
管理费用		
财务费用		
资产减值损失		
加：公允价值变动收益（损失以"–"填列）		
投资收益（损失以"–"填列）		
其中：对联营企业和合营企业的投资		
二、营业利润（损失以"–"填列）		
加：营业外收入		
减：营业外支出		
其中：非流动资产处置损失		
三、利润总额（损失以"–"填列）		
减：所得税费用		
四、净利润（损失以"–"填列）		
五、每股收益		
（一）基本每股收益		
（二）稀释每股收益		

三、利润表的编制方法

利润表各项目需填列"本期金额"和"上期金额"两栏。报表中的"本期金额"栏反映各项目的本期实际发生数。"上期金额"栏各项目，反映上年同期实际发生数，在编报中期财务会计报告时，填列上年同期累计实际发生数；在编报年度财务会计报告时，填列上年全年累计实际发生数。如果上年度利润表与本年度利润表的项目名称和内容不相一致，则按编报当年的口径对上年度利润表项目的名称和数字进行调整，填入报表"上期金额"栏。

利润表中"上期金额"栏内各项数字，应根据上年该期利润表的"本期金额"栏内所列数字填列。"本期金额"栏内各期数字，除"基本每股收益"和"稀释每股收益"项目外，应当按照相关科目的发生额分析填列。

1. 根据账户本期发生额直接填列

期末结账前，损益类账户有贷方发生额，如"营业外收入"账户等；也有借方发生额，如"营业税金及附加"、"管理费用"、"销售费用"、"财务费用"、"所得税费用"账户等。编制利润表时，可将上述损益类账户的借方或贷方本期发生额直接对应填列于利润表相应项目中。

2. 根据账户本期的发生额计算分析填列

利润表中的"营业收入"项目，可根据"主营业务收入"和"其他业务收入"的本期贷方发生额之和填列；"营业成本"项目可根据"主营业务成本"和"其他业务成本"账户的本期借方发生额之和填列。

3. 根据利润表项目之间的关系计算填列

利润表中的某些项目需要根据项目之间的关系计算填列，如"营业利润"、"利润总额"和"净利润"项目。

四、利润表项目的填列说明

（1）"营业收入"项目，反映企业经营活动所取得的收入总额。本项目应根据"主营业务收入"、"其他业务收入"等科目的发生额分析填列。

（2）"营业成本"项目，反映企业经营活动所发生的实际成本。本项目应根据

"主营业务成本"、"其他业务成本"等科目的发生额分析填列。

（3）"营业税金及附加"项目，反映企业经营活动应负担的营业税、消费税、城市维护建设税、资源税、土地增值税和教育费附加等。本项目应根据"营业税金及附加"科目的发生额分析填列。

（4）"销售费用"项目，反映企业在销售商品过程中发生的包装费、广告费等费用，以及商品流通企业在购销商品等过程中发生的费用。本项目应根据"销售费用"科目的发生额分析填列。

（5）"管理费用"项目，反映企业为组织和管理生产经营所发生的管理费用。本项目应根据"管理费用"科目的发生额分析填列。

（6）"财务费用"项目，反映企业为筹集生产经营所需资金等而发生的筹资费用。本项目应根据"财务费用"科目的发生额分析填列。

（7）"资产减值损失"项目，反映企业确认的资产减值损失。本项目应根据"资产减值损失"科目的发生额分析填列。

（8）"公允价值变动损益"项目，反映企业确认的交易性金融资产或交易性金融负债的公允价值变动额。本项目应根据"公允价值变动损益"科目的发生额分析填列。

（9）"投资收益"项目，反映企业以各种方式对外投资所取得的收益。本项目应根据"投资收益"科目的发生额分析填列；如为投资损失，以"—"号填列。

（10）"营业利润"项目，反映企业实现的营业利润。根据营业利润计算公式计算的结果填列。结果为正，以正数填列，结果为负，表明亏损，以"—"号填列。

（11）"营业外收入"项目，反映企业发生的与其生产经营无直接关系的各项收入。本项目应根据"营业外收入"科目的发生额分析填列。

（12）"营业外支出"项目，反映企业发生的与其生产经营无直接关系的各项支出。本项目应根据"营业外支出"科目的发生额分析填列。

（13）"利润总额"项目，反映企业实现的利润总额。如为亏损总额，以"—"号填列。

（14）"所得税费用"项目，反映企业按规定从本期损益中扣除的所得税费用。本项目应根据"所得税费用"科目的发生额分析填列。

（15）"净利润"项目，反映企业实现的净利润。如为净亏损，以"—"号填列。

五、利润表编制举例

【例8-2】美华有限公司20×5年12月有关损益科目的发生额如表8-6所示。

表8-6　损益类科目发生额

单位：元

项目	本期发生额	上年同期发生额
主营业务收入	1 250 000	1 000 000
主营业务成本	750 000	500 000
营业税金及附加	2 000	3 000
销售费用	20 000	30 000
管理费用	158 000	145 000
财务费用	41 500	32 000
投资收益	31 500	80 000
其他业务收入	60 000	50 000
其他业务成本	40 000	30 000
营业外收入	50 000	100 000
营业外支出	19 700	78 000
所得税费用	90 075	103 000

根据表8-4资料，编制利润表如表8-7所示。

表8-7　利润表　　　　　　　　　　会企02

编制单位：美华有限公司　　　　　　20×5年12月　　　　　　单位：元

项目	本期金额	上期金额
一、营业收入	1 310 000	1 050 000
减：营业成本	790 000	530 000
营业税金及附加	2 000	3 000
销售费用	20 000	30 000
管理费用	158 000	145 000
财务费用	41 500	32 000
资产减值损失		
加：公允价值变动收益（损失以"-"填列）		
投资收益（损失以"-"填列）	31 500	80 000
其中：对联营企业和合营企业的投资		

项目	本期金额	上期金额
二、营业利润（损失以"-"填列）	330 000	390 000
加：营业外收入	50 000	100 000
减：营业外支出	19 700	78 000
其中：非流动资产处置损失		
三、利润总额（损失以"-"填列）	360 300	412 000
减：所得税费用	90 075	103 000
四、净利润（损失以"-"填列）	270 225	309 000
五、每股收益		
（一）基本每股收益		
（二）稀释每股收益		

第四节　现金流量表

一、现金流量表概述

现金流量表是反映企业在一定会计期间现金和现金等价物流入和流出的动态报表。

利润表和资产负债表虽然具有重要作用，能够为报表使用者提供有用的会计信息，但它们还不能完全满足报表使用者的需要。资产负债表反映某一特定日期的财务状况，说明某一特定日期资产和权益变动的结果，可以显示企业是否具有偿债能力，但不能说明财务状况的变动及其原因。利润表能够反映企业本期经营活动的成果，可用于衡量企业在获取利润方面的能力，但不能说明企业从营业活动中获得了多少可供周转使用的现金。因此，还需要编制现金流量表以弥补这两个报表的不足。

现金流量表对以权责发生制为基础的财务报表进行了必要的补充，增强了会计信息的可比性。企业的经营者由于管理的要求亟须了解现金流量信息，与企业有密切关系的银行、财税、工商等部门及个人投资者也需要对企业的偿还支付能力做出评价。通过现金流量表，能够为报表使用者提供现金流入、流出及净流量信息，便于使用者对创造现金的能力做出评价，并可对企业未来获取现金能力做出预测，其所揭示的现金流量信息可以帮助使用者从现金角度对企业偿债能力和支付能力做出更可靠、更稳健的评价。企业的净利润是以权责发生制为基础计算出来的，而现金流量表中的现金流量表是以收付实现制为基础的。通过比较分析现金流量和净利润，可以对收益的质量做出评价。企业想筹措资金，一方面可以通过筹资活动吸收投资者投资或借入现金；另一方面可以利用在经营过程中积累的利润。吸收投资者投资，会增加企业的受托责任；借入现金，会增加企业的财务风险。因此，利润便成为企业现金来源的重要渠道。通过现金流量表可以了解经过一段时间经营，企业从外部筹措了多少现金，自己生成了多少现金；筹措的现金是否按计划用到企业扩大生产规模、购置固定资产、补充流动资金上。企业筹措现金，生产现金的能力，是企业加强经营管理合理使用调度资金的重要信息，是其他两张报表所不能提供的。

二、现金流量表的编制基础

现金流量表是以现金为基础编制的。编制现金流量表，首先应明确"现金"的含义。我国《企业会计准则第 31 号——现金流量表》规定，"现金流量表所指的现金是广义的现金概念，它包括库存现金、可以随时用于支付的存款以及现金等价物。"具体包括：

第一，库存现金。库存现金是指企业持有的可随时用于支付的现金限额，即与会计核算中"库存现金"科目所包括的内容一致。

第二，银行存款。银行存款是指企业存在金融企业中随时可以用于支付的款项。如果存在金融企业的款项不能随时用于支付，如不能随时支取的定期存款，则不能作为现金流量表中的现金，但提前通知金融企业便可支取的定期存款，也应包括在现金流量表中的现金范围内。

第三，其他货币资金。其他货币资金是指企业存在金融企业有特定用途的资金，如外埠存款、银行汇票存款、银行本票存款、信用证保证金存款、信用卡存款等。

第四，现金等价物。现金等价物是指企业持有的期限短、流动性强、易于转换为已知金额的现金、价值变动风险很小的投资。现金等价物虽然不是严格意义上的现金，但其支付能力与现金的差别不大，可视为现金。认定现金等价物时，期限短通常是指从购买日起 3 个月内到期，通常是指 3 个月内到期的债券投资。权益性投资变现的金额通常不确定，因而不属于现金等价物。

三、现金流量的概念及分类

现金流量是某一段时期内企业现金流入和流出的数量。如企业销售商品、提供劳务、出售固定资产、向银行借款等取得现金，形成企业的现金流入；购买原材料、接受劳务、购建固定资产、对外投资、偿还债务等而支付现金等，形成企业的现金流出。现金流量信息能够表明企业经营状况是否良好，资金是否紧缺，企业偿付能力大小，从而为投资者、债权人、企业管理者提供非常有用的信息。应该注意的是，企业现金形式的转换不会产生现金的流入和流出，如企业从银行提取现金，是企业现金存放形式的转换，并未流出企业，不构成现金流量；同样，现金与现金等价物之间的转换也不属于现金流量，比如，企业用现金购买将于 3 个月内到期的国库券。

编制现金流量表首先需要对企业各项经营业务产生或运用现金流量进行合理的分类。《企业会计准则第 31 号——现金流量表》将现金流量分为三类，即经营活动产生的现金流量、投资活动产生的现金流量、筹资活动产生的现金流量。

（一）经营活动产生的现金流量

经营活动是指企业投资活动和筹资活动以外的所有交易和事项。其范围很广，就工业、商业企业来说，经营活动主要包括销售商品、提供劳务、经营性租赁、购买商品、接受劳务、制造产品、广告宣传、推销产品、支付工资、缴纳税款等。

各类企业由于行业特点不同，对经营活动的认定存在一定差异，在编制现金流量表时，应根据企业的实际情况，对现金流量进行合理的归类。

（二）投资活动产生的现金流量

投资活动是指企业长期资产的购建和不包括在现金等价物范围内的投资及其处置活动。这里所指的长期资产是指固定资产、在建工程、无形资产、其他资产等期限在一年或一个营业周期以上的资产。之所以将"包括在现金等价物范围内的投资"排除在外，是因为已经将包括在现金等价物范围内的投资视同现金。

投资活动主要包括：取得和收回投资、购建和处置固定资产、无形资产和其他长期资产，等等。

（三）筹资活动产生的现金流量

筹资活动是指导致企业资本及债务规模和构成发生变化的活动。这里所说的资本，包括实收资本（股本）、资本溢价（股本溢价）。与资本有关的现金流入和流出项目主要包括吸收投资、发行股票、分配利润等。这里"债务"是指企业对外举债所借入的款项，如发行债券、向金融企业借入款项以及偿还债务等。

四、现金流量表的结构

现金流量表分为主表和附表（即补充资料）两部分。主表的各项目金额实际上就是每笔现金流入、流出的归属，以"现金流入－现金流出＝现金流量净额"为基础，采取多步式，分别经营活动、投资活动和筹资活动，分项报告企业的现金流入量和流出量。而附表的各项目金额则是相应会计账户的当期发生额或期末与期初余额的差额，现金流量表附表部分又细分为三部分，第一部分是不涉及现金收支的投资和筹资活动；第二部分是将净利润调节为经营活动的现金流量，即所谓现金流量表编制的净额法；第三部分是现金及现金等价物净增加情况。

现金流量表格式如表8-8所示。

表8-8 现金流量表

编制单位：××公司　　　　　　20××年××月　　　　　　单位：元

项目	本期金额	上期金额
一、经营活动产生的现金流量		
销售商品、提供劳务收到的现金		
收到的税费返还		
收到其他与经营活动有关的现金		
经营活动现金流入小计		
购买商品、接受劳务支付的现金		
支付给职工以及为职工支付的现金		
支付的各项税费		
支付其他与经营活动有关的现金		
经营活动现金流出小计		
经营活动产生的现金流量净额		
二、投资活动产生的现金流量		
收回投资收到的现金		
取得投资收益所收到的现金		
处置固定资产、无形资产和其他长期资产所收回的现金净额		

项目	本期金额	上期金额
处置子公司及其他营业单位收到的现金净额		
收到其他与投资活动有关的现金		
投资活动现金流入小计		
购建固定资产、无形资产和其他长期资产所支付的现金		
投资所支付的现金		
取得子公司及其他营业单位支付的现金净额		
支付其他与投资活动有关的现金		
投资活动现金流出小计		
投资活动产生的现金流量净额		
三、筹资活动产生的现金流量		
吸收投资收到的现金		
取得借款收到的现金		
发行债券收到的现金		
收到其他与筹资活动有关的现金		
筹资活动现金流入小计		
偿还债务支付的现金		
分配股利、利润或偿付利息支付的现金		
支付其他与筹资活动有关的现金		
筹资活动现金流出小计		
筹资活动产生的现金流量净额		
四、汇率变动对现金及现金等价物的影响		
五、现金及现金等价物净增加额		
加：期初现金及现金等价物余额		
六、期末现金及现金等价物余额		

五、现金流量表的编制

（一）编制原则

1. 分类反映原则

为了给财务报表使用者提供有关现金流量的信息，并结合现金流量表和其他财务信息对企业做出正确的评价，现金流量表应当提供企业经营活动、投资活动和筹资活动对现金流量的影响，即现金流量表应当分别反映经营活动产生的现金流量、投资活动产生的现金流量和筹资活动产生的现金流量的总额以及它们相抵后的结果。

2. 总额反映与净额反映灵活运用原则

为了提供企业现金流入和流出总额的信息，现金流量表一般应按照现金流量总额反映。一定时期的现金流量通常可按现金流量总额或现金流量净额反映。现金流量总额是指分别反映现金流入和流出总额，而不以现金流入和流出相抵后的净额反映。现金流量净额是指以现金流入和流出相抵后的净额反映。但现金流量以总额反映比以净额反映所提供的信息更为相关有用。因此，通常情况下，现金流量应以其总额反映。但是，下述情况可对现金流量以净额反映：一是某些金额不大的项目可以现金收入和相关的现金支出相抵后以净额列示。例如，企业处置固定资产发生的现金收入和相关的现金支出。二是不反映企业自身的交易或事项的现金流量项目。例如，证券公司代收客户的款项用于交割买卖证券的款项，期货交易所接受客户交割实物的款项等。这些项目不属于企业自身业务的现金流量项目，可以净额反映。

3. 合理划分经营活动、投资活动和筹资活动

经营活动、投资活动和筹资活动应当按照其概念进行划分，但有些交易或事项则不易划分，如利息收入和股利收入、利息支出和股利支出是作为经营活动，还是作为投资或筹资活动有不同的看法。在中国，依据人们的习惯理解，把利息收入和股利收入划为投资活动，把利息支出和股利支出划为筹资活动。某些现金收支可能具有多类现金流量的特征，所属类别需要根据特定情况加以确定。例如，实际缴纳的所得税，由于很难区分缴纳的是经营活动产生的所得税，还是投资或筹资活动产生的所得税，通常将其作为经营活动的现金流量。对于某些特殊项目，如自然灾害损失和保险索赔，若能分清属于固定资产损失的保险索赔，通常作为投资活动，流动资产损失的保险索赔，通常作为经营活动；若不能分清属于固定资产还是流动资产的保险索赔，通常归为经营活动的现金流量。因此，企业应当合理划分经营活动、投资活动和筹资活动，对于某些现金收支项目或特殊项目，应当根据特定情况和性质进行划分，分别归并到经营活动、投资活动和筹资活动类别中，并一贯性地遵循这一划分标准。

4. 外币现金流量应当折算为人民币反映

在中国，企业外币现金流量以及境外子公司的现金流量，以现金流量发生日的汇率或加权平均汇率折算。汇率变动对现金的影响作为调节项目，在现金流量表中单独列示。

5. 重要性原则

不涉及现金的投资和筹资活动不应反映在现金流量表内，因为这些投资和筹资活动不影响现金流量，这种做法与编制现金流量表的目的相一致。但是，如果不涉及现金的投资和筹资活动数额很大，不加以反映会导致有理性的报表使用者产生误解并做出不正确的决策，就需要在现金流量表中以其他形式予以揭示，如反映在现金流量表的"补充资料"（或附注）中。重要性原则对现金流量表中各项目的编制有很大影响。比如，"收到的租金"项目，如果企业此类业务不多，则可以不设此项目，而将其纳入"收到的其他与经营活动有关的现金"之中。

（二）具体编制方法

编制现金流量表时，列报经营活动现金流量的方法有两种，一种是直接法，一种是间接法。

直接法是指通过现金收入和现金支出的主要类别列示经营活动的现金流量。采用直接法编制经营活动的现金流量时，一般以利润表中的营业收入为起算点，调整与经营活动有关的项目的增减变动，然后计算出经营活动的现金流量。

间接法是以本期净利润为起算点，调整不涉及现金的收入、费用、营业外收支等有关项目的增减变动，剔除投资活动、筹资活动对现金流量的影响，据此计算出经营活动产生的现金流量。由于净利润是按照权责发生制确定的，而且包括了投资活动和筹资活动相关的收益和费用，将净利润调节为经营活动现金流量，实际上是将权责发生制确定的净利润调整为现金净流入，并剔除投资活动和筹资活动对现金流量的影响。

国际会计准则鼓励企业采用直接法编制现金流量表。在我国，企业应当采用直接法列示经营活动产生的现金流量，但在现金流量表的补充资料中还可以按照间接法反映经营活动现金流量的情况。

采用直接法具体编制现金流量表时，可以采用工作底稿法或 T 形账户法，也可以根据有关科目记录分析填列。采用工作底稿法编制现金流量表，就是以工作底稿为手段，以资产负债表和利润表数据为基础，对每一项目进行分析并编制调整分录，从而编制现金流量表。采用 T 形账户法编制现金流量表，是以 T 形账户为手段，以资产负债表和利润表数据为基础，对每一项目进行分析并编制调整分录，从而编制现金流量表。

（三）现金流量表主要项目说明

1. 经营活动产生的现金流量

（1）"销售商品、提供劳务收到的现金"项目，反映企业本年销售商品、提供劳务收到的现金，以及以前年度销售商品、提供劳务本年收到的现金（包括应向购买者收取的增值税销项税额）和本年预收的款项，减去本年销售本年退回商品和以前年度销售本年退回商品支付的现金。企业销售材料和代购代销业务收到的现金，也在本项目反映。

（2）"收到的税费返还"项目，反映企业收到返还的所得税、增值税、营业税、消费税、关税和教育费附加等各种税费返还款。

（3）"收到其他与经营活动有关的现金"项目，反映企业经营租赁收到的租金等其他与经营活动有关的现金流入，金额较大的应当单独列示。

（4）"购买商品、接受劳务支付的现金"项目，反映企业本年购买商品、接受劳务实际支付的现金（包括增值税进项税额），以及本年支付以前年度购买商品、接受劳务的未付款项和本年预付款项，减去本年发生的购货退回收到的现金。企业购买材料和代购代销业务支付的现金，也在本项目反映。

（5）"支付给职工以及为职工支付的现金"项目，反映企业本年实际支付给职工的工资、资金、各种津贴和补贴等职工薪酬（包括代扣代缴的职工个人所得税）。

（6）"支付的各项税费"项目，反映企业本年发生并支付、以前各年发生本年支付以及预交的各项税费，包括所得税、增值税、消费税、印花税、房产税、土地增值税、车船税、城市维护建设税、教育费附加、地方教育附加等。

（7）"支付其他与经营活动有关的现金"项目，反映企业经营租赁支付的租金、支付的差旅费、业务招待费、广告费、展览费、保险费、罚款支出等其他与经营活动有关的现金流出，金额较大的应当单独列示。

2. 投资活动产生的现金流量

现金流量表中的投资活动比通常所指的短期投资和长期投资的范围要广，投资活动包括非现金等价物的短期投资和长期投资的购买与处置、固定资产的购建与处置、无形资产的购买与处置等。

（1）"收回投资收到的现金"项目，反映企业出售、转让或到期收回除现金等价物以外的对其他企业长期股权投资而收到的现金，但处置子公司及其他营业单位收到的现金净额除外。

（2）"取得投资收益收到的现金"项目，反映企业除现金等价物以外的对其他企业的长期股权投资等分回的现金股利和利息等。

（3）"处置固定资产、无形资产和其他长期资产收回的现金净额"项目，反映企业出售、报废固定资产、无形资产和其他长期资产所取得的现金（包括因资产毁损而收到的保险赔偿收入），减去为处置这些资产而支付的有关费用后的净额。

（4）"处置子公司及其他营业单位收到的现金净额"项目，反映企业处置子公司及其他营业单位所取得的现金，减去相关处置费用以及子公司及其他营业单位持有的现金和现金等价物后的净额。

（5）"收到其他与投资活动有关的现金"项目，反映企业除了上述各项目以外，收到的其他与投资活动有关的现金，金额较大的应当单独列示。

（6）"购建固定资产、无形资产和其他长期资产支付的现金"项目，反映企业购买、建造固定资产、取得无形资产和其他长期资产所支付的现金（含增值税款等），以及用现金支付的应由在建工程和无形资产负担的职工薪酬。

（7）"投资支付的现金"项目，反映企业取得除现金等价物以外的对其他企业的长期股权投资所支付的现金以及支付的佣金、手续费等附加费用，但取得子公司及其他营业单位支付的现金净额除外。

（8）"取得子公司及其他营业单位支付的现金净额"项目，反映企业购买子公司及其他营业单位购买出价中以现金支付的部分，减去子公司及其他营业单位持有的现金和现金等价物后的净额。

（9）"支付其他与投资活动有关的现金"项目，反映企业除上述各项目以外，支付的其他与投资活动有关的现金，金额较大的应当单独列示。

3. 筹资活动产生的现金流量

（1）"吸收投资收到的现金"项目，反映企业以发行股票、债券等方式筹集资金实际收到的款项（发行收入减去支付的佣金等发行费用后的净额）。由金融企业直接支付的手续费、宣传费、咨询费、印刷费等费用，从发行股票、债券取得的现金收入中扣除，以净额列示。

（2）"取得借款收到的现金"项目，反映企业举借各种短期、长期借款而收到的现金。

（3）"收到其他与筹资活动有关的现金"，反映企业除上述各项目外，收到的其他与筹资活动有关的现金，金额较大的应当单独列示。

（4）"偿还债务支付的现金"项目，反映企业为偿还债务本金而支付的现金。

（5）"分配股利、利润或偿付利息支付的现金"项目，反映企业实际支付的现金股利、支付给其他投资单位的利润或用现金支付的借款利息、债券利息。

（6）"支付其他与筹资活动有关的现金"项目，反映企业除上述各项目外，支付的其他与筹资活动有关的现金流出，如以发行股票、债券等方式筹集资金而由企业直接支付的审计、咨询等费用，融资租赁所支付的租赁费。金额较大的应当单独列示。

4.汇率变动对现金及现金等价物的影响

该项目反映下列项目之间的差额：

（1）企业外币现金流量折算为记账本位币时，采用现金流量发生日的即期汇率或按照系统合理的方法确定的、与现金流量发生日即期汇率近似的汇率折算的金额（编制合并现金流量表时折算境外子公司的现金流量，应当比照处理）。

（2）企业外币现金及现金等价物净增加额按资产负债表日即期汇率折算的金额。

5.现金及现金等价物净增加额

本项目根据"经营活动产生的现金流量净额"、"投资活动产生的现金流量净额"、"筹资活动产生的现金流量净额"、"汇率变动对现金及现金等价物的影响"四项相加的金额填列。

第五节　所有者权益变动表

一、所有者权益变动表概述

所有者权益变动表是反映构成所有者权益的各组成部分当期的增减变动情况的报表。通过所有者权益变动表，既可以为报表使用者提供所有者权益总量增减变动的信息，也能为其提供所有者权益增减变动的结构性信息，特别是能够让报表使用者理解所有者权益增减变动的根源。

二、所有者权益变动表的内容和结构

在所有者权益变动表中，企业至少应当单独列示下列信息的项目：（1）净利润；（2）直接记入所有者权益的利得和损失项目及其总额；（3）会计政策变更和差错更正的累积影响数；（4）所有者投入资本和向所有者分配利润等；（5）提取的盈余公积；（6）实收资本或股本、资本公积、盈余公积、未分配利润的期初和期末余额及期调节情况。其中，反映"直接记入所有者权益的利得和损失"的项目即为其他综合收益项目。

为了清楚地表明所有者权益的各组成部分当期的增减变动情况，所有者权益变动表应当以矩阵的形式列示。一方面，列示导致所有者权益变动的交易或事项，按所有者权益变动的来源对一定时期所有者权益的变动情况进行全面反映；另一方面，按照所有者权益各组成部分（包括实收资本、资本公积、盈余公积、未分配利润和库存股）列示交易或事项对所有者权益的影响。

我国企业所有者权益变动表格式如表 8-9 所示。

表 8-9　所有者权益变动表　　　　　　会企 04

编制单位：××公司　　　　　　20××年度　　　　　　单位：元

项目	本年金额						上年金额					
	实收资本（或股本）	资本公积	减：库存股	盈余公积	未分配利润	所有者权益合计	实收资本（或股本）	资本公积	减：库存股	盈余公积	未分配利润	所有者权益合计
一、上年年末余额												
加：会计政策变更												
前期差错更正												
二、本年年初余额												
三、本年增减变动金额（减少以"-"号填列）												
（一）净利润												
（二）直接计入所有者权益的利得和损失												
1.可供出售金融资产公允价值变动净额												

项目	本年金额						上年金额					
	实收资本（或股本）	资本公积	减：库存股	盈余公积	未分配利润	所有者权益合计	实收资本（或股本）	资本公积	减：库存股	盈余公积	未分配利润	所有者权益合计
2.权益法下被投资单位其他所有者权益变动的影响												
3.与计入所有者权益项目相关的所得税影响												
4.其他												
上述（一）和（二）小计												
（三）所有者投入和减少资本												
1.所有者投入资本												
2.股份支付计入所有者权益的金额												
3.其他												
（四）利润分配												
1.提取盈余公积												
2.对所有者（或股东）的分配												
3.其他												
（五）所有者权益内部结转												
1.资本公积转增资本（或股本）												

项目	本年金额						上年金额					
	实收资本（或股本）	资本公积	减：库存股	盈余公积	未分配利润	所有者权益合计	实收资本（或股本）	资本公积	减：库存股	盈余公积	未分配利润	所有者权益合计
2.盈余公积转增资本（或股本）												
3.盈余公积弥补亏损												
4.其他												
四、本年年末余额												

三、所有者权益变动表的编制

（一）所有者权益变动表项目的填列方法

所有者权益变动表各项目均需填列"本年金额"和"上年金额"两栏。

所有者权益变动表"上年金额"栏内各项数字，应根据上年度所有者权益变动表"本年金额"内所列数字填列。上年度所有者权益变动表规定的各个项目的名称和内容同本年度不一致的，应对上年度所有者权益变动表各项目的名称和数字按照本年度的规定进行调整，填入所有者权益变动表的"上年金额"栏内。

所有者权益变动表"本年金额"栏内各项数字一般应根据"实收资本（或股本）"、"资本公积"、"盈余公积"、"利润分配"、"库存股"、"以前年度损益调整"科目的发生额分析填列。

（二）所有者权益变动表主要项目说明

其一，"上年年末余额"，反映企业上年资产负债表中股本、资本公积、盈余公积、未分配利润的年末余额。

其二，"会计政策变更"和"前期差错更正"，反映企业采用追溯调整法处理的会计政策变更的累积影响金额和采用追溯重述法处理的会计差错更正的累积影响金额。

其三，"本年增减变动金额"，其中：

（1）"净利润"项目，反映企业当年实现的净利润（或净亏损）金额，并对应列在"未分配利润"栏。

（2）"直接计入所有者权益的利得和损失"项目，反映企业当年直接计入所有者权益的利得和损失金额。其中：

①"可供出售金融资产公允价值变动净额"项目反映企业持有的可供出售金融资产当年公允价值变动的金额，并对应列在"资本公积"栏；

②"权益法下被投资单位其他所有者权益变动的影响"项目，反映企业对按照权益法核算的长期股权投资，在被投资单化除当年实现的净损益以外其他所有者权益当年变动中应享有的份额，并对应列存"资本公积"栏；

③"与计入所有者权益项目相关的所得税影响"项目，反映企业根据《企业会计准则第 18 号——所得税》规定应计入所有者权益项目的当年所得税影响金额，并对应列在"资本公积"栏；

④"净利润"和"直接计入所有者权益的利得和损失"小计项目，反映企业当年实现的净利润（或净亏损）金额和当年直接计入所有者权益的利得和损失金额的合计额。

（3）"所有者投入和减少资本"项目，反映企业当年所有者投入的资本和减少的资本。其中：

①"所有者投入资本"项目，反映企业接受投资者投入形成的实收资本（股本）和资本溢价或股本溢价，并对应列在"股本"和"资本公积"栏；

②"股份支付计入所有者权益的金额"项目，反映企业处于等待期中的权益结算的股份支付当年计入资本公积的金额，并对应列在"资本公积"栏。

（4）"利润分配"项目，反映当年对股东分配的股利金额和按照规定提取的盈余公积金额，并对应列在"未分配利润"和"盈余公积"栏。其中："提取盈余公积"项目反映企业按照规定提取的盈余公积；"对股东的分配"项目反映企业对股东分配的股利金额。

（5）"所有者权益内部结转"项目，反映不影响当年所有者权益总额的所有者权益各组成部分之间当年的增减变动，包括资本公积转增资本（或股本）、盈余公积转增资本（或股本）、盈余公积弥补亏损等项目。其中：

①"资本公积转增资本（或股本）"项目，反映企业以资本公积转增资本或股本的金额；

②"盈余公积转增资本（或股本）"项目，反映企业以盈余公积转增股本或股本的金额；

③"盈余公积弥补亏损"项目，反映企业以盈余公积弥补亏损的金额。

第六节　财务会计报告的报送、汇总和审核

一、财务会计报告的报送

为了充分发挥财务会计报告的作用，应当依照法律、行政法规和会计准则有关财务会计报告提供期限的规定，及时对外提供财务会计报告。对外提供的财务会计报告反映的会计信息应当真实、完整。

企业对外提供的财务会计报告应当依次编定页数，加具封面，装订成册，加盖公章。封面上应当注明：单位名称、单位统一代码、组织形式、地址、报表所属年度或者月份、报出日期，并由企业负责人和主管会计工作的负责人、会计机构负责人（会计主管人员）签名并盖章；设置总会计师的企业，还应当由总会计师签名并盖章。

企业应当依照企业章程的规定，向投资者提供财务会计报告。国务院派出监事会的国有重点大型企业、国有重点金融机构和省、自治区、直辖市人民政府派出监事会的国有企业，应当依法定期向监事会提供财务会计报告。

企业按照规定向有关各方提供的财务会计报告，其编制基础、编制依据、编制原则和方法应当一致。财务会计报告须经注册会计师审计的，企业应当将注册会计师及其会计师事务所出具的审计报告随同财务会计报告一并对外提供。

二、财务会计报告的汇总

企业编制的各种财务会计报告，按统一财务制度的要求，应当定期向投资者、债权人、有关政府部门以及其他财务会计报告使用者陈报。各级主管部门对于所属单位上报的财务会计报告应当逐级汇总，编报汇总财务报表。

三、财务会计报告的审核

各有关部门或注册会计师对报送的财务会计报告应进行审核，主要审核财务会计报告的编制、报送是否符合规定，财务会计报告的内容是否符合财经法规、制度的要求。前者属于技术性审核，后者属于内容性审核。技术性审核主要审查报表的种类、填报的份数是否符合规定；报表的项目是否填列齐全，补充资料和必要的编制说明是否完备，报表的签章是否齐全，汇总财务会计报告应汇编的单位是否完全，有无漏编、漏报；报表数字计算是否正确，报表与报表有关指标是否衔接一致等。内容性审核主要检查资金筹集、使用、缴拨是否符合资金管理制度；利润或亏损的形成和利润分配是否合法，有无违反法律、财经纪律和弄虚作假现象，应上缴的税金和利润是否及时足额上缴，有无拖欠截留情况；财务收支计划完成情况，有无不按计划、制度办事的情况等。

（1）财务报表的形式审核，主要是对单位提供的审计报告、财务报表及其附注、验资报告、有关资格证书等原件的正确性和真实性进行审核。同时也对出具审计报告的会计师事务所予以重视和关注，对合并财务报表进行特殊形式审核。

（2）财务报表之间勾稽关系的审核。主要是对资产负债表、利润表、现金流量表、所有者权益变动表四者之间项目对应关系的审核。

（3）重要会计科目的审核。重要会计科目审核是指通过对财务报表重点科目的核实，判断财务报表在重大方面所反映财务状况的真实性。在审核过程中，先逐个对重点科目进行审核，根据每个科目的审核要点进行性质和金额的说明，最后形成对整个报表的审核结论。重点科目可以通过审计报告的审计意见和科目金额的重要程度确定。

（4）财务报表异常情况审核，指对财务报表数据所反映的财务状况超过了正常情况下的置信区间或者表明财务状况恶化等的异常情况进行的审核。

在审核过程中，如果发现报表编制有错误或不符合制度要求，应及时通知报送单位进行更正。如果发现有违反财经法规的情况，应查明原因，及时纠正，严肃处理。

本章小结

　　财务报表是对企业财务状况、经营成果和现金流量的结构性表述。财务报表由企业会计部门根据经过审核的会计账簿记录和有关资料编制并对外提供，反映企业某一特定日期财务状况和某一会计期间经营成果、现金流量及所有者权益变动情况等信息。财务报表是会计核算过程中最后提出的结果，也是会计核算工作的总结。

　　资产负债表是反映企业在某一特定日期财务状况的报表。我国企业的资产负债表采用账户式结构。通过编制资产负债表，可以反映有关企业的资产总额及其配置状况，进而分析该企业在某一日期所拥有的资产总额、负债总额、所有者权益总额及其构成情况，帮助报表使用者全面了解有关企业的财务状况。具体的填列方法包括：根据总账科目余额直接填列、根据总账科目余额计算填列、根据明细科目余额计算填列、根据总账科目和明细科目余额分析计算填列以及根据科目余额减去其备抵项目后的净额填列。

　　利润表是反映企业在一定会计期间经营成果的报表。在我国，利润表采用多步式结构。通过利润表可据以解释、评价和预测企业的经营成果、获利能力、偿债能力，企业管理人员可据以做出经营决策，评价和考核管理人员的绩效。

　　现金流量表是指反映企业在一定会计期间现金和现金等价物流入和流出情况的报表。现金流量表所表达的是在一定期间（通常是每月或每季）内，企业的现金及现金等价物的增减变动情形。

　　所有者权益变动表是指反映构成所有者权益各组成部分当期增减变动情况的报表。通过所有者权益变动表，既可以为报表使用者提供所有者权益总量增减变动的信息，也能为其提供所有者权益增减变动的结构性信息，特别是能够让报表使用者理解所有者权益增减变动的根源。

　　为了充分发挥财务会计报告的作用，应当依照法律、行政法规和会计准则有关财务会计报告提供期限的规定，及时对外提供财务会计报告。对外提供的财务会计报告反映的会计信息应当真实、完整。各有关部门或注册会计师对报送的财务会计报告应进行审核。在审核过程中，如果发现报表编制有错误或不符合制度的要求，应及时通知报送单位进行更正。如果发现有违反财经法规的情况，应查明原因，及时纠正，严肃处理。

思考题

（1）企业为什么要定期编制财务报表？编制财务报表有哪些要求？

（2）资产负债表的项目有哪几种填列方法？

（3）"利润表"能为我们提供哪些会计信息？

（4）利润表各项目应根据哪些会计科目的记录分析填列？

（5）试述现金流量表的内容与编制方法。

（6）为什么要编制财务报表附注？财务报表附注包括哪些内容？

练习题

一、单选题

（1）下列财务报表中，属于静态报表的是（　　）。

　　A. 利润表　　　　　　　　　　　B. 资产负债表

　　C. 现金流量表　　　　　　　　　D. 所有者权益变动表

（2）以母公司及其控制的子公司组成的企业集团为一个会计主体编制的财务报表为（　　）。

　　A. 个别报表　　　B. 单位报表　　　C. 合并报表　　　D. 汇总报表

（3）资产负债表中资产的排列顺序是（　　）。

　　A. 资产的收益性　　　　　　　　B. 资产的重要性

　　C. 资产的流动性　　　　　　　　D. 资产的时间性

（4）"应收账款"总账账户所属的明细账的期末余额在贷方，应填列于财务报表的（　　）。

　　A. 应收账款项目　　　　　　　　B. 应付账款项目

　　C. 预收账款项目　　　　　　　　D. 预付账款项目

（5）多步式利润表的利润计算顺序是（　　）。

　　A. 营业收入—营业利润—利润总额—净利润

　　B. 营业收入—利润总额—营业利润—净利润

　　C. 营业收入—净利润—营业利润—利润总额

　　D. 净利润—营业利润—利润总额—营业收入

二、多选题

（1）下列各项中，属于财务报表编制要求的有（   ）。

    A. 真实可靠   B. 相关可比   C. 全面完整   D. 编报及时

（2）资产负债表中"存货"项目应根据（   ）账户的期末借方余额之和填列。

    A. 库存商品   B. 材料采购   C. 原材料   D. 生产成本

（3）资产负债表中的（   ）项目应根据几个总账科目的余额计算填列。

    A. 货币资金   B. 短期借款

    C. 长期股权投资   D. 交易性金融资产

（4）利润表"本期金额"栏的编制依据为（   ）。

    A. 有关账户的期末余额   B. 有关账户的期初余额

    C. 有关账户的累计发生额   D. 有关账户的本期发生额

（5）利润表属于（   ）。

    A. 静态报表   B. 动态报表

    C. 反映经营成果的报表   D. 反映现金流量的报表

三、判断题

（1）财务报表应当根据经过审核的会计账簿记录和有关资料编制。（   ）

（2）财务报表有质量上的要求，但是没有形式上的要求。（   ）

（3）按照《企业会计准则》的规定，我国企业的利润表采用单步式。（   ）

（4）利润表的编制基础是会计恒等式。（   ）

（5）"生产成本"是利润表的组成项目。（   ）

四、实务题

参照第五章实务题资料，编制瑞海公司资产负债表和利润表。

案例分析

A 公司在编制 20×5 年度财务报告的过程中，发生如下情形：（1）编制财务报表前没有编制工作底稿；（2）年底在编制财务报表前没有进行存货盘点；（3）财务报表的实际截止日是 12 月 25 日；（4）没有报表附注；（5）没有编制现金流量表；（6）利润表与资产负债表中的"未分配利润"数字不相符。请分别针对上述情形分析 A 公司 20×5 年度财务报告的做法是否正确？为什么？

第九章　账务处理程序

★ 明确账务处理程序的概念、基本要求。

★ 明确并熟悉掌握记账凭证账务处理程序。

★ 明确并熟悉掌握科目汇总表账务处理程序。

★ 明确并熟悉掌握汇总记账凭证账务处理程序。

【引导案例】

小刘在学习了记账凭证和财务报表的填制方法后，想要帮助作为会计的妈妈，妈妈也十分高兴地同意了。在经过忙碌的整理、填制记账凭证后，小刘发现填制好的记账凭证有成百上千张。这让小刘犯了难，到底应该按照怎样的方法把记账凭证上的内容填制在报表上，才能既准确又省力？

第一节　会计账务处理程序概述

会计账务处理程序又称会计核算组织程序，是指在会计循环中，会计主体所采用的会计凭证、会计账簿和会计报表的格式和种类，以及它们之间的结合方式与处理步骤。记账工作要有条不紊地进行，要确保账簿记录能够产生管理所需要的会计信息，就必须明确规定凭证、账簿和报表之间的关系，把它们有机地组织起来。凭证、账簿、报表的一定的组织形式就决定了账务处理程序（图9-1）。

图9-1　会计账务处理程序

一、会计账务处理程序的意义

企业发生的经济业务，必须通过设置会计账户、复式记账、填制和审核会计凭证、登记账簿等一系列会计核算专门方法，对经济业务不断地进行收集、加工、存储、传递，最后在账簿中形成比较系统的核算资料，再将分散在账簿中的日常核算资料，进一步归类、综合，并通过编制财务会计报告将其形成系统的指标体系，以便完整、集中、系统地反映企业的经济活动情况。正确地确定并运用账务处理程序，是做好会计工作的重要前提，对于提高会计工作的质量和效率，正确、及时地编制会计报表有重要作用。良好的会计账务处理程序主要有以下几方面的作用：

（一）规范会计核算组织工作

有利于会计工作程序的规范化，确定合理的凭证、账簿与报表之间的联系方式，保证会计信息加工过程的严密性，提高会计信息的质量。会计核算工作需要不同部门和人员之间的配合，而良好的会计账务处理程序则起到了对会计信息生产的整合作用，不同部门和人员在进行相关工作时有序可循，从而有条不紊地做好各环节的会计核算工作。

（二）保证会计核算工作的质量

质量保证是对会计信息的基本要求，而良好的会计账务处理程序能形成严谨的会计信息加工和处理机制，通过凭证、账簿及报表之间的牵制作用，使得会计人员在各个重要环节把好关，从而保证会计信息的质量。

（三）提高会计核算工作的效率

会计核算工作的效率直接关系到会计信息的及时性和有用性，即关系到会计信息的价值大小。良好的会计账务处理程序应该在适应本企业管理要求的基础上适当地简化和整合，从而提供会计核算工作的效率，与此同时，还可以节约核算成本。

二、会计账务处理程序的种类

为了充分发挥会计工作的作用，保证会计核算的质量，提高会计核算工作的效率，满足经济管理的需要，为相关利益者提供决策所需信息，必须科学地设计、选用适合本单位的会计账务处理程序。我国曾经和正在使用的账务处理程序有记账凭证账务处理程序、汇总记账凭证账务处理程序、科目汇总表账务处理程序、凭单日记账账务处理程序和多栏式日记账账务处理程序。

目前，我国常用的会计账务处理程序主要有三种：记账凭证账务处理程序、科目汇总表账务处理程序和汇总记账凭证账务处理程序。各种处理程序的区别主要在于登记总分类账的依据和方法的要求不同。

第二节　记账凭证账务处理程序

一、记账凭证账务处理程序的特点

记账凭证账务处理程序是指对发生的经济业务事项，都要根据原始凭证或汇总原始凭证编制记账凭证，然后直接根据记账凭证逐笔登记总分类账的一种账务处理程序。它是一种最基本的账务处理程序，是其他各种账务处理程序产生和演变的基础。

二、记账凭证账务处理程序的流程

记账凭证财务处理程序包括以下内容，流程如图 9-2 所示：

（1）经济业务发生后，根据相关的原始凭证或者原始凭证汇总表填制对应的记账凭证；

（2）根据收款凭证和付款凭证或者相关的通用记账凭证来逐笔登记现金日记账和银行存款日记账；

（3）根据记账凭证，同时参考原始凭证或者原始凭证汇总表，逐笔登记各种明细分类账；

（4）根据专用记账凭证或者通用记账凭证逐笔登记总分类账；

（5）月末，将现金日记账、银行存款日记账和明细分类账的余额与总分类账相应账户的余额进行核对；

（6）月末，根据总分类账和明细分类账编制财务报表。

图 9-2　记账凭证账务处理程序流程图

三、记账凭证账务处理程序的优缺点和适用范围

记账凭证账务处理程序的优点：简单明了，易于理解，能够清晰地反映账户之间的对应关系，每发生一笔经济业务，就用一张记账凭证来编制反映该笔经济业务的会计分录；总分类账能够比较详细地反映经济业务的发生情况，在该程序下，会计人员不仅对明细账和日记账进行逐笔登记，对总账也是如此，因而，总账也能较详细地反映经济业务的发生情况；总账登记方法简单，易于掌握，即直接根据记账凭证进行登记。

记账凭证账务处理程序的缺点：总账的登记工作量过大。与明细分类账和日记账的登记方法一样，每笔经济业务都要根据相应的记账凭证在总账中进行登记。

记账凭证账务处理程序的适用范围：记账凭证账务处理程序一般适用于规模较小、业务量少、会计凭证不多的会计主体。

第三节　科目汇总表账务处理程序

一、科目汇总表账务处理程序的特点

科目汇总表账务处理程序是指先定期根据各种记账凭证来编制科目汇总表，然后再根据科目汇总表来登记总分类账的一种账务处理程序。科目汇总表账务处理程序与汇总记账凭证账务处理程序之间有相似之处，即都是先归集汇总再登记总分类账。而它的特点就是先编制科目汇总表，然后再根据科目汇总表来登记总账。

二、科目汇总表的编制

科目汇总表是指将一定时期的全部记账凭证，按照不同的会计科目进行归类、定期汇总每一个会计科目的借方、贷方发生额，然后汇总在一张表上。它的作用是作为记账凭证与总分类账的中间环节，以减少登记总分类账的工作量。

表9-1　科目汇总表

年　　月　　　　　　　　　　　　　　第　　号

会计科目	记账凭证起讫号码	本期发生额		总账页数
		借方	贷方	
合　计				

表9-2　科目汇总表

年　　月　　　　　　　　　　　　　　第　　号

会计科目	1~10日		11~20日		21~31日		本月合计		总账页数
	借方	贷方	借方	贷方	借方	贷方	借方	贷方	
合　计									

三、科目汇总表账务处理程序的流程

科目汇总表账务处理流程包括以下内容，流程如图9-3所示：

（1）经济业务发生后，根据相关的原始凭证或者原始凭证汇总表填制对应的专用记账凭证或者通用记账凭证；

（2）根据收款凭证和付款凭证逐笔登记现金日记账和银行存款日记账；

（3）根据记账凭证，同时参考原始凭证或者原始凭证汇总表，逐笔登记各种明细分类账；

（4）根据各种记账凭证，定期编制科目汇总表；

（5）根据科目汇总表登记总分类账；

（6）月末将现金日记账、银行存款日记账以及各种明细分类账的余额与总分类账对应账户的余额进行核对；

（7）月末根据总分类账和明细分类账编制财务报表。

图9-3　科目汇总表账务处理程序流程图

四、科目汇总表账务处理程序的优缺点和适用范围

科目汇总表账务处理程序的优点：可以利用科目汇总表借方和贷方的合计数进行账户发生额的试算平衡。科目汇总表是根据记账凭证编制的，而记账凭证上会计分录的借方和贷方数额是相等的，所以，汇总的结果也会是平衡的。能够在一定程度上保证总分类账登记的正确性。它可以在很大程度上减轻登记总分类账的工作

量。记账凭证账务处理程序中总账是根据记账凭证逐笔登记的，科目汇总表账务处理程序只需根据科目汇总表直接登记，所以会减轻总账的登记工作量。

科目汇总表账务处理程序的缺点：编制科目汇总表的工作量大。科目汇总表要将所有会计科目的发生额进行汇总，它虽然减轻了总账登记的工作量，却加大了平时登记科目汇总表的工作量。科目汇总表不能清楚地反映账户之间的对应关系。科目汇总表只反映单个会计科目的发生额总额，并不能反映账户对应关系。

科目汇总表账务处理程序的适用范围：科目汇总表账务处理程序常被经济业务量较多的单位采用。

第四节 汇总记账凭证账务处理程序

一、汇总记账凭证账务处理程序的特点

汇总记账凭证账务处理程序又称分类汇总记账凭证核算程序，是指先要根据各种记账凭证编制汇总记账凭证，再根据汇总记账凭证登记总分类账的一种账务处理（核算）程序。这种账务处理程序的特点是：定期将记账凭证编制成汇总收款凭证、汇总付款凭证、汇总转账凭证；根据各种汇总记账凭证登记总分类账。

二、汇总记账凭证的编制方法

（一）汇总收款凭证的编制

汇总收款凭证的编制是指按照收款凭证上的借方科目（"库存现金"或"银行存款"）设置，把收款凭证的各个贷方科目发生额分别进行归集和汇总，然后再把汇总后的金额填到汇总收款凭证对应项目的相应栏次。

（二）汇总付款凭证的编制

汇总付款凭证的编制是指按照付款凭证上的贷方科目进行设置，把付款凭证的各个借方科目的发生额分别进行归集和汇总，然后再把汇总后的金额填到汇总付款凭证对应项目的相应栏次。

（三）汇总转账凭证的编制

汇总转账凭证的编制与汇总付款凭证的编制方法类似，即按照贷方科目设置，将相应的借方科目分别进行汇总，然后把借方科目的汇总金额填入汇总转账凭证的相应栏次。

表 9-3　汇总收款凭证

借方账户：银行存款　　　　　　　　　　　　　　　　　　2×16 年 3 月

单位：元

贷方账户	金额				总账页数
	1 日至 10 日凭证第 1～28 号	11 日至 20 日凭证第 29～59 号	21 日至 31 日凭证第 60～80 号	合计	
应收账款	40 000			40 000	5
主营业务收入		100 000		100 000	15
长期借款			150 000	150 000	16
合计	40 000	100 000	150 000	290 000	

表 9-4　汇总付款凭证

借方账户：银行存款　　　　　　　　　　　　　　　　　　2×16 年 3 月

单位：元

贷方账户	金额				总账页数
	1 日至 10 日凭证第 1～28 号	11 日至 20 日凭证第 29～59 号	21 日至 31 日凭证第 60～80 号	合计	
库存现金	50 000			50 000	1
管理费用		60 000		60 000	17
应付利息			70 000	70 000	19
合计	50 000	60 000	70 000	180 000	

表 9-5　汇总转账凭证

贷方账户：原材料　　　　　　　　　　　　　2×16 年 3 月　　　第　号

单位：元

借方账户	金额				总账页数
	1 日至 10 日凭证第 1～30 号	11 日至 20 日凭证第 31～70 号	21 日至 31 日凭证第 71～90 号	合计	
生产成本	10 000			10 000	22
制造费用		20 000		20 000	23
管理费用			30 000	30 000	17
合计	10 000	20 000	30 000	60 000	

三、汇总记账凭证账务处理程序的流程

汇总记账凭证财务处理流程包括以下内容，流程如图9-4所示：

（1）经济业务发生后，根据相关的原始凭证或者原始凭证汇总表填制对应的专用记账凭证。

（2）根据收款凭证和付款凭证逐笔登记现金日记账和银行存款日记账。

（3）根据记账凭证，同时参考原始凭证或者原始凭证汇总表，逐笔登记各种明细分类账。

（4）对各种记账凭证进行汇总，分别编制汇总收款凭证、汇总付款凭证、汇总转账凭证。

（5）根据各种汇总记账凭证登记总分类账。

（6）月末将现金日记账、银行存款日记账以及各种明细分类账的余额与总分类账对应账户的余额进行核对。

（7）月末根据总分类账和明细分类账编制财务报表。

图9-4　汇总记账凭证账务处理程序流程图

四、汇总记账凭证账务处理程序的优缺点和适用范围

汇总记账凭证账务处理程序的优点：能够清晰地反映账户之间的对应关系。在该程序下，采用的是记账凭证和汇总记账凭证，汇总记账凭证是根据账户的对应关

系进行汇总的，所以，两者都能反映出账户间的对应关系。与记账凭证账务处理程序相比，大大地减少了登记总分类账的工作量。在记账凭证账务处理程序中，会计人员需要根据记账凭证逐笔登记总账；而在汇总记账凭证账务处理程序下，会计人员是根据汇总记账凭证，将一定期间的业务汇总后登记的总账。

汇总记账凭证账务处理程序的缺点：定期编制汇总记账凭证的工作量可能会比较大。将这一期间不同的专用记账凭证涉及的所有会计科目的发生额分别进行汇总，这项整理工作也是很浩大的。对于汇总过程中的错误可能难以发现。汇总记账凭证的编制本身比较复杂，而且汇总记账凭证本身又不能体现相关数字间的平衡关系，所以错误比较容易发生且很难发现。

汇总记账凭证账务处理程序的适用范围：汇总记账凭证账务处理程序一般适用于规模比较大、业务量比较多而且专用记账凭证也比较多的会计主体。

本章小结

本章阐述了会计工作中常用的三种核算组织程序：记账凭证账务处理程序、科目汇总表账务处理程序和汇总记账凭证账务处理程序。通过本章的学习，学生应该掌握三种账务处理程序的特点、工作步骤、优缺点和适用范围。

思考题

（1）账务处理程序的概念、基本要求是什么？

（2）记账凭证账务处理程序是怎样的？

（3）科目汇总表账务处理程序是怎样的？

（4）汇总记账凭证账务处理程序是怎样的？

练习题

一、单项选择题

（1）各种会计账务处理程序之间的主要区别是（　　）。

    A.凭证及账簿设置不同　　　　　　　　B.记账方法不同

    C.记账程序不同　　　　　　　　　　　D.登记总账的依据和方法不同

（2）科目汇总表账务处理程序（   ）。

    A. 便于分析经济业务   B. 可以看清经济业务的来龙去脉

    C. 能清楚反映账户对应关系   D. 不能反映账户对应关系

（3）规模不大，经济业务量不多的企业可以采用（   ）。

    A. 记账凭证账务处理程序   B. 科目汇总表账务处理程序

    C. 汇总记账凭证账务处理程序   D. 多栏式日记账账务处理程序

（4）编制科目汇总表直接依据的凭证是（   ）。

    A. 原始凭证   B. 汇总原始凭证

    C. 记账凭证   D. 汇总记账凭证

（5）在各种账务处理程序中，不能作为登记总账依据的是（   ）。

    A. 转账凭证汇总表   B. 汇总原始凭证

    C. 科目汇总表   D. 记账凭证

二、多项选择题

（1）账务处理程序也叫会计核算程序，它是指（   ）相结合的方式。

    A. 财务报表   B. 会计凭证

    C. 会计分录   D. 会计账簿

（2）科目汇总表的格式通常包括（   ）。

    A. 科目汇总表填制日期和编号   B. 填写会计科目的栏次

    C. 填写借、贷方金额的栏次   D. 所附原始凭证张数

（3）科目汇总表核算组织程序和汇总记账凭证核算组织程序虽有不同，但也有许
多共同之处，如（   ）。

    A. 都根据原始凭证编制记账凭证

    B. 都根据记账凭证及原始凭证登记明细账

    C. 都根据总分类账、明细分类账和有关资料编制财务报表

    D. 都根据收、付款凭证登记现金日记账和银行存款日记账

（4）以记账凭证为依据，按有关账户的贷方设置，按借方账户归类的有（   ）。

    A. 汇总收款凭证   B. 汇总转账凭证

    C. 汇总付款凭证   D. 科目汇总表

（5）汇总记账凭证账务处理程序下，记账凭证一般应采用（   ）形式。

    A. 一借一贷   B. 一借多贷

    C. 一贷多借   D. 多借多贷

三、实训题

资料：

1. ABC 股份有限公司 20×× 年 12 月份各总分类账户期初余额如下表所示：

总分类账户期初余额表 单位：元

账户名称	借方余额	账户名称	贷方余额
库存现金	5 100	累计折旧	509 600
银行存款	75 000	短期借款	50 000
应收账款	46 800	应付账款	58 500
其他应收款	1 500	应付职工薪酬	20 000
原材料	54 000	应付利息	1 200
库存商品	20 000	应交税费	22 600
固定资产	3 000 000	实收资本	1 500 000
无形资产	100 000	盈余公积	180 000
		本年利润	850 000
		利润分配	110 500
合计	3 302 400	合计	3 302 400

2. 部分明细分类账户的月初余额如下：

（1）"应收账款——宝成工厂"：46 800 元。

（2）"应付账款——苏达工厂"：58 500 元。

（3）"原材料——A 材料"：1 000 千克，单价 25 元，金额 25 000 元；"原材料——B 材料"500 千克，单价 18 元，金额 9 000 元；"原材料——C 材料"：2 000 千克，单价 10 元，金额 20 000 元。

（4）"库存商品——甲产品"：100 件，单位成本 200 元，金额 20 000 元。

3. ABC 股份有限公司 12 月份发生的经济业务如下：

（1）12 月 1 日，生产甲产品领用 A 材料 800 千克，单价 25 元，B 材料 1 400 千克，单价 18 元。

（2）12 月 1 日，采购员张平出差，预借差旅费 3 000 元，用现金支付。

（3）12 月 2 日，收到宝成工厂前欠货款 46 800 元，存入银行。

（4）12 月 4 日，用银行存款支付产品广告费 6 032.3 元。

（5）12 月 5 日，从银行提取现金 50 000 元，备发工资。

（6）12 月 5 日，用现金 50 000 元发放工资。

（7）12 月 6 日，用现金支付办公用品费 400 元，其中生产车间 180 元，管理部门 220 元。

（8）12月7日，销售给北风工厂甲产品200件，单价500元，增值税17 000元，款项已收存银行。

（9）12月8日，从西华工厂购入A材料500千克，买价14 500元，增值税2 465元，运杂费500元。款项尚未支付，材料已验收入库（材料按实际成本核算，下同）。

（10）12月10日，从银行取得期限为两年的借款150 000元，存入银行存款账户。

（11）12月12日，收到A企业投入的一台全新设备。投资双方评估确认价值50 000元（不考虑增值税）。设备已投入使用。

（12）12月13日，收到B企业投入的专利权。双方协商作价120 000元。

（13）12月13日，收到国家投入资本200 000元，存入银行。

（14）12月15日，从卫国工厂购入B材料300千克，买价5 400元，增值税918元。材料已验收入库，款项尚未支付。

（15）12月16日，用银行存款支付前欠西华工厂的A材料货款17 465元。

（16）12月18日，销售给胜利工厂甲产品300件，单位售价500元，增值税25 500元。款项尚未支付。

（17）12月19日，生产甲产品领用A材料400千克，单价25元；B材料200千克，单价18元。生产车间一般耗用C材料100千克，单价10元。

（18）12月20日，用银行存款偿还到期的、期限为六个月的借款20 000元。

（19）12月20日，采购员张平出差回来，报销差旅费2 600元，退回余款400元。

（20）12月21日，从银行提取现金1 000元，备作零星开支用。

（21）12月23日，销售给光明工厂A材料200千克，单位售价40元，增值税1 360元。款项已收存银行。

（22）12月25日，用银行存款支付本月水电费30 000元，其中生产车间20 000元，管理部门10 000元。

（23）12月25日，用银行存款向"希望工程"捐款20 000元。

（24）12月27日，收到F公司分来的投资利润30 000元，存入银行账户。

（25）12月28日，经批准结转确实无法支付的应付苏达工厂的账款58 500元。

（26）12月30日，管理部门领用C材料100千克，单价10元。

（27）12月31日，计提本月应负担的短期借款利息600元。

（28）12月31日，用银行存款支付第四季度短期借款利息1 800元。

（29）12月31日，结算本月应付职工工资50 000元，其中生产甲产品工人工资30 000元，车间管理人员工资8 000元，企业管理人员工资12 000元。

（30）12 月 31 日，计提本月固定资产折旧 21 020 元，其中生产车间 16 020 元，管理部门 5 000 元。

（31）12 月 31 日，将本月发生的制造费用转入生产成本。

（32）12 月 31 日，本月生产的 600 件甲产品全部完工入库。结转生产成本。

（33）12 月 31 日，结转本月销售 500 件甲产品的生产成本（本月甲产品的加权平均单位生产成本为 220 元）。

（34）12 月 31 日，计算本月应缴纳的增值税，分别按 7% 和 3% 的税率计算应缴纳的城市维护建设税和教育费附加。

（35）12 月 31 日，结转本月销售 A 材料 200 千克的成本 5 000 元。

（36）12 月 31 日，将本月损益类账户的余额转入"本年利润"账户。

（37）12 月 31 日，按本月实现的利润总额的 25% 计算并结转应交所得税。

（38）12 月 31 日，结转全年实现的净利润。

（39）12 月 31 日，按全年净利润的 10% 提取盈余公积，按全年净利润的 5% 向投资者分配现金股利。股利尚未支付。

（40）12 月 31 日，结转利润分配的相关明细分类账户。

要求一：

（1）根据经济业务编制收款凭证、付款凭证和转账凭证。

（2）根据记账凭证逐笔登记总分类账。

要求二：

根据要求一编制的记账凭证，按收款凭证、付款凭证和转账凭证进行分类汇总，编制汇总收款凭证、汇总付款凭证和汇总转账凭证。

要求三：

根据要求一编制的记账凭证编制科目汇总表。

案例分析

刘某于 20×6 年用银行存款 50 万元投资创办了一家公司，主要经营各种家具批发与零售。5 月 1 日以每月 2 000 元的租金租用了一个店面作为经营场地。由于刘某不懂会计，他除了将所有的发票等单据都收集保存起来外，没有做任何其他记录。月底，刘某发现公司的存款为 458 987 元，另有 643 元现金。客户赊欠 13 300 元，公司有 10 560 元货款尚未支付。经盘点，库存的家具价值 25 800 元。通过汇总一个月的资料显示：

（1）投资银行存款 50 万元。

（2）内部装修及必要的设施花费 20 000 元，均已用支票支付。

（3）购入家具两批，每批价值 35 200 元，其中第一批为现金购入，第二批购入赊欠价款的 30%，其余用支票支付。

（4）本月零售家具收入共 38 800 元，全部收到存入银行。

（5）本月批发家具收入共 25 870 元，其中赊销 13300 元，其余均存入银行。

（6）用支票支付当月的租金 2 000 元。

（7）本月从银行存款户提取现金共 10 000 元，其中 4 000 元支付店员的工资，5 000 元用作个人生活费，其余备日常零星开支。

（8）本月水电费 543 元，支票支付。

（9）本月电话费 220 元，现金支付。

（10）其他各种杂费 137 元，用现金支付。

（11）结转已售库存商品成本 44 600 元。

（12）结转本月主营业务收入 64 670 元。

（13）将有关费用项目转入本年利润账户。

刘某的公司适合怎样的会计核算组织程序？

第十章　会计工作组织

★ 了解会计工作管理体制的主要内容，明确会计工作的组织形式。

★ 掌握会计机构的设置。

★ 掌握会计人员的有关要求。

★ 熟悉会计法规体系的构成内容。

★ 掌握会计档案管理的基本要求。

★ 掌握会计工作交接的相关规定。

【引导案例】

林某长期跟随某公司会计学习会计知识，掌握了丰富的会计知识与技能，但并未取得会计从业资格证书。其工作能力得到公司领导肯定，于是任命林某担任公司会计。领导认为，能力比证书重要，有能力就可以担任会计一职。那么，担任会计一职究竟需要怎样的条件呢？

第一节 会计工作组织概述

会计工作的组织，主要是通过设置会计机构，配备会计人员，制定与执行会计规章制度，实施与改进会计工作的技术手段，管理会计档案，进行会计工作与其他经济管理工作间的协调，形成一个高效运行的会计工作体系。

一、组织会计工作的意义

科学地组织会计工作，对于保证会计工作合理、有效地进行，进而保证整个企业经营管理工作的顺利开展有着重要的意义。

（1）科学地组织会计工作，有利于保证会计工作的质量。合理组织会计工作，对于做好会计基础工作，提高会计信息质量，维护会计工作秩序有着重要意义。会计信息应该是日常经济业务的真实反映，在这个过程中任何的偏差都有可能造成重大损失。因此，组织会计工作必须科学、严谨、细致地规定和执行各项会计手续和工作程序，保证会计工作的质量。

（2）科学地组织会计工作，有利于提高会计工作的效率。科学地组织会计工作，可以减少机构的重复设置和人员的重复配备，尽量节约会计工作时间和费用，防止手续繁杂、重复劳动等不合理的现象发生，提高会计工作效率，充分发挥会计工作的作用。

（3）科学地组织会计工作，有利于国家法规政策的贯彻执行。科学地组织会计工作，可以充分发挥会计的监督职能，揭露和制止违法、违纪行为，防止贪污、挪用现象的发生，预防因管理不严而造成的国有资产流失，维持财经纪律，建立良好的社会经济秩序。对于企业来说，合理地组织会计工作，可以使单位内部各部门更好地履行自己的职责，提高管理水平。

二、会计工作组织的要求

（一）按国家的统一要求组织会计工作

遵守国家的统一规定，是组织和处理会计工作居于首位的要求。据此，会计工作要由国家统一管理，按照"统一领导，分级管理"的原则建立会计工作的管理体制。《会计法》明确规定国务院财政部门管理全国的会计工作。地方各级人民政府的财政部门管理本地区的会计工作。各企业、事业和行政机关等单位组织会计工作，必须符合国家会计工作的统一要求。

（二）根据各单位生产经营管理的特点来组织会计工作

不同会计主体的经济活动具有不同的特点，每个会计主体的经济活动范围、业务内容不同，对会计信息的要求也有差别，各单位必须结合实际情况和具体要求。因此，对会计机构的设置和会计人员的配备，以及对统一会计法规的执行等方面，既要遵守国家会计工作的统一规定，又要结合本单位业务经营的特点和经营规模的大小等具体情况，做出切合实际的安排和具体实施办法。

（三）协调同其他经济管理工作的关系

会计工作是一项综合性的经济管理工作。它既有其独立的工作内容和范围，又与其他经济管理工作有着十分密切的联系。只有与其他经济管理工作紧密配合才能完成会计对经济活动的反映和监督，从而顺利地完成会计的任务。会计工作同其他经济管理工作之间既有分工，又有协作，在组织会计工作时，要同其他各项经济管理工作互相协调、互相配合，共同完成任务。

（四）关注工作效率，节约费用

在保证会计工作质量的同时，也要注意提高会计工作效率，尽量节约会计工作时间和费用，要防止机构重叠、手续繁杂、重复劳动等不合理的现象发生。会计账证表的设计，各种程序、措施的规定，会计机构的设置和会计人员的配备等，都要符合精简节约的原则，既要把工作做好，又要减少人、财、物的耗费。

第二节　会计机构

　　会计机构是由会计人员组成的，直接从事和组织领导会计工作的职能部门。企业一般都需要设置从事会计工作的专职机构。建立和健全会计机构是会计工作正常开展的组织保证，是实现会计目标的重要条件。

一、设置会计机构的具体要求

　　《会计法》规定："各单位根据会计业务的需要设置会计机构，或者在有关机构中设置会计人员并指定会计主管人员。不具备条件的，可以委托经批准设立的会计咨询、服务机构进行代理记账。"

　　为了保证会计工作顺利进行和充分发挥其作用，各企业、事业和行政机关等单位一般都应单独设置会计机构。在一些规模小、会计业务简单的单位，如果不单独设置会计机构，则要在有关机构中设置会计人员并指定会计主管人员，以保证会计工作的正常进行。会计机构内部应当建立稽核制度。会计稽核制度是指各单位在会计机构内部指定专人对会计凭证、账簿、报表及其他会计资料进行审核的制度，包括经济业务入账以前的审核和入账以后的审核。内部稽核制度的目的，在于防止会计核算工作上的差错和有关人员的舞弊行为。此外，出纳人员不得兼管稽核、会计档案保管和收入、费用、债权、债务方面账目的登记工作。凡涉及货币资金和财物的收付、结算、审核和登记等工作，不得由一人保管。

二、会计机构的设置

　　各单位可以结合具体情况进行如下设置：

　　（1）根据业务需要设置。各单位在会计机构设置中应考虑单位规模大小、经济业务繁简程度和经营管理的要求等，进行合理的计划和设置。企业中主要有会计部门和财务部门合并、会计部门和财务部门分立两种模式。

①会计部门和财务部门分立。财务部门的职责是资金的筹集、管理和使用。会计部门则履行核算和监督的职能，在做好记账、算账和报账的同时，还要参与预测、决策，参与制订经济计划、考核、分析计划、预算的执行情况。大型企业通常采用该模式。

②会计部门和财务部门合并。会计和财务相互制约、相互促进，为实现企业的经营目标而共同努力。中小型企业常常采用该模式。

（2）不设置会计机构，设置会计人员并指定会计主管人员。财务收支数额不大、单位业务形式和会计核算较为简单的企业单位可以采取这种形式。

（3）实行代理记账。不具备设置会计机构和会计人员条件的单位，其经济业务的会计处理应委托专门的中介机构代理进行。

三、会计工作的组织方式

独立核算单位会计工作的组织方式为集中核算与非集中核算。集中核算是指会计工作主要集中在会计部门进行，单位内部的其他部门和下属单位只对自身发生的经济业务填制原始凭证或原始凭证汇总表，定期交送会计部门进行全面、系统的核算。非集中核算是指企业可根据生产经营的特点和管理要求，满足内部核算制度的需要，将会计工作分散在单位内部各职能部门进行。

在一个单位内部，对各级部门和下属单位所发生的经济业务可以分别采取集中核算和非集中核算。实行集中核算或非集中核算，主要取决于经营管理的需要。如果单位规模小，经济业务不多，可以实行集中核算制度。内部实行内部经济核算的企业，需要实行非集中核算，有利于各部门及时利用核算资料进行日常考核和分析。

四、会计工作岗位

《会计基础工作规范》规定，在会计机构内部和会计人员中建立岗位责任制，定人员，定岗位，明确分工，各司其职，有利于会计工作程序化、规范化，有利于落实责任和会计人员钻研分管的业务，有利于提高工作效率和工作质量。会计部门的工作划分为若干个工作岗位，并根据分工情况为每个岗位规定其各自的职责和要求。分工可以一岗多人，一岗一人或一人多岗。会计工作各个岗位的职能和具体工作大致如下：

（一）会计机构负责人

负责组织和领导本单位的财务会计工作，完成各项工作任务，对本单位的财务会计工作负全面责任；组织学习和贯彻党的经济工作的方针、政策、法令和制度，根据本单位的具体情况，制定本单位的各项财务会计制度、方法，并组织实施；组织编制本单位的财务成本计划、单位预算，并检查其执行情况；组织编制财务会计报表和有关报告；负责财务人员的政治思想工作；组织财务人员学习政治理论和业务知识；负责对财务人员的工作考核等。

（二）总账报表工作岗位

总账报表工作岗位负责登记与核对总账，并与相关的日记账和明细账相核对；余额试算平衡，依据账簿记录编制有关会计报表和报表附注；对财务状况和经营成果进行分析，搜集、整理各方面的经济信息以进行财务预测，编写财务情况说明书，参与生产经营决策等。

（三）出纳工作岗位

出纳工作岗位负责货币资金的出纳、保管和登记日记账；审核收款、付款凭证和有价证券；保管有关印章、空白收据和票据等。

（四）工资核算工作岗位

工资核算工作岗位负责职工工资、补贴、奖金等的办理计算，分析职工薪酬计划的执行情况，参与工资总额的制定等。

（五）财产物资核算工作岗位

财产物资核算工作岗位负责配合资产的管理部门和使用部门建立管理办法；审核材料物资入库、出库凭证，参与库存材料、物资的清点工作；审核办理固定资产购建、调拨、内部转移、盘盈、盘亏、报废等的相关手续，进行资产的明细核算，参与资产清查，正确计提折旧，编制资产增减变动的报表等。

（六）成本费用核算工作岗位

成本费用核算工作岗位负责审核各项费用开支，计算产品成本，登记费用成本明细账；参与自制半成品和产成品的清查，编制成本报表；编制成本、费用核算，并将其指标分解和落实到有关责任单位和个人；建立健全各项原始记录和定额资料，正确地归集和分配费用等。

（七）财务成果核算工作岗位

财务成果核算工作岗位负责编制收入、利润计划并组织实施；审核产成品收发、销售和营业外收支凭证，进行收入、应收账款的明细核算；参与产成品清查，计算应交税费，进行利润分配，编制利润表等。

（八）资金核算工作岗位

资金核算工作岗位负责资金的筹集、使用和调度；资金岗位的人员应该随时了解、掌握资金市场的动态，本着节约的原则，运用好资金，以尽可能低的资金耗费取得尽可能好的结果。

（九）往来结算工作岗位

负责办理其他应收、应付款项的往来结算业务，及时清算、催收；负责备用金的管理和核算，负责其他应收款、应付款和备用金的明细核算；管理应收和应付款项的凭证、账册和资料。

（十）稽核工作岗位

负责确立稽核工作的组织形式和具体分工，明确稽核工作的职责、权限，审核会计凭证和复核会计账簿、报表。

（十一）档案管理工作岗位

负责会计档案的立卷、归档、保管、查阅和销毁等工作；保证会计档案的妥善保管。

第三节　会计人员

一、会计人员的配备

各单位的会计机构应根据工作需要，配比足够数量、具有一定业务水平的会计人员。《会计基础工作规范》规定："各单位应当根据会计业务的需要设置会计机构；不具备单独设置会计机构条件的，应当在有关机构中配备专职会计人员。事业行政单位会计机构的设置和会计人员的配备应当符合国家统一事业行政单位会计制度的规定。设置会计机构，应当配备会计机构负责人；在有关机构中配备专职会计人员，应当在专职会计人员中指定会计主管人员。"

会计机构负责人会计主管人员任免，应当符合《会计法》和有关法律的规定。

（一）会计机构负责人任职资格

《会计基础工作规范》规定：会计机构负责人、会计主管人员应当具备下列基本条件：

（1）坚持原则，廉洁奉公。

（2）具有会计专业技术资格。

（3）主管一个单位或者单位内一个重要方面的财务会计工作时间不少于二年。

（4）熟悉国家财经法律、法规、规章和方针、政策，掌握本行业业务管理的有关知识。

（5）有较强的组织能力。

（6）身体状况能够适应本职工作的要求。

（二）会计人员的任职资格

（1）取得会计从业资格证书。我国《会计法》规定，"从事会计工作的人员，必须取得会计从业资格证书。"

（2）具备必要的专业知识和专业技能。会计人员应当具备必要的专业知识和技能，熟悉国家有关法律、法规、规章和统一的会计制度。

（3）按照规定参加会计业务培训。会计人员要提高政治和业务素质，必须进行相应的培训和教育。

二、会计人员的职责权限

（一）总会计师的职责

（1）编制和执行预算、财务收支计划、信贷计划，拟订资金筹措和使用方案，开辟财源，有效地使用资金。

（2）进行成本费用预测、计划、控制、核算、分析和考核，督促本单位有关部门降低消耗、节约费用、提高经济效益。

（3）建立、健全经济核算制度，利用财务会计资料进行经济活动分析。

（4）承办单位主要行政领导人交办的其他工作。

（5）总会计师负责对本单位财会机构的设置和会计人员的配备、会计专业职务的设置和聘任提出方案；组织会计人员的业务培训和考核；支持会计人员依法行使职权。

（6）总会计师协助单位主要行政领导人对企业的生产经营、行政事业单位的业务发展以及基本建设投资等问题做出决策。

（7）总会计师参与新产品开发、技术改造、科技研究、商品（劳务）价格和工资奖金等方案的制定；参与重大经济合同和经济协议的研究、审查。

（二）总会计师的权限

（1）总会计师对违反国家财经法律、法规、方针、政策、制度和有可能在经济上造成损失、浪费的行为，有权制止或者纠正。制止或者纠正无效时，提请单位主要行政领导人处理。

（2）单位主要行政领导人不同意总会计师对前款行为的处理意见的，总会计师应当依照《会计法》的有关规定执行。

（3）总会计师有权组织本单位各职能部门、直属基层组织的经济核算、财务会计和成本管理方面的工作。

（4）总会计师主管审批财务收支工作。除一般的财务收支可以由总会计师授权的财会机构负责人或者其他指定人员审批外，重大的财务收支，须经总会计师审批或者由总会计师报单位主要行政领导人批准。

（5）预算、财务收支计划、成本和费用计划、信贷计划、财务专题报告、会计决算报表，须经总会计师签署。

（6）涉及财务收支的重大业务计划、经济合同、经济协议等，在单位内部须经总会计师会签。

（7）会计人员的任用、晋升、调动、奖惩，应当事先征求总会计师的意见。财会机构负责人或者会计主管人员的人选，应当由总会计师进行业务考核，依照有关规定审批。

（三）会计人员的职责

（1）进行会计核算，及时提供真实可靠的、能满足有关各方需要的会计信息。

（2）对本单位实行会计监督，检查原始凭证是否真实、合法，记录是否准确、完整；盘查账簿与实物、凭证是否相符；接受审计机关、财政机关和税务机关的监督，如实提供会计凭证、账簿、报表和其他会计资料等，不得拒绝、隐匿、谎报。

（3）参与拟订经济计划、业务计划，并考核预算、资金的执行情况。提出进一步改善经营管理、提高经济效益的建议和措施。

（4）办理其他会计实务。随着会计的发展，会计实务日趋丰富多样，如管理会计、预算会计等的兴起和实施，会计人员的职责内容也逐渐扩充。

（四）会计人员的权限

（1）有权要求本单位有关部门、人员认真执行国家法律及财经纪律和财务会计制度。按照国家统一的会计制度的规定对原始凭证进行审核，对不真实、不合法的原始凭证不予接受，并向单位负责人报告。

（2）对记载不准确、不完整的原始凭证予以退回，并要求按照规定更正、补充。

（3）对违反会计规范的会计事项，有权拒绝办理或按照职权予以纠正。

（4）有权监督会计资料和财产物资，检查本单位有关部门的财务收支、资金使用和财产保管、收发等情况，保证账实、账证、账账与账表相符。

（5）有权参与本单位编制计划、指定定额和签订经济合同，参加有关生产、经营管理工作会议。

三、会计人员的管理

（一）会计人员的奖励制度

《会计法》规定，对认真执行本法，忠于职守，做出显著成绩的会计人员，给予精神的或者物质的奖励。这样做，对鼓励、支持会计人员依法履行职责，保障《会计法》和国家统一会计制度的有效实施和会计资料的真实、完整，维护社会主义市场经济秩序，将起到重要的作用。会计人员在履行会计职责过程中应当大公无私，坚持原则，不为利所诱，不为情所动，更不为强权和暴力所慑，做到有法必依，执法必严，违法必究。应当忠于职守，以高度负责的态度对待本职工作，兢兢业业地做好本职工作，保证自己所做的工作既无疏漏，也无差错。

（二）会计人员培训和教育制度

（1）我国实行会计从业资格考试制度。申请取得会计从业资格的人员，应当符合下列基本条件：遵守会计和其他财经法律、法规；具备良好的道德品质；具备会计专业基础知识和技能。此外，还应当按照规定参加会计从业资格考试。被吊销会计从业资格证书的人员和会计从业资格证书因故自行失效的人员，均需参加会计从业资格考试。会计从业资格考试全科合格的申请人，可以向会计从业资格考试所在地的县级以上地方财政部门等会计从业资格管理机构申请会计从业资格证书。

（2）持证人员应当接受继续教育，提高业务素质和会计职业道德水平。持证人员每年参加继续教育不得少于 24 小时。会计人员继续教育的主要任务是提高会计人员的政治素质、业务素质、职业道德水平，使其知识和技能不断得到更新、补充、拓展和提高。会计人员继续教育的对象为在职会计人员，具体包括在国家机关、社会团体、企业、事业单位和其他组织从事会计工作并已取得会计证的会计人员。会计人员继续教育分为高级、中级、初级三个级别，形式分为接受培训和自学两种形式。按照有关规定，各单位必须在时间上保证会计人员的继续教育。高级会计人员继续教育和中级会计人员继续教育的时间每年累计不少于 68 小时，其中接受培训时间每年累计不少于 20 小时，自学时间每年累计不少于 48 小时。初级会计人员继续教育的时间每年累计不少于 72 小时，其中接受培训时间每年累计不少于 24 小时，自学时间每年累计不少于 48 小时。会计人员继续教育的内容要坚持联系实际、讲求实效、学以致用的原则。教育的具体内容包括：会计理论与实务；财务、会计法规制度；会计职业道德规范；其他相关知识与法规等。

（三）会计人员回避制度

《会计基础工作规范》规定："单位领导人的直系亲属不得担任本单位的会计机构负责人、会计主管人员，会计机构负责人、会计主管人的直系亲属不得在本单位会计机构中担任出纳工作。"

需要回避的主要有以下三种亲属关系：

（1）夫妻关系。夫妻关系是血亲关系和姻亲关系的基础和源泉，它是亲属关系中最核心、最重要的部分，当然需要回避。

（2）直系血亲关系。直系血亲关系是指具有直接血缘关系的亲属。法律上讲的有两种情况：一种是出生于同一祖先，有自然联系的亲属，如祖父母、父母、子女等；第二种是指本来没有自然的或直接的血缘关系，但法律上确定其地位与血亲相等，如养父母和养子女之间的关系。直系血亲关系是亲属关系中最为紧密的关系之一，也应当列入回避范围。

（3）三代以内旁系血亲以及近姻亲关系。旁系血亲是指源于同一祖先的非直系的血亲。所谓三代，就是从自身往上或者往下数三代以内，除了直系血亲以外的血亲，就是三代以内旁系血亲，实际上就是自己的兄弟姐妹及其子女与父母的兄弟姐妹及其子女。所谓近姻亲，主要是指配偶的父母、兄弟姐妹、儿女的配偶及儿女配偶的父母。因为三代以内旁系血亲以及近姻亲关系在亲属中也是比较亲密的关系，所以也需要回避。

（四）会计工作岗位轮换制度

各单位应对会计人员有计划地实行定期岗位轮换。会计人员的岗位轮换制度是保障单位内部会计控制体系正常运行的重要手段之一。从人的角度防止内控制度流于形式，是国家政策的要求，更是单位自身发展的需要，可以最大限度地防止职务舞弊的发生。会计人员的岗位轮换制度，也给会计人员创造了展示自身能力的公平机会，为员工的发展在纵向的基础上增加了横向的平台。良好的岗位轮换机制，可以让会计人员全面接触单位会计核算和财务管理业务，从客观上为员工创造了学习的机会，搭建了持续沟通与持续学习的平台，为单位和员工带来双赢。

在实施岗位轮换工作前要制定明确的岗位轮换管理办法，建立完整的各个职位的岗位说明书以及作业流程图。规定其岗位职责、工作标准，对其权限和责任进行控制。通过绘制清晰的作业流程图，让每个人一目了然地知道岗位工作内容，岗位操作程序及与其他岗位的关系。要注意对员工进行全方面的财务专业知识和技能培训，除本岗相关知识外，同样关注其他岗位政策、要求等变化，使其有机会了解和较为系统地学习其他岗位的相关知识。

　　注意根据岗位特点合理设计岗位轮换时间，其长短可根据岗位的技术含量决定，技术含量高，则轮换时间长。而对于出纳这样接触货币资金较多、操作要求较为规范、明确的岗位可以每年轮换，类似于报表管理、财务分析等较多依赖经验、专业知识的岗位则不宜每年轮换。

四、会计人员的职业道德

　　会计人员的职业道德是指会计人员在会计工作中应当遵循的道德规范。会计人员职业道德的具体要求包括以下几个方面：

（一）爱岗敬业

　　爱岗就是会计人员热爱本职工作，安心本职岗位，并为做好本职工作尽心尽力、尽职尽责。敬业是指会计人员对其所从事的会计职业的正确认识和恭敬态度，并用这种严肃恭敬的态度，认真地对待本职工作，将身心与本职工作融为一体。

（二）诚实守信

　　诚实守信要求会计人员谨慎，信誉至上，不为利益所诱惑，不伪造账目，不弄虚作假，如实反映单位经济业务事项。同时，还应当保守本单位的商业秘密，除法律规定和单位领导人同意外，不得私自向外界提供或者泄露本单位的会计信息。

（三）廉洁自律

　　廉洁自律要求会计人员必须树立正确的人生观和价值观，严格划分公私界限，做到不贪不占，遵纪守法，清正廉洁。要正确处理会计职业权利与职业义务的关系，增强抵制行业不正之风的能力。

（四）客观公正

　　客观是指会计人员开展会计工作时，要端正态度，依法办事，实事求是，以客观事实为依据，如实地记录和反映实际经济业务事项，会计核算要准确，记录要可靠，凭证要合法。公正是指会计人员在履行会计职能时，要做到公平公正，不偏不倚，保持应有的独立性，以维护会计主体和社会公众的利益。

（五）坚持准则

坚持准则要求会计人员熟悉财经法律、法规和国家统一的会计制度，在处理经济业务过程中，不为主观或他人意志左右，始终坚持按照会计法律、法规和国家统一的会计制度的要求进行会计核算，实施会计监督，确保所提供的会计信息真实、完整、维护国家利益、社会公众利益和正常的经济秩序。

（六）提高技能

提高技能要求会计人员通过学习、培训和实践等途径，不断提高会计理论水平、会计实务能力、职业判断能力、自动更新知识的能力、提高会计信息能力、沟通交流能力以及职业经验。运用所掌握的知识、技能和经验，开展会计工作，履行会计职责，以适应深化会计改革和会计国际化的需要。

（七）参与管理

参与管理要求会计人员在做好本职工作的同时，树立参与管理的意识，努力钻研相关业务，全面熟悉本单位经营活动和业务流程，主动向领导反映经营管理活动中的情况和存在的问题，主动提出合理化建议，协助领导决策，参与经营管理活动，做好领导的参谋。

（八）强化服务

强化服务要求会计人员具有强烈的服务意识、文明的服务态度和优良的服务质量。会计人员必须端正服务态度，做到讲文明、讲礼貌、讲信誉、讲诚实，坚持准则，真实、客观地核算单位的经济业务，努力维护和提升会计职业的良好社会形象。

五、会计人员素质

（一）提高会计人员素质的必要性

从事会计核算与管理的具有一定素质的会计人员，在会计系统中是最积极的因素，对系统的运行起着关键的作用。提高会计人员的综合素质是每个单位做好会计工作的决定性因素，对会计核算系统的运行起到关键作用。会计人员在保障会计资料真实、完整，加强经济管理和财务管理，提高经济效益，维护社会主义市场经济秩序等方面，能发挥重要作用。提高会计人员的素质是客观必要的：（1）发展知识经济的需要。知识经济时代，市场竞争已从产品竞争、服务竞争扩展到知识竞争、人才竞争；同时，知识和信息具有高附加值以及创新性，知识和信息将成为重要的生产要素。（2）中国加入 WTO 的需要。加入 WTO，意味着资本流动将更加国际化，筹资渠道和投资方向将更加多元化，企业运作方式将更加复杂，这就要求会计人员加强自身素质建设，增强竞争观念，树立风险意识，尽快提高计算机应用技术和外语水平，加快现代化信息的传递，以满足企业外部和内部相关方面的需求。（3）企业发展的需要。从财务会计工作而言，只有会计人员不断提高自身素质，进行核算和管理，才能在复杂的经济环境中达到企业会计的目标——以最小的消耗创造出最大的经济效益。

（二）会计人员应具备的素质

（1）政治思想素质。会计人员应树立正确的世界观、人生观和价值观，拥护中国共产党，热爱祖国、热爱人民，坚持四项基本原则，廉洁奉公，自觉抵制不正之风的侵袭。

（2）业务素质。会计人员的业务素质具体表现为：核算能力，正确地编制会计凭证，登记会计账簿，计算成本和利润，编制会计报表，处理其他会计事项。管理能力，正确地进行会计的预测、决策、计划、控制、检查、考核和分析。组织能力，科学地组织会计工作，统筹、协调和实施岗位、部门和企业之间的有关会计事务工作，规划、安排和实施本岗位的工作；正确地处理各方面的公共关系，创造良好的人际氛围，处理好企业与债权人、债务人、投资者、各级政府管理部门等外部单位的公共关系，处理好企业与内部各个职能部门的关系。语言能力，能以口头方式和书面形式正确地宣传和解释有关党和国家的路线、方针、政策、法规和制度；并具有一定的外语能力，能熟练地掌握一门外语的听、说、读、写能力。文字能力，正确地编写经济活动分析报告、会计报表说明、调查报告、工作总结和其他资料。

（3）文化素质。会计人员必须掌握现代科学技术和文化知识。包括：基础知识，如政治经济理论、汉语、外语、数学、计算机、生产技术；专业知识，如财务会计、成本会计、管理会计、财务管理、国际会计、国际财务管理、会计法规、审计等；相关知识，如财政、税收、金融、保险、统计、企业管理，国际贸易、电子商务、国际结算、国际税务、国际金融、国际法规等。

（三）提高会计人员素质的途径

（1）加强政治思想教育。对会计人员加强树立正确的世界观、人生观和价值观的教育，热爱和依法做好本职工作的教育，廉洁奉公、敢于坚持原则、同违法乱纪行为进行斗争的教育，以提高会计人员的政治思想素质。

（2）加强会计人员的学历教育。学校是培养人才的摇篮，要培养出适应新经济发展需要的高素质的会计人才，就必须加强会计人员的学历教育。学历教育既指会计人员首次工作前的学历教育，也包括会计人员工作以后，根据工作和自身发展的需要，进行的在职攻读硕士、博士的教育。

（3）加强会计人员的后续教育。后续教育是会计人员不断接受新知识，学习新知识，掌握新技能，迈向国际化的重要手段。后续教育是一项长期的工程，它主要包括：上岗培训，主要是针对新进的会计人员，培训内容是会计工作的基本规范、基本技能、会计法律；法规和职业道德规范；后续教育，是指按照规定，会计人员每年必须抽出一定时间，脱产学习，接受培训，学习新知识、新法规；回授制度，是指选派合适人员参加全国性会议，到境外参加国际审计实务的培训，然后进行传授，扩大实习效果。

（4）加强会计人员考核机制。首先要完善资格考试机制，我国的会计人员资格考试，分为会计从业资格证书考试、初级会计资格考试和中级会计资格考试。这有利于促进会计人员提高素质。其次要完善注册会计师考试机制，在考试中，重视对实务操作考核的力度，重视对外语和计算机的考核与考试，考核文字表达能力，加强注册会计师的后续教育等，使注册会计师考试制度不断完善。

第四节　会计法规体系

会计法规是管理会计工作的各种法律、法令、条例、规则、章程、制度等规范性文件的总称。它是以一定的会计理论为基础，根据国家的财经方针、政策，将会计工作所应遵循的各项原则和方法用法规的形式制定出来，保证会计工作按照一定的目标进行。建立和完善适应社会主义市场经济需要的会计法规体系，对于充分发挥会计的应有职能，保证其按照一定的目标进行，更好地完成会计工作的任务，推动社会主义市场经济的发展等方面都具有十分重要的意义。

一、会计法规的种类

会计法规是一个体系，为了更好地认识、了解和运用，可以按不同的标准进行分类。

（一）按性质分类

（1）会计法律。由国家政权以法律形式调整会计关系的行为规范。是由国家立法机构制定的，具有高度的强制性、严肃性、规范性和可执行性等特点。我国会计法律是由全国人民代表大会及其常务委员制定的，如《会计法》和《注册会计师法》。它是会计规范体系中最高层次的规范，也是制定其他会计规范的依据。

（2）会计行政法规。是对会计法律的具体化或对某个方面的补充，由国务院制定的会计行政法规，如《总会计师条例》、《财务会计报告条例》等；另外，会计行政法规还包括由各省、自治区和直辖市人民代表大会及其常务会制定的地方会计行政法规。

（3）会计部门规章制度。由国务院各部委、中国人民银行、审计署和具有行政管理职能的直属机构以及各省、自治区和直辖市人民政府，依据国家会计法律和法规制定的会计行政规章制度，如《企业会计准则》、《小企业会计准则》等。

（4）会计惯例。人们在长期的会计时间工作中形成的，为大家所公认的常规和做法，如借贷记账法中账户的左借右贷、会计分录中的先借后贷等，会计惯例通常是一些不成文的规范。

（5）会计职业道德。从事会计职业而应遵循的一般公德。它是一种非强制的会计规范，如会计工作态度和会计职业责任等，会计职业道德通常也是不成文的会计规范。

（二）按使用范围分类

会计规范按其使用范围可分为：

（1）全国性会计规范。适用于全国的各方面或全国的某个方面的会计范围，如《会计法》，适用于我国所有国营企业事业单位、国家机关、社会团体、军队办理会计事务所和注册会计师。

（2）地方性会计规范。各省、自治区、直辖市也可以根据会计法律、会计行政法规和会计部门规章的规定，结合本地区的实际情况，制定一些在本行政区域内实施的地方性会计法规。

（3）部门（或行业）会计规范。适用于本部（或本行业）的会计规范，如《工业企业会计制度》只适用于工业部门的企业会计工作。

（4）企业会计规范。即适用于本企业自己的具体情况的一些企业会计规范，如企业内部会计核算规程等。

（三）按各法规之间的相互关系

（1）基本法，即《会计法》。它是会计工作的最高层次的规范，是指导会计工作的根本法，是制定其他会计法规的依据。该法由全国人民代表大会常务委员会制定，以国家主席令形式颁布。

（2）由国务院颁布的有关会计工作行政法规。它是根据《会计法》的要求制定，是对所有设在中华人民共和国境内的单位的会计核算工作均有约束力的规范，如《总会计师条例》、《会计专业职务试行条例》等。《企业会计准则》也属于行政法规的范畴。

（3）会计准则指南。用于指导会计人员进行具体工作的依据，包括设置的会计科目以及每一会计科目的核算内容。

（四）按其内容分类

（1）关于会计核算方面的法规。如《企业会计准则》、《企业会计准则——应用指南》等。

（2）有关会计监督方面的法规。

（3）有关会计机构会计人员方面的法规。如《会计人员职权条例》、《会计专业职务试行条例》和《总会计师条例》等。

（4）会计工作管理方面的法规。如制度、办法、手续、程序等的法律依据，涉及会计工作的各个方面。

二、会计法律

（一）《中华人民共和国会计法》

《中华人民共和国会计法》（以下简称《会计法》）于 1985 年 1 月 21 日由第六届全国人民代表大会常务委员会第九次会议通过，并于 1985 年 5 月 1 日实施。1993 年 12 月 29 日第八届全国人民代表常务委员会第一次会议对《会计法》又进行了修订，并于 1993 年 12 月 29 日以中华人民共和国第 17 号令公布实施。全国人民代表大会常务委员会第十二次会议又于 1999 年 10 月 31 日对《会计法》进行了第二次修订。《会计法》是会计工作的基本法，是制定其他一切会计法规、制度、办法、手续、程序等的法律依据，涉及会计工作的各个方面。

1999 年 10 月 31 日修订后的《会计法》共七章五十二条。

"总则"共八条，主要规定了《会计法》的立法宗旨和适用范围；会计机构、会计人员的职责和任务；单位领导人的责任及对会计人员的法律保障和奖励；会计工作的管理体制等内容。

第二章"会计核算"共十五条，主要规定了会计核算的内容和要求。包括会计核算的年度；会计核算的记账本位币；会计核算的总原则；填制会计凭证、登记会计账簿、编制财务报表等会计核算全过程的要求；会计档案管理等内容。

第三章"公司、企业会计核算的特别规定"共三条，针对公司、企业会计核算的特殊性，提出了企业会计要素确认、计量、记录的基本要求和公司、企业会计核算的禁止性规定。

第四章"会计监督"共九条，主要规定了单位内部会计监督制度；会计监督的主体、对象；会计监督的内容、方法和程序；外部监督等内容。

第五章"会计机构和会计人员"共六条，主要规定了会计机构的设置和会计人员的配备；稽核制度的建立；会计人员从业资格；会计机构负责人的任职资格；会计人员培训；会计人员工作交接制度等内容。

第六章"法律责任"共八条，主要规定了违反《会计法》应承担的法律责任；财政部门及其他行政部门的法律责任等内容。

第七章"附则"共三条，主要规定了《会计法》用语的定义；个体工商户会计管理办法的规定；《会计法》的实施日期。

（二）《中华人民共和国注册会计师法》

《中华人民共和国注册会计师法》（以下简称《注册会计师法》）是我国经济法律体系中有关注册会计师工作的一部单行法，该法共包括七章四十六条。

第一章"总则"（第一至六条），规定了该法的立法宗旨，注册会计师的资格界定，注册会计师、会计师事务所和注册会计师协会的性质及领导权限，注册会计师和会计师事务所的法律保障等内容。

第二章"考试和注册"（第七至十三条），规定了注册会计师全国统一考试制度，申请参加考试人员的条件，免除部分考试科目人员的条件，考试合格者的注册和不予以注册的情况，注册会计师的注册程序，撤销注册、申请复议和重新申请注册的情况等内容。

第三章"业务范围和规则"（第十四至二十二条），规定了注册会计师承办业务的范围，承办业务的方式，注册会计师执行业务时的权利和义务，注册会计师的回避制度以及注册会计师执行业务时的工作规则等内容。

第四章"会计师事务所"（第二十三至三十二条），规定了会计师事务所的设立及其条件，设立会计师事务所及其分支机构的程序，会计师事务所受理业务的权利，会计师事务所办理业务的工作规则等内容。

第五章"注册会计师协会"（第三十三至三十八条），规定了注册会计师应当加入注册会计师协会，中国注册会计师协会拟定注册会计师执业准则和规则，注册会计师协会维护注册会计师的合法权益，协会检查注册会计师的任职资格和执业情况，注册会计师协会应为社会团体法人等内容。

第六章"法律责任"（第三十九至四十二条），规定了会计师事务所、注册会计师违反该法的情况以及应承担的法律责任，会计师事务所和注册会计师申请复议的情况等内容。

第七章"附则"（第四十三至四十六条），规定了注册审计师、外国会计师事务所承办注册会计师业务时的要求和其他事宜。

《注册会计师法》的颁布施行，在加强对注册会计师的管理，维护社会公共利益和投资者的合法权益，促进社会主义市场经济的健康发展等方面具有重要的意义，今后也必将为维护社会经济持续发挥积极的作用。

三、会计行政法规

会计行政法规是根据会计法律制定的，是对会计法律的具体化或对某个方面的补充。由中华人民共和国国务院和各省、自治区、直辖市人民代表大会及其常务委员会制定颁布施行的会计行为规范，如《总会计师条例》、《财务会计报告条例》。1990年12月31日由国务院颁布施行的《总会计师条例》中规定，全民所有制大中型企业设置总会计师；事业单位和业务主管部门根据需要，经批准可以设置总会计师。另外，《总会计师条例》还规定了总会计师的职责、权限和总会计师的任免与奖惩。《企业财务会计报告条例》是国务院于2000年6月21日发布的，主要对企业财务会计报告的构成、编制、对外提供和法律责任等做出了规定。会计行政法规在性质上是同会计法律保持一致的，在内容上多属于对会计法的阐述或具体化，因而会计行政法规具有较强的可操作性。

四、会计部门规章制度

（一）《企业会计准则——基本准则》

2014年修改后的《企业会计准则——基本准则》共十一章，总计50条。包括第一章总则；第二章会计信息质量要求；第三章资产；第四章负债；第五章所有者权益；第六章收入；第七章费用；第八章利润；第九章会计计量；第十章财务会计报告；第十一章附则。会计核算基本前提包括：会计主体、持续经营、会计分期和货币计量。主要包括以下方面的内容：

说明了企业会计准则的性质、制定的依据、适用范围、会计工作的前提条件、记账基础以及会计核算基础工作的要求；关于会计核算的一般原则的规定；基本准则筛选出 8 条会计信息质量要求，即可靠性、相关性、可理解性、可比性、实质重于形式、重要性、谨慎性和及时性；关于会计要素准则的规定，企业会计准则将会计要素划分为 6 项，即资产、负债、所有者权益、收入、费用和利润；关于会计计量的规定，会计计量属性包括历史成本、重置成本、可变现净值、现值、公允价值；关于会计报表体系的规定，企业会计准则要求会计报表除满足企业主管机关和财政、税务机关等国家政府部门的需要外，还应该满足企业各方面投资者、债权人以及社会投资者的需要，要能够向他们提供反映经营状况、产权关系、偿债能力和利益分配的各种会计信息。

（二）《企业会计准则——具体准则》

2014 年，财政部相继对《企业会计准则——基本准则》、《企业会计准则第 2 号——长期股权投资》、《企业会计准则第 9 号——职工薪酬》、《企业会计准则第 30 号——财务报表列报》、《企业会计准则第 33 号——合并财务报表》和《企业会计准则第 37 号——金融工具列报》进行了修订，并发布了《企业会计准则第 39 号——公允价值计量》、《企业会计准则第 40 号——合营安排》和《企业会计准则第 41 号——在其他主体中权益的披露》三项具体准则。

基本准则	其对应的具体准则
会计信息质量要求	
资产	2. 长期股权投资 3. 投资性房地产 4. 固定资产 5. 生物资产 6. 无形资产 7. 非货币性资产交换 8. 资产减值 24. 套期保值 27. 石油天然气开采
负债	9. 职工薪酬 10. 企业年金基金 11. 股份支付 12. 债务重组 13. 或有事项 22. 金融工具确认和计量
所有者权益	34. 每股收益
收入	14. 收入 15. 建造合同 16. 政府补助 23. 金融资产转移 25. 原保险合同 26. 再保险合同
费用	17. 借款费用 18. 所得税 19. 外币折算 20. 企业合并 21. 租赁
利润	
会计计量	39. 公允价值计量 40. 合营安排
财务会计报告	28. 会计政策、会计估计变更和差错更正 29. 资产负债表日后事项 . 30. 财务报表列报 31. 现金流量表 32. 中期财务报告 33. 合并财务报表 35. 分部报告 36. 关联方披露 37. 金融工具列报 38. 首次执行企业会计准则 41. 在其他主题中权益的披露

第五节 会计档案管理

一、会计档案的基本内容

根据 2015 年 12 月 11 日颁布，自 2016 年 1 月 1 日起实施的《会计档案管理办法》的规定，"会计档案是指国家机关、社会团体、企业、事业单位和其他组织在进行会计核算等过程中接收或形成的，记录和反映单位经济业务事项的，具有保存价值的文字、图表等各种形式的会计资料，包括通过计算机等电子设备形成、传输和存储的电子会计档案。"

财政部和国家档案局主管全国会计档案工作，共同制定全国统一的会计档案工作制度，对全国会计档案工作实行监督和指导。县级以上地方人民政府财政部门和档案行政管理部门管理本行政区域内的会计档案工作，并对本行政区域内会计档案工作实行监督和指导。

各单位应当加强会计档案管理工作，建立和完善会计档案的收集、整理、保管、利用和鉴定销毁等管理制度，采取可靠的安全防护技术和措施，保证会计档案的真实、完整、可用、安全。单位的档案机构或者档案工作人员所属机构负责管理本单位的会计档案。单位也可以委托具备档案管理条件的机构代为管理会计档案。

二、会计档案管理的意义

会计档案是会计活动的产物，又是会计活动的客观表现。会计档案管理工作具有十分重要的意义。具体表现在以下几个方面：

第一，为检查、监督经济活动提供原始依据。会计信息直接反映财会工作活动过程，可以利用会计档案检查企业、行政事业单位的经济活动和财务收支情况；

第二，是维护社会主义市场经济正常秩序的有力工具。会计档案是经济活动用会计核算工具表现的产物，具有史料作用和查证作用，是打击经济犯罪，解决经济纠纷的有力工具。

三、会计档案的整理、归档、保管和利用

（一）会计档案的装订

（1）会计凭证的装订。会计凭证一般每月装订一次。会计凭证装订后，应在每本凭证封面上填写好凭证种类、起讫号码、凭证张数，会计主管人员和凭证装订人员在封面上签章；同时，应在凭证封面上编好卷号，按卷号顺序入柜，并应显露出标明凭证种类编号，以便调阅。

（2）会计账簿的装订。各种会计账簿在年终办理了年度结账后，除跨年度连续使用的账簿（如固定资产明细账、应收账款明细账）外，其他账簿都应按时整理立卷。各式账页不得混装，应按同类业务、同类账页装订在一起。在本账的封面上填写好账目的种类，编号卷好，会计主管人员和装订人员签章。

（3）财务会计报告的装订。财务会计报告编制完成并及时报出后，留存的财务会计报告应按月装订成册，谨防丢失。财务会计报告的装订要求如下：

①核对整理。装订前要按编报目录核对财务会计报告是否齐全，整理报表页数，上边和左边对齐压平，并防止折角；

②按顺序进行装订。财务会计报告的装订顺序为封面——编制说明——各种会计报表（按会计报表的编号顺序排列）——会计报表附注——封底；

③编号。各种财务会计报告应根据其保管期限编制卷号。

（4）其他会计核算资料的装订。属于会计档案构成内容的其他会计核算资料，也应按照一定的规则、顺序予以装订成册。

（二）会计档案的整理立卷

各单位每年形成的会计档案，都应由会计机构按照归档的要求，负责整理立卷，装订成册，编制会计档案保管清册。会计档案的整理要求有以下几点：

（1）分类标准要统一。一般将财务会计资料分成一类会计账簿、二类会计凭证、三类会计报表、四类文字资料及其他会计核算资料。

（2）档案形式要统一。包括案册封面、档案卡夹、存放柜和存放序列都要统一。

（3）管理要求要统一。要建立会计资料档案簿、会计资料档案目录。会计凭证要装订成册，报表和文字资料应分类立卷，其他零星资料要按年度排序并装订成册。

会计凭证是重要的经济资料和会计档案。任何单位在完成经济业务手续和记账之后，必须按规定的立卷归档制度形成会计档案资料。会计部门在记账之后，应定

期将各种记账凭证按照编号顺序，连同所附的原始凭证折叠整齐，加具封面、封底装订成册，并在装订线上加贴封签。在封面上应写明单位名称、年度、月份、记账凭证的种类、起讫日期、起讫号数以及记账凭证和原始凭证张数，并在封签处加盖会计主管的骑缝图章。对各种重要的原始凭证以及各种需要随时查阅和退回的单据，应另编目录，单独登记保管，并在有关的记账凭证和原始凭证上相互注明日期和编号。

各单位的会计人员在年度终了，应将已更换的各种活页账簿、卡片账簿以及必要的备查账簿连同账簿使用登记表装订成册，加上封面，统一编号，由有关人员签章后，与订本账簿一起归档保管。各单位的会计人员，在年度终了，应将累年编制的会计报表按时间先后顺序整理，装订成册，并加上封面，归档保管。

（三）造册归档

每年的会计凭证、账簿、报表都应由财会部门按照归档的要求，负责整理立卷或装订成册；当年的会计档案，在会计年度终了后，可暂由本单位财务会计部门保管1年，期满后，原则上应由财务会计部门编造清册移交本单位的档案部门保管。未设立档案部门的，由会计部门内部指定专人保管。财务会计部门和经办人员必须将应归档的会计档案全部移交档案部门，不得自行封包保存。档案部门接收的会计档案，原则上要保持原卷册的封装，个别需要拆封重新整理的，应由财会部门和经办人员共同拆封整理，以明确责任。

（四）会计档案的保管

为了延长会计档案的寿命，长远地利用会计档案，必须采取保护措施。首先，要严格执行安全和保密制度。安全是指档案完好无缺，做到不丢失、不破损、不霉烂、不被虫咬等。保密是指会计档案的信息不能超过规定传递的范围。其次，要严格执行检查、保管制度，要有专人负责保管，有关单位、人员要定期地检查会计档案的保存情况，要严格按规定的程序、技术方法处理档案保管中的问题。

各种会计档案的保管期限，根据其特点，分为永久、定期两类。定期保管期限分为10年和30年两种。会计档案保存期限和销毁办法，由国务院财政部门会同有关部门制定，见表10-1和表10-2。

表10-1　单位和其他组织会计档案保存期限表

序号	档案名称	保管期限	备　注
	一、会计凭证类		
1	原始凭证	30年	
2	记账凭证	30年	

续表

序号	档案名称	保管期限	备 注
3	汇总凭证	30年	
	二、会计账簿类		
4	总账	30年	包括日记总账
5	明细账	30年	
6	日记账	30年	现金和银行存款日记账保管25年
7	固定资产卡片		固定资产报废清理后保管5年
8	辅助账簿	30年	
	三、财务报告类		包括各级主管部门汇总财务报告
9	月、季度财务报告	10年	包括文字分析
10	年度财务报告（决算）	永久	包括文字分析
	四、其他类		
11	会计移交清册	30年	
12	会计档案保管清册	永久	
13	会计档案销毁清册	永久	
14	银行余额调节表	10年	
15	银行对账单	10年	

表 10-2　财政总预算、行政单位、事业单位和税收会计档案保存期限表

序号	档案名称	保管期限			备注
		财政总预算	行政单位事业单位	税收会计	
	一、会计凭证类				
1	国家金库编送的各种报表及缴库退库凭证	10年		10年	
2	各收入机关编送的报表	10年			
3	行政单位和事业单位的各种会计凭证		30年		包括：原始凭证、记账凭证和传票汇总表
4	各种完税凭证和缴、退库凭证			30年	缴款书存根联在销号后保管2年
5	财政总预算拨款凭证及其他会计凭证	30年			包括：拨款凭证和其他会计凭证
6	农牧业税结算凭证			30年	
	二、会计账簿类				
7	日记账		30年	30年	
8	总账	30年	30年	30年	
9	税收日记账（总账）和税收票证分类出纳账		30年		

序号	档案名称	保管期限			备注
		财政总预算	行政单位事业单位	税收会计	
10	明细分类、分户账或登记簿	30年	30年	30年	
11	现金出纳账、银行存款账		30年	30年	
12	行政单位和事业单位固定资产明细账（卡片）				固定资产报废清理后保管5年
	三、财务报告类				
13	财政总预算	永久			
14	行政单位和事业单位决算	10年	永久		
15	税收年报（决算）	10年		永久	
16	国家金库年报（决算）	10年			
17	基本建设拨、贷款年报（决算）	10年			
18	财政总预算会计旬报	10年			所属单位报送保管2年
19	财政总预算会计月、季度报表	10年			所属单位报送的保管2年
20	行政单位和事业单位会计月、季度报表		10年		所属单位报送的保管2年
21	税收会计报表（包括票证报表）			10年	电报保管1年，所属税务机关报送的保管3年
	四、其他类				
22	会计移交清册	30年	30年	30年	
23	会计档案保管清册	永久	永久	永久	
24	会计档案销毁清册	永久	永久	永久	

注： 税务机关的税务经费会计档案保管期限，按行政单位会计档案保管期限规定办理。

（五）会计档案的查阅和复制

调阅会计档案，应有一定的手续。应设置"会计档案调阅登记簿"，详细登记调阅日期、调阅人、调阅理由、归还日期等。会计档案只为本单位使用，各单位保存的会计档案不得借出。如有特殊需要，经本单位负责人批准，会计主管人员同意，可以提供查阅或者复制，并办理登记手续。向外单位提供会计档案时，档案原件原则上不得借出。如有特殊需要，须报经上级主管单位批准，并应限期归还。查阅人应认真填写"会计档案调阅登记簿"。查阅或者复制会计档案的人员，严禁在会计档案上涂画、拆封和抽换。调阅人员未经批准不得擅自摘录有关数字。遇特殊情况需要影印复制会计档案的，必须经过本单位领导批准，并在"会计档案调阅登记簿"上详细记录会计档案影印复制的情况。

（六）会计档案的销毁

会计档案保管期满后，需要销毁。销毁时必须严格执行会计档案保管的规定，任何人不得随意销毁。会计档案保管期满需要销毁的，可以按照以下程序销毁：

（1）本单位档案机构提出销毁意见，和会计部门共同鉴定和审查，编制会计档案销毁清册。单位负责人在会计档案销毁清册上签署意见。

（2）单位销毁会计档案时，单位档案机构和会计机构应共同派员监销；国家机关销毁会计档案时，应当由同级财政部门和审计部门派员参加监销；财政部门销毁会计档案时，应当由同级审计部门派员参加监销。

（3）监销人在会计档案销毁前，应当按照会计档案销毁清册所列内容清点核对所要销毁的会计档案；会计档案销毁后，监销人和经办人员应当在会计档案销毁清册上签名盖章，同时将监销情况写出书面报告一式两份，一份报告本单位负责人，另一份归入档案备查。

对于保管期满但未结清的债权债务原始凭证和涉及其他未了事项的原始凭证，不得销毁，应单独抽出立卷，由档案部门保管到未了事项完结为止。单独抽出立卷的会计档案应当在会计档案销毁清册和会计档案保管清册中列明。正在项目建设期间的建设单位，其保管期满的会计档案也不得销毁。

第六节　会计工作的交接

会计人员工作交接，是会计工作中的一项重要内容。会计人员调动工作或者离职时，与接管人员办清交接手续，是会计人员应尽的职责，也是做好会计工作的要求。做好会计交接工作，可以防止因会计人员的更换出现账目不清、财务混乱等现象有利于保持会计工作的连续性，有利于明确责任。

一、办理会计交接的情况

《会计法》第四十一条规定："会计人员调动工作或者离职，必须与接管人员办清交接手续。"根据有关法规的规定，下列情况需要办理交接：

（1）临时离职或因病不能工作、需要接替或代理的，会计机构负责人或单位负责人必须指定专人接替或者代理，并办理会计工作交接手续。

（2）临时离职或因病不能工作的会计人员，恢复工作时，应当与接替、代理人员办理交接手续。

（3）移交人员因病或其他特殊原因不能亲自办理移交手续的，经单位负责人批准，可由移交人委托他人代办交接，但委托人应当对所移交的会计凭证、会计账簿、财务会计报告和其他有关资料的真实性、完整性承担法律责任。

二、会计工作交接要求

（1）会计人员调动或因故离职，必须与接替人员办理交接手续，并将本人所经管的会计工作，在固定期限内移交清楚。会计人员临时离职或因事、因病不能到职工作的，会计机构负责人、会计主管人员或单位领导必须指定接替或代理。

（2）接替人员应认真接管移交的工作，并继续办理移交未了事项。移交后，如果发现原经管的会计业务有违反财会制度和财经纪律等问题，仍由原移交人负责，接替的会计人员应继续使用移交的账簿，不得自行另立新账。以保持会计记录的连续性。

（3）交接完毕后，交接双方和监交人的职务、姓名、移交清册页数，以及需要说明的问题和意见等。移交清册一般应填制一式三份，交按双方各执一份，存档一份。

（4）单位撤销时，必须留有必要的会计人员，会同有关人员进行清理工作，编制决算，未移交前，不得离职。接收单位会议移交日期由主管部门确定。

三、会计工作交接的程序

1.会计人员办理移交手续前必须做好的准备工作

（1）已经受理的经济业务尚未填制会计凭证的应当填制完毕；

（2）尚未登记的账目应当登记完毕，结出余额，并在最后一笔余额后加盖经办人印章；

（3）整理好应该移交的各项资料，对未了事项和遗留问题要写出书面材料；

（4）编制移交清册，列明应该移交的会计凭证、会计账簿、财务会计报告、公章、现金、有价证券、支票簿、发票、文件、其他会计资料和物品等内容；实行会计电算化的单位，从事该项工作的移交人员应在移交清册上列明会计软件及密码、会计软件数据盘、磁带等内容。

2. 移交人员按移交清册逐项移交，接替人员逐项核对点收

（1）现金、有价证券等要根据账簿余额进行点交，库存现金、有价证券必须与账簿余额一致，不一致时，移交人应在规定期限内负责查清处理；

（2）会计凭证、账簿、报表和其他会计资料必须完整无缺，不得遗漏；如果有短缺，要查明原因，并在移交清册中注明，由移交人负责。银行存款账户余额要与银行对账单核对相符，各种财产和债权、债务的明细余额核对相符；必要时，可抽查个别账户余额，与实物核对相符或与往来单位、个人核对清楚；

（3）银行存款账户余额要与银行对账单核对相符，如有未达账项，应编制"银行存款余额调节表"并调节相符；各种财产物资和债权债务的明细账户余额，要与总账有关账户的余额相对相符；对重要实物要实地盘点，对余额较大的往来账户要与往来单位、个人核对；

（4）公章、收据、空白支票、发票、科目印章以及其他物品等必须交接清楚；

（5）实行会计电算化的单位，交接双方应在电子计算机上对有关数据进行实际操作，确认数字正确无误后，方可交接。

3. 会计管理层人员移交注意事项

会计机构负责人、会计主管人员移交时，除按移交清册逐项移交外，还应将全部财务工作、重大的财务收支和会计人员的情况等向接替人员详细介绍，并对需要移交的遗留问题写出书面材料。

4. 监交注意事项

移交清册应当经过监交人员审查和签名、盖章，作为交接双方明确责任的证件。对监交的具体要求是：

（1）一般会计人员办理交接手续，由会计机构负责人（会计主管人员）监交；

（2）会计机构负责人（会计主管人员）办理交接手续，由单位负责人监交，必要时主管单位可以派人会同监交。需由主管单位监交或者主管单位认为需要参与监交的通常有三种情况：一是所属单位负责人因单位撤并等原因不能监交，需要由主管单位派人代表主管单位监交；二是所属单位负责人有意拖延而不能尽快监交，需要由主管单位派人监督监交；三是不宜由所属单位负责人单独监交，而需要主管单位会同监交。

本章小结

通过本章的学习，掌握了会计工作组织的意义与要求、会计工作组织与管理的主要内容；会计机构的设置、会计人员的配备原则、会计人员的职责与权限、会计人员从业资格的取得与管理；会计法规体系的构成；会计的职业道德的具体内容及建设，熟悉了解会计档案的建立及保管期限、会计人员的工作交接制度等。

思考题

（1）会计工作的组织形式有哪些？

（2）会计机构应怎样设置？

（3）会计人员的有关要求有哪些？

（4）会计法规体系的构成内容有哪些？

（5）会计档案管理的基本要求是什么？

（6）会计工作交接的相关规定有哪些？

练习题

一、单项选择题

（1）《中华人民共和国会计法》明确规定，管理全国会计工作的部门是（　　）。

　　A.国务院　　　　　　　　　　　　B.财政部

　　C.全国人大　　　　　　　　　　　D.注册会计师协会

（2）下列不属于会计人员专业技术职务的是（　　）。

　　A.高级会计师　　　B.总会计师　　　　C.会计师　　　　D.助理会计师

（3）《中华人民共和国会计法》在我国会计法规体系中属于（　　）。

　　A.会计法律　　　　　　　　　　　B.会计行政法规

　　C.会计部门规章　　　　　　　　　D.地方性会计法规、规章

（4）会计凭证的保管期限为（　　）。

　　A.5年　　　　　　　B.10年　　　　　　C.30年　　　　　　D永久

（5）库存现金日记账和银行存款日记账的保管期限为（　　）。

　　A.5年　　　　　　　B.10年　　　　　　C.30年　　　　　　D.永久

二、多项选择题

（1）会计工作组织的内容包括（　　）。

    A. 设置会计机构　　　　　　　　　B. 配备会计人员

    C. 制定、执行会计法规　　　　　　D. 保管会计档案

（2）出纳人员不得兼任（　　）。

    A. 稽核　　　　　　　　　　　　　B. 会计档案保管

    C. 收入、支出、费用账目的登记　　D. 债权债务账目的登记

（3）下列属于会计法规中会计行政法规层次的是（　　）。

    A.《中华人民共和国会计法》

    B.《中华人民共和国注册会计师法》

    C.《总会计师条例》

    D.《企业财务会计报告条例》

（4）《企业会计准则——基本准则》的具体内容包括（　　）。

    A. 总则　　　　　　　　　　　　　B. 会计信息质量要求

    C. 会计要素的确认　　　　　　　　D 会计要素的计量

（5）下列属于会计档案的是（　　）。

    A. 会计凭证　　　　　　　　　　　B. 会计账簿

    C. 财务报告　　　　　　　　　　　D. 会计档案保管清册

案例分析

　　20×6 年 8 月，甲股份有限公司成立，它招收了 4 名财会专业毕业的大学生和两名其他企业的会计人员作为财务部的会计人员，其中 1 名毕业生任会计主管。但 20×8 年企业年检时发现：（1）4 名大学生没有会计人员资格证书，因此有关部门认为其编制的财务会计报告没有法律效力；（2）20×7 年公司成立之初，业务量较少，账簿记录的内容较少，因此公司的总分类账没有更换，20×8 年沿用 20×7 年的账簿。

　　你认为该公司在哪些方面违反了我国的会计法规？

参考文献

[1] 徐经长，孙蔓莉，周华.会计学（第 3 版）[M].北京：中国人民大学出版社，2016.

[2] 朱小平，徐泓，周华.初级会计学（第 7 版）[M].北京：中国人民大学出版社，2015.

[3] 王君彩.中级财务会计（第 6 版）[M].北京：经济科学出版社，2015.

[4] 王海民.会计学基础（第 3 版）[M].西安：西北大学出版社，2012.

[5] 吴大军，年彦秀.管理会计（第 3 版）[M].大连：东北财经大学出版社，2013.

[6] 徐晔.会计学原理习题指南（第 2 版）[M].上海：复旦大学出版社，2008.